〈誤謬〉論

カント『純粋理性批判』への
感性論的アプローチ

岩城見一　著

萌書房

凡例

一、引用文末に、括弧に入れて引用テクストの略号、次いで頁を示した。カント『純粋理性批判』に関しては、慣例に倣い、第一版はＡ（版）、第二版はＢ（版）と表記した。その他のテクスト略号は、巻末の文献表（「テクスト」の箇所）を参照されたい。
二、引用文の段落は、斜線（／）で示した。
三、引用文中、原典著者がゲシュペルトやイタリック等で強調した用語や文章は、傍点で示し、ゴシック体の太文字になっているものは、和文でも同様にした。
四、引用文中の、〔　〕内は、筆者による注釈、傍線は、筆者が特に大切と考える箇所である。
五、原典テキストで邦訳のあるものは適宜参照したが、引用文は本書に合わせて筆者が行った翻訳に基づく。
六、西田幾多郎の著書名や用語に使用されている旧漢字は、現在一般に使われている漢字に直した。
七、重要事項、人名については索引を作成し明記した。

目次

*

〈誤謬〉論

――カント『純粋理性批判』への感性論的アプローチ――

序

カント（Immanuel Kant 1724-1804）『純粋理性批判』の第一部後半（第二章）の「超越論的弁証論」で展開される「誤謬推理論」、これを広義の〈美学（aesthetics）〉、つまりこの語の語源である〈感性（aisthesis）の学〉という意味での〈感性論〉の視点から読むこと、これがここで試みられる。カント哲学は、〈人間〉という、「感性的」かつ「理性的」な存在、つまり、〈有限で特殊な存在〉を、徹底的にその有限性に即して考察し、しかもこのような〈個〉としての人間の有限なあり方に即しながら、これら個々の人間の経験にどのような共通性が見出せるか、またどのようなかたちで人間は、人間特有の「誤謬」に誘い込まれるのか、これを厳密に理論的に問う。

特に『純粋理性批判』は、人間の経験の構造を探究することを通して、人間相互の対話や共感の可能性、また社会的合意、道徳的信念の共有、科学的認識の普遍性への確信の可能性、さらには恐るべき過ちを犯す可能性、これら人間の経験に内在的な構造を理論化しようとしている。この意味で、『純粋理性批判』は、人間経験の構造への問いから出発し、そこから様々な世界の普遍性や危険性を、経験内在的な問題として考察してゆくという点で、徹底的（ラディカル）に〈近代的な哲学〉であり、それゆえ〈感性論（美学）〉の〈本来の出発点〉としての位置を占めると言える。ここで特に「誤謬論」に焦点を当てるのは、第一に、これが『純粋理性批判』の本来の主題であり、それにもかかわらず従来の一般的なカント研究では、この点が十分論じられてこなかったと思えるからである。第二に、人間が誤謬を犯す特有の存在だということを理解することこそ、今日の私たちの経験のあり方、相互理解のあり方を考える上で、最も基本的な課題だと思われるからである。

ところで、『純粋理性批判』を「感性論的に読む」というときの「感性論」についてまず述べておこう。〈美学（感性論）Ästhetik〉は、十八世紀中期のバウムガルテン（A. G. Baumgarten 1714-62）の「感性的認識の学」としての“aesthetica”をその語源として展開してきた。“aesthetica”は、ギリシア語の“aisthesis”（感覚〔的知覚〕）から来る。バウムガルテンにおいて、このような、「感性的認識」がそれ自体として学問の対象になること自体、人間への眼差しの変換がなければ成り立たない。ライプニッツ－ヴォルフ派（G. W. Leibniz 1646-1716, C. Wolff 1679-1754）哲学を継承するバウムガルテンにおいては、「感性的認識」はなお「下級認識」として、「理性的認識」を基準にしてその学問的権利が測定されており、その意味でなお伝統的な形而上学に拘束されてはいる。だが少なくともそこですでに、人間の経験を考察するときには、感性を無視できないということが前提になっている。その点で「感性論（美学）」は、伝統的神学的形而上学的思考の枠組みの破壊へと向かわざるをえない新しい学である。

カント哲学は、この新しい学の徹底（Radikalisieren）として読み取ることができる。というのも、カントは、人間経験の成り立ちに関する従来の哲学的主張を、徹底したかたちで問い直しているからだ。この点に焦点を当てること、これがここでの基本的視点である。この場合したがって「感性論」は、十九世紀中期以後今日まで「美学」として理解されてきた学問の範囲を大幅にはみ出ることになる。(1)「感性論」は、人間の経験全体に関わる学問となるし、そのような学問にならざるをえない。なぜなら私たちの「経験」にはいかなる場合にも、「感性的なもの」が何らかのかたちで関わってくるからだ。本論でより具体的に示すことになろうが、一般に「純粋論理」の世界、その意味で「非・感性」あるいは「超・感性」と見なされている世界でさえ、「感性的なもの」を欠いては成り立たない。なぜなら、そのような世界が成り立ち、また議論できるのは、私たちが「言語」や「記号」を使用することによってであり、「言語」、「記号」というのはどれだけ抽象的であっても、あくまで感覚的に見たり聞いたりできるものだからだ。純粋論理も、このような感性的存在物に負っている。

さて、カントに関して言えば、十八世紀末に新しい哲学を展開しようとしたカントは、なおその時代に流通していた伝統的哲学の語彙を多く用いている。そのような伝統的な言語世界の中で、カントは新しい哲学を構築しなければならなかった。だが私たちは、カント哲学が伝統的な哲学的神学的言語の中を動いているからといって、それを古い哲学のパースペクティヴへと引き戻し、その枠組みから理解してはならないだろう。それによってカント哲学の起爆力は奪われるからだ。私たちがなすべきは、カントによって伝統的な神学的哲学が、それの用いる言語とともに、破壊されている（今日好まれる言葉で言えば「脱構築」されている）こと、このことを読み取ることである。だが多くの場合カント哲学は、この哲学が公になった直後から今日に至るまで、伝統的な形而上学の枠組みで理解（誤解）され、また伝統的宗教的パースペクティヴから解釈されてきた。

日本でも事情は変わらない。日本では、カント哲学はしばしば、東洋的宗教の枠組みで理解され、そういった語彙によって語られてきた。西田幾多郎（1870–1945）もまた、そのような読みをカント哲学にほどこし、カント哲学を日本化しているし、現代の日本におけるカント理解にも、東洋的宗教的言語の枠組みからの理解がしばしば見出せる。また同時に、それに呼応するようにわが国では、カント以後のフィヒテ（J. G. Fichte 1762–1814）、シェリング（F. W. J. Schelling 1775–1854）的カント理解が多くの哲学者にとって自然なもの（習慣）になってしまっている。これもまた、その淵源をたどれば、西田をはじめとする京都学派に行き着くだろう。大正時代に当たる一九一〇年代以後定着していく翻訳語とともに、カント哲学理解の枠組みも、多くの点で京都学派の哲学が今日まで強い作用を及ぼしている。

このような日本的なカント理解、さらには西洋哲学理解の問題点を反省するためにも、カントを〈感性論〉の視点から読み直すことには、一つの積極的意味があると言えよう。本来的に近代的で、それゆえ特定の宗教的立場に固執せず、またそういった語彙に拘束されない〈感性論〉の視点からすれば、東洋的宗教的枠組みや、それが好んで取り入れる、フィヒテ的、シェリング的カント理解も、批判的に相対化されるだろう。

わが国における「フィヒテ受容」にも、西田哲学は大きな作用を与えた。『自覚における直観と反省』（大正六（一九一七）年）、『意識の問題』（大正九（一九二〇）年）、『芸術と道徳』（大正十二（一九二三）年）にまとめられた諸論考を導くのは、フィヒテ『知識学』の「事行（Tathandlung）」概念であり、西田のこの時期のフィヒテ受容に促されるかたちで、フィヒテ哲学の翻訳と研究が活性化し、また同時にシェリングも紹介されていくからだ。(2) 因みに、西田の上の三書に収められた論文の執筆年を見ると、『自覚』には大正二〜六年にかけての、『芸文』、次いで『哲学研究』所収の諸論文、『意識の問題』には、大正七〜八年にかけて公にされた諸論文、『芸術と道徳』には、大正九〜十二年にかけて公にされた諸論文が収められている。

ところで、同時代の思想、さらには現代思想を考慮に入れつつ、カント『純粋理性批判』を「ラディカルに近代的な哲学」として理解する際の、一つの視点を提供してくれるのは「構想力（Einbildungskraft）」概念だ。それは、この概念が、カントを出発点としていわゆる「ドイツ観念論」哲学において意味変容を受けるかたちで継承されて、重要な概念となるからであり、また現代哲学に目を向けるなら、ハイデガー（M. Heidegger 1889-1976）の『カントと形而上学の問題』（以下『カント書』）において、『純粋理性批判』の現代性を測定する上での中心概念としてこの「構想力」概念が注目されるからだ。ここではまず、『純粋理性批判』を有限な人間存在に定位する哲学として理解するための準備として、そこにおける「構想力」と、それを継承しつつ変容させたシェリング、そしてシェリングが直接、批判的に継承したフィヒテの「構想力」概念の差異を示し、次いでハイデガーのカント批判を概観することで、『純粋理性批判』を考察するための視点の設定を試みたい。

ハイデガーのカント解釈を考慮に入れる理由は二つある。

一つは、ハイデガーの哲学的スタンスである。ハイデガーこそ、伝統的形而上学的思考とそれに基づく人間理解を「破壊」し、あくまで〈有限な存在としての人間の哲学〉を求め、また遂行しようとした、二十世紀の最もラディカルな思想家だからである。ハイデガーは、有限な人間の哲学の遂行可能性、敢えて言えば、〈有限な人間の形而上学の基礎づけ〉という視点からカント哲学に向かっている。これが『カント書』において、ハイデガーがカント哲学の意義を測定する際の尺度である。

ハイデガーが過去の思想家を取り上げる際の尺度はこの点で一貫している。一九三〇年代から四〇年代にかけてのニーチェ講義、一九三二年に出版される『ヘーゲル精神現象学』もこの尺度で、ニーチェ、ヘーゲルの思想を測定している。ニーチェ（F. W. Nietzsche 1844-1900）に関しては、その積極的評価にもかかわらず、最終的には「近代主体性の形而上学の完成」という判定が下され、ヘーゲル（G. W. F. Hegel 1770-1831）の『精神現象学』に関しても、多くの積極的な側面が取り出されながらも、最終的には、ヘーゲル哲学は、「存在‐神学‐自我‐論的（onto-theo-ego-logisch）」だという結論になる（『ヘーゲル精神現象学』194）。つまり両者とも、なお古い形而上学にとどまっている、というのがハイデガーの判定なのだ。

同じく「有限な人間の哲学」という尺度に照らしたとき、カント哲学の『純粋理性批判』第一版（1781）から第二版（1787）への変化も、「退却（zürückweichen）」という判定を受ける（『カント書』Vgl. 164, 167, 170f., 214）。つまり、有限な人間の哲学としてのカント哲学は、第一版から第二版への変更により、古い形而上学へと後戻りしてしまった、というわけだ。

このときハイデガーが注目するのが、『純粋理性批判』における「構想力」概念である。第一版で有限性の哲学の要石として重視された「構想力」は、第二版でそれに代わって「超越論的統覚」が前景に出ることで、その本来の存在論的意義を奪われてしまった、というのがハイデガーの判定である。ハイデガーによれば、カントの『純粋理性批判』は人間存在の有限性を根本的に明らかにする「存在論」である。それは、人間経験の有限性を単に認識論的に解明するだけではなく、存在論的に基礎づけるという意味で、新しい「形而上学」の提起である。ハイデガーの考えでは、このような「存在論」にとって「構想力」が重要な概念なのであり、それゆえ、『純粋理性批判』第二版における、「構想力」概念の重要性の弱まりは、新しい形而上学の提起からの「退却」になるわけだ。この点に関するハイデガーの解釈の当否は、ここでのカント解釈の一つの試金石になる。それは、本論で細かくカント哲学を検討することで答えが出るだろう（ハイデガーのニーチェやヘーゲルの思想に関する解釈が妥当か否か、これについてはここでは立ち入らない(3)）。

重要なのは、ハイデガーが、人間存在の有限性に即した哲学を求めていたことを銘記しておくことである。このことは、ハイデガーの思想をどのように解するかという、ハイデガー解釈の問題とも関わってくる。ハイデガーの思想を、あくまで人間存在の有限性を問う哲学として理解すること、これがハイデガー解釈として大切な視点になろう。この視点から、ハイデガーの特有の用語は、私たちの経験に届くように解きほぐされねばならない。ハイデガーが特有の用語を採用したのは、伝統的な哲学用語を用いる限りは、ハイデガーが破壊しようとする伝統的な思考の枠組みに囚われてしまうからだ。しかし同時に心にとめておかなければならないのは、私たちがハイデガーの用語をそのまま繰り返すだけでは、ハイデガーの思想を理解したことにはならない、ということだ。用語の特殊性を尊重するかたちで、しかし平易な言葉へと解きほぐす必要がある。ハイデガー解釈に今求められているのは、平易さなのだ(4)。ハイデガーもまた、「感性論」から理解し直される必要がある(5)。というのも、ハイデガー哲学を解釈する上で、重要なポイントになるのは、まさに感性的経験の現場としての「Bild（形象、イメージ）」概念であり、このことは従来の哲学におけるハイデガー理解では、まったくと言っていいほど看過されているからだ(6)。

ところで、ハイデガーのカント解釈を考慮に入れる第二の理由は、ハイデガー哲学が現代哲学に与え続けている作用のゆえである。ここで「現代哲学」ということで私の念頭にあるのは、「脱構築」あるいは「ポストモダン」

と一般に呼ばれている哲学的潮流のことだ。このとき思い浮かべられるのは、主として二十世紀六〇年代以後のフランス哲学だが、さらにこれに、アメリカのプラグマティズムにおける、現代の代表的論者、R・ローティ（Richard Rorty 1931- ）の思想も加えることができるだろう。さらに『哲学の変容』の著者、アーペル（Karl-Otto Apel 1922- ）もここに加えるなら、これらの新しい哲学におけるハイデガーの影響ははっきりしてくる（岩城二〇〇一d、第三章）。ハイデガーの三〇年代以後の思想は、この意味で、「ポストモダン」の哲学の参照点なのだ。ポストモダンと呼ばれる現代哲学で主題となっているのは、まさに「有限な存在としての人間の哲学」がどのようにすれば貫徹できるかということだからである。このような、現代の知の情況を、私は「本質主義の崩壊」と呼んだ（岩城二〇〇一d、第四章）。この視点からカントも読み直されており、その意味でハイデガーのカント解釈は一つの視点を提供している。実際フランスの「ポストモダン」の代表的論者、J-F・リオタール（Jean-François Lyotard 1924-98）の『非人間的なもの』に収められた諸論には、ハイデガーの用語が多く用いられており、またフランスにおいて、以後の知に大きな影響を与えてきた六〇年代の思想を相対化しようと試みる、より若い世代の思想家、L・フェリー（Luc Ferry 1951- ）の『ホモ・エステティクス』でも、ハイデガーのカント解釈が参照されている。そしてドイツのポストモダン哲学は、フランスのポストモダン、アメリカの新しいプラグマティズムを参照することで論を展開している（例えば、W. Welsch 1946- ）[7]。このように、現代思想は相互関係の中で生み出されており、そこにおいてハイデガーの思想は、明示的にも暗示的にも、大きな役割を演じている。それゆえに、単に日本的、東洋的な翻訳語の語彙と、それが作ってしまう視野からのみハイデガーを理解すること、このことだけでは十分ではない、と言うより、この理解によって、ハイデガー哲学は矮小化されてしまう、ということになろう。

以上のことを念頭に置きつつ、第一章では、まずカントの「構想力」概念の当時の継承（変容）の模様を探り、次いで、ハイデガーのカント解釈を概観しておくことにする。

ところで、本書の読み進め方についてだが、今述べてきたように、第一章は、本書におけるカント『純粋理性批判』解釈のために、カント以後のカント理解の問題点を指摘し、それを通して本書の視点を設定することに当てられる。要するに第一章は、私が本書を著すための動機の提示であり、またその限りでの、私が重要と思っているカント以後のカント理解の批判的考察である。したがって、『純粋理性批判』というテクストの重要と思える箇所を示し、それに即した具体的理解がはじまるのは、第二章からだ。この点で、第二章から第三章へと読み進められた後に、最後にそこに示された私の理解の動機を確かめるために、第一章に戻られる方が、読者の方々にとって理解は容易かもしれない。このことを付言した上で、第一章に向かうことにしよう。

（1）本来「感性の学」を意味する"Ästhetik"が、十九世紀中期以後、主として「美」と「芸術」とを主題にする学問と見なされ、その意味で「美学」になったこと、このようなヨーロッパでの理解に基づいて、わが国では"Ästhetik"が「美学」として定着したこと、このことは別に機会に示した。それとともに「感性論」の意味についても、岩城二〇〇一d参照。

（2）私はこれまで、京都学派のカント理解、またフィヒテ、シェリングのカント哲学継承について、幾つかの問題点を指摘してきた（岩城一九九五a、一九九八a、一九九八b、一九九八c、二〇〇一c、二〇〇二a）。なお、本書の第一章は、かつて公にした小論（岩城一九九六）を下敷きにしている。

（3）ハイデガーのニーチェ解釈については、岩城二〇〇一d、第三章参照。ハイデガーのヘーゲル『精神現象学』解釈については、岩城二〇〇一b参照。

（4）この点で、わが国におけるハイデガー研究、特に仏教用語をもってハイデガー哲学を翻訳しまた解釈する伝統は、一考の要があろう。この解釈は、ハイデガー哲学を日本的、ないしは東洋的に読み取るという点で、独創的だと言えるかもしれない。だが、それによって、人間の有限性に留まって思考を展開する哲学者としてのハイデガーの思想は過度に神秘化され、結局は衒学的な理解の枠組みに押し込められることになる。なぜなら、訳語がそれの継承者によって無反省に反復されることで、それが本来意味するはずの事柄は、説明されないまま通用するかに思われてしまうからだ。これによって、ハイデガー哲学研究は、ハイデガー教に退化する。

（5）そのささやかな試みとして、私はハイデガーの『芸術作品の根源』における「世界」と「大地」という二つの概念を「感性論」の視点から解きほぐしてみた。岩城二〇〇一f参照。

（6）岩城一九九四b参照。

（7）Cf. Lyotard 1988. Ferry 1990. Welsch 1990.

第一章　『純粋理性批判』理解の視点設定

第一節　神学的想像力
――直観的思惟の構造――

㈠「構想力」の「独断論」批判機能

『哲学史辞典（*Historisches Wörterbuch der Philosophie*）』（以下 *HWP*）の「phantasia」、および「Einbildungskraft」の項で示されているように、ギリシア語の「現象する」という動詞に由来する「想像力」（phantasia, Phantasie, Einbildungskraft〈後者は「構想力」とも訳される〉）は、やがて人間の一つの特殊な認識能力として注目され、それは、近代以後〈芸術〉が自明になるにつれ、とりわけ芸術家の能力を特色づけるものとして論じられてきた。「想像力」は、時代によって、またそれを諸々の認識能力の中に位置づけ、説明を加える論者によって、その積極的創造的側面が重視されたり、その創造的側面のもつ、「欺き」を生み出す作用が否定的に捉えられたりと、様々に規定されてきた。このような規定の変化にもかかわらず、「想像力」が、「感覚的知覚」と「知性」とを媒介する、言わば「感性的知性的」性格をもつ「媒介」能力であるという理解は、アリストテレス（Aristoteles 384-322 BC）以来、近代に至るまで、ほぼ共有されていると言っていいだろう。つまりギリシア語に由来する“phantasia”は、近代以後、それが“Einbildungskraft”，“Phantasie（fantasy）”，“imagination”といった異なる語に翻訳されて使用されてきたとしても、それは、人間の認識能力における、「感覚的知覚（アイステーシス）」によって把握されたもの（現象）と「知的規則」（ロゴス）とを媒介する能力としての位置をいつも与えられてきた。(1)

それと同時に注意しておかなければならないのは、「想像力」は常に、西洋の伝統的な思想において設定された、「知」の垂直的なヒエラルキーに従って理解されてきた、ということである。G. Camassa によれば、このヒエラルキーもすでにアリストテレスにおいて準備されていた（*HWP*の"phantasia"の項）。つまり、最も純粋で至高の知としての「ヌース（nous）」、次いで「ディアノイア（dianoia）」、「ドクサ（doxa）」、「ファンタシアー（phantasia）」そして「アイステーシス（aisthesis）」というヒエラルキーである。[2] これらは、ドイツ語では、それぞれ"Vernunft"、"Verstand"、"Meinung"、"Phantasie（Einbildungskraft）"、"Sinneswahrnehmung"と訳されており、日本語では、「理性」、「悟性」、「臆見、信念」、「想像力（構想力）」、「感覚的知覚」と訳され、哲学用語として定着してきた。純粋な「知」が、「エピステーメー（epistēmē）」と呼ばれるときには、「想像力」は「エピステーメー」と「アイステーシス」との「媒介者」と見なされる。ここにあるのは、純粋に論理的で整合的な知から、最も偶然で移ろいやすい現象に左右される「感覚的知覚」に至るまでの、知のヒエラルキーである。確実な知から偶然な知へと下降するヒエラルキーの秩序、これに合わせることで、感覚に近いところにある、過ちを犯しやすい知、「ドクサ」は、わが国では「臆見」、「信念」、場合によっては「思い込み」という訳語があてがわれた。また、感覚的に知覚された形象（イメージ）から一般規則を読み取り、また一般規則をイメージに置き換える能力である「ファンタジー」は、「形象（イメージ、像）」を「想い浮かべる」能力として「想像力」と訳された。ギリシア以来の西洋の伝統的な形而上学に基づいて設定され、またおそらくキリスト教神学によって一層強められたこの知のヒエラルキーの伝統、これに真っ向から反対して、「理性」の真理の欺瞞性を暴き出し、それに対して「感覚」の真理性をラディカルに主張したのがニーチェだった。それは伝統的形而上学の破壊の試みである[3]（岩城二〇〇一d、第三章参照）。

カントも、このような伝統的な知の用語の中で人間の経験の構造を理論的に解き明かそうとしていたし、カントを批判的に受容するヘーゲルも同様に、このような知の伝統を継承しつつ自らの体系を構築しようとしていた。

特にヘーゲル哲学が今日ポストモダンの哲学によって批判の的となるのは、ヘーゲルの哲学における体系志向が、まさに上述の、知の伝統的ヒエラルキーをそのまま受け継ぎ、理論化しようとしているように見えるからだ。実際

『精神現象学』を見れば、この書の構成は、「感覚的確実性」からはじまり、「知覚」、「悟性（分別）」、「理性」を経て、「絶対精神」へと至る、「精神」のより高い境位への「発展史」のようなかたちを取っており、それに対応するかたちで『論理学』は「存在」から「本質」を通って「概念」へと向かう構成になっている。歴史把握も同様であり、歴史は最も感覚的な「オリエント」世界から、感覚的理性的な「ギリシア古代」を通って、一層理性的になる「ロマン的」世界（キリスト教ヨーロッパ）そして、最も理性的な近代への発展の歴史として描き出され、また宗教も感覚的宗教から理性的宗教への展開として、「オリエントの宗教」、「ギリシアの宗教」、「啓示宗教（キリスト教）」という順序になる。同時に「絶対精神」の世界でも、「芸術」、「宗教」、「哲学」はその理性性の純度によって並べられている、という始末である。

このような哲学体系を構想し、仕上げようとする点で、明らかにヘーゲルはキリスト教的「アリストテレス派」だと言えるだろう。しかもヘーゲルは随所で、自らの哲学を「合理神学」と呼んだことで、ヘーゲルの伝統的キリスト教神学的形而上学との癒着の疑いは一層強まる。この、あらゆる場面で見出される、伝統的神学的外観により、ヘーゲルは絶えず現代の反感を引き起こすことになる。

これに対して、現代のポストモダンの立場からは、カントがより好意的に理解される。それは、カントにおいて、人間の有限性を離れない哲学の構築が試みられていると見なされているからだ。

この点では、カントと、カントの思想を批判的に受け取り展開しようとしたフィヒテ、そしてフィヒテ哲学をさらに批判的に展開しようとしたシェリングとは、ほぼ同時代に属すにもかかわらず、その哲学的立場は大きく異なっている。フィヒテ、シェリングにおいては、哲学は再び或る種の「神学的形而上学的」ニュアンスを帯びているのだ。しかも重要なのは、フィヒテ、シェリングは、カントの新しい思想を受け継ぎ、従来の独断論と経験論とを超えた哲学を目指し、しかもこの新しさを自負しながら、それにもかかわらず伝統的形而上学的思考の枠組みに囚われてしまう、という点である。そしてこのような一見新しく、しかし真相では伝統的な思考の枠組みに拘束された知、これがフィヒテ以後の多くの哲学に共通する知のあり方なのだ。この点をまず確認しておこう。その場合、どうして哲学の多くは、そのような伝統的な知の枠組みに拘束されてしまうのかという、その知の構造が問われねばならないだろう。

ところで、カントにおいて、「構想力」は、人間的認識の「起源」と見なされ（*KdrV.* B103）、美の判定能力としての「趣味」と芸術生産能力としての「天才」とは、「構想力」を抜きにしては成り立たない能力として描き出される（vgl. *KdU*）。カントを批判的に継承するフィヒテの『知識学』、次いでこれを継承し拡大するシェリングの『体系』では、「構想力」は、「独断論」（主体―客体の分離を前提することで成り立つ素朴な思想）を破壊する中心概念に高められる。すなわち、フィヒテ、シェリングによって、カントの「批判哲学」は、人間の「知」を基礎づける、文字通りフィヒテの主著のタイトルが示すような「知識学（Wissenschaftslehre）」、それも、形而上学的な知識学へと読み替えられる。

シェリングは『体系』において、「独断論」を批判し、自ら哲学の主題を明示している。その主題とは、私たちの対象意識（「知」）が成り立つときの隠れた条件の解明、すなわち、「知」の成立根拠の解明である。これを明らかにするのが「超越論的知」である。

「それゆえ超越論的知は、それが〔決して客観的に取り出して見ることができないものなので〕純粋に主観的である限りで、知の知（Wissen des Wissens）である（『体系』11）」

その点で、シェリングの『体系』は、カントの超越論的哲学としての認識論を継承している。シェリングも、「独断論」を知の「根本的先入観」として批判し、客体の認識の前提を主題にするからだ。

「一つの根本的先入観、それは、われわれの外部に物が存在するという先入観に他ならない。他のすべての先入観はこれに還元される（『体系』8）」

この先入観が成り立つのは、私たちの知と対象との関係が、その先入観が出てくる以前に、無意識と言っていいような次元ですでに成り立っているからだ。「私」が意識を働かせたその瞬間にすでに、私には「対象」が現れており、これに対するかたちで「私」という主体が存在してしまっている。だから「知（意識）」のどのような働きの中で、そのような「主体」―「客体」関係が生じたのか、このことは意識が生じた段階ではすでに見えなくなっている。この、すでに無意識になっている関係を探ることで、「主体」―「客体」関係成立の根拠を問うこと、これがカント以後、「超越論的哲学」の主題になった。シェリングの『体系』も、これを主題にしている。

「それゆえ超越論的考察法の本性は、一般に次の点、つまり、超越論的考察においては、他のすべての思惟、知、あるいは行為において、意識を逃れ、絶対に客観的にならない（nicht-objektiv）もの、これも意識にもたらされ、客観的になるという点、簡単に言えば、主観的なものが絶えず自己‐自身‐客体に‐なる（Sich-selbst-Objekt-Werden-des Subjektiven）ということにある（12）」

知の底で知を成り立たせている、知自体には隠された、主体における先行的な働き、これがカントによって「超け継いだ。

越論的構想力」と呼ばれた。このような超越論的立場からの「構想力」論をシェリングはフィヒテ哲学を介して受

それとともにシェリングにとっては、「美的直観（die ästhetische Anschauung）」においてこそ、「構想力」は純粋に働き、客観化される。そして、このような、普通の知には隠れた構想力の働きを客観化する「美的直観」の働き、これを典型的に示すのが「芸術」である。それゆえシェリングにとっては、「美的直観」と「芸術」とは、哲学の求める「真理」、諸々の主体―客体関係を可能にする「根拠」を指し示すものとして「哲学の唯一真実で永遠の道具（Organon）でありドキュメント」であり、「芸術は哲学者にとって最高のもの」となる（475）。「芸術」は、シェリングが求める新しい「哲学の普遍的な道具（das allgemeine Organon der Philosophie）」であり、「哲学のドーム全体の要石（der Schlussstein ihres Gewölbes）（19）である。ここでは「芸術」が、「哲学」の「唯一の」支えになるというわけだ。

「美的直観のみが客観的になった超越論的〔知的〕直観であるなら、おのずと理解されるのは、芸術は哲学の唯一の真実永遠な道具（Organon）であると同時に、芸術は哲学が外面的には描写できないもの、つまり、行動と生産作用においては意識されないもの、そしてそれの意識されたものとの根源的同一性、これを絶えず新たに知らせる哲学のドキュメント（記録）だということである。芸術は哲学者に、言わば最も神聖なものを開くがゆえに、まさに最高のものなのである。この最も神聖なものにおいて、自然と歴史の内では分けられているもの、生と行為においても思惟においても永遠に逃れ去るしかないものが、永遠に根源的に合一するかたちで言わば一つの炎となって燃えている（475）」

「構想力」という、カントが人間の認識の成り立ちを整合的に推理するために導入した「仮説概念」が、シェリングでは「芸術」を生み出す形而上学的能力へと理解し直されている。明らかにシェリングの理解は、カントの概念のロマン主義的受容である。こうして「構想力」はカントのように、認識の超越論的条件を考察するために「冷静に」想定されるのもではなくて、「根源的なもの」として言わば〈熱狂的に〉強調されることになった。それは、「構想力」が、通常の意識では分かれている、「主体」と「客体」との二項が、そこからはじめて生じてくる「根拠」だと見なされるからだ。まさに認識の「起源（Ursprung）」としての、「主体」―「客体」のまだ分離されていない「合一」点こそ、「構想力」の働く場面と見なされるのであり、それゆえ、「構想力」の解明は、すべてのものの「根拠」を求める「哲学」の欲望を満たすと思われているわけだ。この根拠はしかし、意識に先行するかたちで意識を成り立たせているので、通常の意識能力では把握できない。だからそれを把握するには、特殊な能力が要請されねばならない。このようにして呼び出される、意識を超えたもの、あるいは意識の底にあって意識自体には捉えられない、意識を成り立たせる働きを捉える能力、これが「知的直観（intellektuelle Anschauung）」と呼ばれる能力である。そして、「知的直観」という経験を超えた働き、これを経験の次元で具体的に示してくれるものとして重視されるのが、芸術の「美的直観」なのである。

「しかしもしも、絶対的に同一的なもの、つまり、それ自体主観的でも客観的でもないもの、これを客体にするような直観があるとすれば、また、知的直観（intellektuelle Anschauung）でしかありえないこの直観のために、直接的経験が引き合いに出されるとすれば、一体この直観は何によって再び客観的になりうるのか、つまり、もし、かの直観の、普遍的で、すべての人間に承認される客観性がないなら、いかにしてそれが単なる主観的欺きに基づくものではないということが、疑われなくておられようか。知的直観のこの普遍的に承認され、決して否定できない客観性、これこそ芸術それ自体なのである。なぜなら、美的直観は、客観的となった知的直観だからである。芸術作品のみが、普通いかなるものによっても反省されないもの、自我においてさえすでに分けられているもの、これをわれわれに反省させる。すなわち、哲学者がすでに意識の最初の働きにおいて分けてしまうもの、これが、普通あらゆる直観には不可能なかたちで、芸術の奇蹟によって、芸術の生み出すものから照り返してくる（『体系』471f.）」

カントが「知的直観」を哲学に用語として導入することを禁じたのに対して、認識の成り立ちの根拠を、認識以前の「根源的」場に求め説明しようとするフィヒテ、シェリングは、「知的直観」を重視する（岩城二〇〇一c）。想像力と芸術とところで、構想力（想像力）と芸術とをこのように浮上させたのは、時代の大きなうねりである。想像力と芸術への注目は、既成宗教、それと結託した古い体制、そして台頭してきた客観主義的科学への批判という動機に促されて出てきたものだ。このような伝統的形而上学と新しい自然科学への批判の文脈で、宗教に代わり「芸術」と芸術を生み出す能力とが主題化される。これが「ロマン主義」の立場である。ロマン主義とは、芸術を知のパラダイムに据える哲学的傾向全体だと見なしうる。したがってそれは文字通り「近代的」であるとともに、「反近代的」傾向を内に含みつつ、現代にまで及ぶ広く深い影響力を維持している。「芸術」を中心に置く「美学」の隆盛、制度化は、まさにロマン主義という、一つの新しい形而上学的思考の確立と作用の副産物なのである。(4)

カントからヘーゲルに至る知の営みは、決して非歴史的な知の理論や想像力論ではなく、固定した知とそれに基づく権威を批判するものとして、当時にあっては実践哲学的意味を強くもっていた。シェリングは想像力と芸術にこのような、科学批判的、さらには実践哲学的機能を託していた。シェリングは「独断論」という「根本的先入観」の破壊のために、カントが論じフィヒテが受け継いだ「想像力（構想力）」を主題化し、自己の思想を組み立てた。シェリングはまさしく次のようにカントの「構想力」論を理解していた。つまり、主体に隠れたかたちで作用する「構想力」こそ、主体に対して客体が現れるときに、それを一定のかたちをもったものとしてその都度浮かび上がらせる、「超越論的」作用、主体の認識を可能にしているア・プリオリな作用であり、「構想力」に内在する「超越論的図式」（対象が意識されるときの先行的枠組み）こそ、現実の経験における主体─客体関係成立の隠れた「規則」だという理解である。それはシェリングの超越論的哲学にとって「最も根源的」なものなのだ。

「ところで、概念と客体とが、それらのいずれにおいても、他方におけるよりも、少なくも多くもないというかたちで最初から（ursprünglich）一致しているなら、この二つを分けることは、ある特殊な働き（Handlung）、つまりそれによって、この二つが意識の内で対立するようにされる働き、これがなければまったく理解できない。そのような働きこそが、判断（Urteil）という語によってはっきりと表示されている働きである。というのも、判断によってはじめて、これまで分けられずに一つにされていたもの、つまり概念と直観とが分けられるからである。……判断において、まず概念と客体とが対立させられ、次に再び二つは関係づけられ、両者が互いに等しいものとして設定されるべきである。ところで、この関係づけは、ただ直観（Anschauung）によって可能であるにすぎない。しかしこの直観は、生産的直観〔見たり聞いたりする感性的働き（これが「生産的直観」と呼ばれるのは、このような働きは単に受動的な対象把握ではなく、「自我」の認識作用によって特殊なかたちを取るからだ（vgl. 147ff.））〕ではありえない。もしそうであれば、われわれは一歩も進んだことになるまい。そうではなく、それはこれまでわれわれにはまったく知られていない直観であり、これからはじめて導き出される必要のある直観である。／この直観を通して客体と概念とが相互に関係づけられるべきなので、一方で概念に接し、他方で客体に接しているような直観がなければならない。ところで概念とは、それを通して直観の客体一般が生じる行動方式

〔働き方 Handlungsweise〕、つまり、客体一般が構成される規則〔Regel〕であり、これに対して客体とは、規則ではなく、規則自体の表出〔現れ Ausdruck〕なので、次のような働きが見出されねばならない。その働きとは、そこにおいて〔経験を超えた〕規則自体が客体として直観されるであろうような働き、あるいは、逆に、そこにおいて客体が構成一般の規則として直観されるであろうような働きである。／そのような直観が図式機構〔Schematismus〕である。誰もこの図式機構をただ自分の内面的経験から知ることができるにすぎず、人がそれを知らせ、経験を導くには、それを記述し、それに似た他のすべてから区別することができるだけである〔281ff.〕」

ここでは、カントが『純粋理性批判』で示した周知の規定――「内容を欠く思想は空虚であり、概念なき直観は盲目である〔A51, B75〕」――がフィヒテの『知識学』を介して受け継がれている。「直観」と「概念」、このまったく本性を異にするものが媒介されて、経験〔対象認識〕が成り立つための、「媒介概念」としてカントが「想定」した「構想力」、これが受容され、解釈を加えられているのだ。

カントが『純粋理性批判』で論じた、「構想力」の「図式機構」が、主体―客体関係を成り立たせる根源的働きとしてここにそのまま導入されている。しかもカントが、人間の経験の成り立ちを考察する上で「想定」したこの仮説概念が、特殊な「直観」として、あたかも人間の内に実在するかのような能力になっている。つまりカントにおける超越論的概念〔〈仮説概念〉〉が、言わば人間に内在する心理学的概念になっている。しかし冷静に取るなら、ここで「直観」という語で呼ばれているものは、ただ「想定された働き」にすぎず、実在するものとしては主張しえないものなのだ。いずれにしても、カントにおける「構想力」、および「図式」概念は、シェリングにおいて知の根拠として非常に重視されることになった。それは「最も根源的な」働きとして理解されている。

「それ自体はまったく直観〔現象の感覚的受容能力〕をもたない概念が、それ自体まったく概念をもたない空間の直観とどうすれば再び結びつけられ客体となるか、このことは、一つの媒介するものがなければ考えることはできない。しかし、おしなべて概念と直観〔感覚能力〕とを媒介するもの、それは図式（Schema）である。……／経験的図式は、それによって対象が経験的に生み出されうる感覚的規則として説明される。それゆえ、超越論的なもの（das Transzendentale）とは、それに従って客体すべてが、つまり、客体が超越論的に生み出されうる、諸規則の感覚的直観であろう。ところで図式が規則を含む限り、それは内的直観の客体であるにすぎないが、しかし図式がある客体の構成の規則である限りは、それは外面的に空間内に描かれるものとして直観されねばならない。つまり図式はおしなべて、内感と外感とを媒介するものである。それゆえ、超越論的図式は、内感〔時間意識〕と外感〔空間意識〕とを最も根源的に（am ursprünglichsten）媒介するものだと言われねばならないだろう（『体系』295f.）」

カントが「超越論的図式」と「時間」との深い関係を指摘し、後にハイデガーが『カント書』で詳しく論じた、構想力の時間性の問題に、シェリングも関わっていた。しかしここでも注意が要るのは、「直観」概念が濫用されている、ということだ。ただ、シェリングは正当に、人間の経験においては「内感」（時間意識）と「外感」（空間意識）とは分けられないことを理解してはいた。(5)

「時間は反省の立場から見るなら、本来的に内感の直観形式でしかない。というのも、時間は、われわれの表象作用（Vorstellung）の継起に関してのみ生じるにすぎないからである。この立場からすれば、このような表象作用はわれわれの内にしかないわけだ。……これに対して、直観の立場から見れば、時間は根源的にすでに外的直観である。なぜなら、つまりこの立場では、表象作用と対象との間には区別はないからである。……／同時に外感と内感とに属す、時間のこの性質、これにのみ、時間が概念と直観との普遍的媒介項だということ、つまり時間が超越論的図式だということは基づいている。カテゴリーとは最初から直観方式〔ものの見方、感じ方〕であり、それゆえ図式機構から分けられない。この分離がはじめて生じるのは、超越論的抽象作用（die transzendentale Abstraktion）による。だからここから明らかになるのは以下のことである、／1　時間は根源的にすでに生産的直観、つまり先の章で証明された客体の構成に、ともに介入しているということ。／2　時間の、一方で純粋概念、他方で純粋直観、あるいは空間への関係から、カテゴリーのメカニズム全体が導き出されねばならない、ということ。／3　超越論的抽象作用によって根源的図式機構は廃棄されるということ、また、客体の根源的構成についても、まったく変化した見解が生じざるをえないということ。この見解は、まさにかの抽象作用こそがすべての意識の条件なので、それのみが意識に至りうるものだろうということ。このため、生産的直観は、それが意識に届くためには通り抜けねばならない媒体自体によってそれの性格を失うということ（296ff.）」

シェリングは、カントの「図式機構」に関する理論を正しく捉え、それを知の「根源的」働きとして強調している。この意識以前の、意識を成り立たせる働きが「直観」と呼ばれている。それは「超越論的抽象作用」が働く前の、それの根拠となる場面で働いている。「超越論的抽象作用」とは、簡単に言えば、「言語・記号化の働き」だ。人間には最初から（「超越論的」に）、言語・記号へと直接的経験を置き換える能力（抽象能力）が備わっていて、それによってはじめて私たちは物事を「意識」できる。だが言語・記号の抽象化によって、直接的経験は、もとのあり方を「失う」。このため、このような根源的な働きを語るには、抽象作用の働く以前の状態を語りうる言語（？）が必要になる。これが繰り返し「知的直観」という語が用いられる理由である。この語は、言語で語りえないもの、言語以前のもの、あるいは言語を超えたものに、知の根拠を求める哲学が、苦し紛れにひねり出した概念なのだ。

先に指摘したように、カントはそのような概念（「知的直観」）の使用を戒めた。カントにとって重要なのは、「仮説概念」を設定することで、人間の経験を可能な限り整合的に考え、これによって人間の経験を経験不可能なものに還元したり、そこから説明したりする立場を退けることである。カント哲学はその意味で徹底した「批判哲学」なのだ。

これに対して、フィヒテ、シェリングの哲学は、カントを継承しながら、知の根拠を把握しようとする、「基礎づけ主義（foundationalism）」へと向かっている。このために、言語以前の知の根拠を語る用語がどうしても必要になる。こうしてカントが警戒した「知的直観」概念が前景に出てくるのである。だが「知的直観」とは、言葉にならないものを把握する能力と見なされるので、その正体は、何かが感じられている状態、つまり「感じ」、「想定」でしかない、ということになろう。それゆえそういったものは、決して哲学の理論的基礎概念にはなりえず、言わば「信念」のようなものにすぎないのだ。(6)

少なくともシェリングは、フィヒテを介して受容したカントの「構想力」概念によって、主体―客体を分離したところで成り立つ従来の「独断論」を超え出たとは言える。このとき「芸術」は、このような「構想力」が端的に働く活動と見なされることで、日常的意識に隠されている主体―客体関係という「無意識」を、稀なかたちで露にする形而上学的意味を付与され、哲学の「オルガノン」となったわけである（21）。

(二)「構想力」から「自我一般」へ

シェリングの『体系』は、タイトルが掲げるように「超越論的」哲学を意図している。「超越論的」哲学における「思惟」は、常に経験と経験の成り立つ先行的条件（可能性の条件）との関係を問う思惟、それゆえこの関係にとどまり、この関係の両項の間を動く思惟でなければならず、この思惟をシェリングは、フィヒテに倣って「漂う（schweben）」という用語で特徴づける（88, 137, 366 u. s. w.）。「漂う」思惟によって、「固定」した知と、それに依拠するすべての既存の真理観に対する批判が可能になる（シェリングのフィヒテ受容については、岩城二〇〇一c参照）。

人間の経験は、経験には現れてこない、経験を可能にしている先行的条件に支えられて成り立っている。だから私たちの〈経験〉においていつもすでに生じている〈主体〉と〈客体〉とは、この関係が可能になる〈経験〉と〈経験の可能性〉との関係、言い換えれば、〈経験〉と〈経験を可能にしている先行的（＝超越論的）条件〉との関係を離れずに考察しなければならない。これが「超越論的哲学」独自の課題である。この自覚にもかかわらずシェリングは、「可能性」の側に自分を置いて論じようとする。これによってシェリングの超越論的思惟は、意図を裏切って超越的（神学的）思惟に向かう。このようなことが生じるのは、シェリングが、「構想力」という、有限な人間の経験の内で、意識されないかたちで働いている、主体―客体関係成立の超越論的作用を、同一的で絶対的な主体の「作用（Akt）」へと理解し直し、このような経験を超えた主体の視点から経験を眺望する立場に立つからだ。

シェリングはこの絶対的主体を「自我」や「自己意識」と呼ぶが、このときこれらは個々の人間の自我や自己意識ではなく、自我が自我として成り立つ超越論的条件と見なされる。このためこれらは、カントの「認識一般」に倣って、「自我一般（das Ich überhaupt）」、「自己意識一般（das Selbstbewusstsein überhaupt）」とも表現される。「一般（überhaupt おしなべて）」という語で、一切の経験的自我を可能にするものが意味されている。

「……自我（Ich）の概念には、単に個体性（Individualität）の表出よりも高次のものがある。自我とは自己意識一般の作用［あらゆる自己意識に同じように働いている作用］である。もちろん、この作用とともに同時に個体性の意識も登場しなければならないが、しかしこの作用そのものは、個体的なものを一切含まない。――今まで話題になっているのは、自己意識一般の作用〔＝あらゆる自己に妥当する作用〕としての自我だけであり、この作用からすべての個体性は導き出されねばならない。……純粋自己意識は一切の時間の外にあり、すべての時間をはじめて構成する作用である。経験的意識は時間の内で、諸々の表象の連続の内でのみ生み出される意識である（『体系』59f.）」

「経験的自我」は「時間の中で生み出される」。それゆえ、このような「自我」を可能にすると考えられる〔＝あらゆる自我に同じように（同一的に）働いていると想定される〕「超越論的自我」は、経験から切り離されて、「時間の外」（経験以前の次元）に設定されることになる。シェリングはフィヒテの、「純粋能動性」としての「自我」概念を継承している。このような想定されるにすぎない「自我」が、超越論哲学の基礎と見なされ、すべての真理の根拠とされ、ここから経験的自我も演繹されることになる（この思惟の問題点については、岩城二〇〇一c）。

㈢「知的直観」と幾何学的「空間」

有限な人間の経験を可能にする「作用」は、「時間の外」にある「自我」に帰されている。それゆえこの自我は「無制約な」作用として絶対的に「自由」であり、個々の人間的経験は、この「自由」な作用からの「必然的」帰結だということになる。しかしすべての経験的自我を超えて、しかも経験を生み出す「作用」として思い描かれた（想像された）「自我」は、決して有限な知の対象にはなりえない。

「自我は純粋作用（reiner Akt）、純粋行為（reines Tun）、決して知において客観的になってはならないものであり、まさに自我はすべての知の原理であるがゆえに、そのようなものでなければならない（『体系』49f.）」

この決して客体化しえない「純粋作用」がどのようにして対象となるのか。ここでも、有限な知には捉えられない「純粋作用」を捉える働きとして「知的直観」が要請される。

「……超越論的思惟は、自由によって、まさに普通客体にならないようなものを自己の客体にすることへと向かう。超越論的思惟は、或る能力、生産すると同時に直観し、その結果客体の生産作用と直観作用そのものとが絶対的に一つになるような精神の或る行動（Handlung）を前提する。しかしまさにこの能力こそ、知的直観（intellektuelle Anschauung）の能力である（51）」

カントが『純粋理性批判』で用い、フィヒテが『知識学』で、知の基礎づけのために積極的に取り入れた用語がここに出揃っている。「作用（Akt）」、「行為（Tun）」「行動（Handlung）」がそれである。これによって強調されているのは、「知」とは「自我」の能動的働きであり、この働き応じて「客体」が姿を取ってくるということだ。この考え方をシェリングも受け継いでいる。

ところで、シェリングにおいては、個々の経験を可能にする根底的「作用」は、「幾何学」をモデルにし、「知的直観」は「幾何学にとっての空間に相当する」。幾何学における一々の図形（点や線等）が「空間」という直観（見えない観念）の「限定」であるように、一切の人間の知も、「知的直観」（観念）という知を超えたもの（その意味での「自我」）の限定である（*ibid.*）。

「空間」とは、すべての対象認識に先立つ、認識の「超越論的」条件として「想定」せざるをえないものであり、カントは、『純粋理性批判』の本論冒頭の「超越論的感性論」において、「空間」を、「時間」とともに「純粋直観」と呼んだ（*KdrV*, B34f. u. 39）。このとき「純粋」という語は「超越論的」意味で用いられており、例えば目に見える〈点〉をいくら小さくしていっても〈純粋な〉点にはならないように、経験的直観（感覚）を純化（研磨）すれば到達できるといったものではない。「純粋直観」、「純粋形式」とは、経験される「現象」が成り立つために必然的な、しかしそれ自体は決して現象には属さない現象の背景である。「空間」とはその意味で、すべての「現象」の可能性の条件として「純粋直観」、「純粋形式」である。空間は常に「現象」に寄り添っている。しかし空間は絶対に「現象」として認識されえない。カントはこの意味で空間と現象とを混同しないように注意する。しかし彼は、現象を離れた空間そのものが存在するとは言っていない。空間は、現象の可能性のア・プリオリな条件と考えざるをえない「一つの表象（観念）」なのである（*KdrV*, B39. この点については、岩城二〇〇一d、第一章参照）。

シェリングは、カント的「空間」概念を「知」の全域に適用し、「純粋直観」としての「空間」に「知的直観」を対応させる。つまり、「空間」が一切の形象経験を超えた、客観的認識の条件、その意味で客体そのもの（「物自体」）であるなら、「知的直観」としての「自我」は、対象との何らかの関係において成り立つ一切の経験的自我を超えた、その意味で、この経験的自我の前提となる、主体そのものと見なされるわけだ。フィヒテもこのような理解をしていた。主体―客体関係において成り立つ対象意識の、主体の側をこの関係から離して純粋に設定するなら、それは「純粋能動性」であるし、客体の側をこの関係からそのものとして純粋に取り出すなら、それは「物自体」だ、というわけだ。

「直観とは一定の条件の下にある客観的能動性（活動 Tätigkeit）であり、もし無制約であるなら、その直観は客観的な能動性ではなく、純粋能動性（reine Tätigkeit）だろう。／交互作用（Wechsel）による限定のために、直観されるものもまた、一定の条件下で直観されるものである。この条件の外部では、直観されるものは、直観されるものではなく、ただ設定（想定）されたもの、つまり物自体（Ding an sich）、すなわち、まったくの能動性

（Tätigkeit schlechthin）とは反対のものとしての、まったくの受動（Leiden schlechthin）であろう（『知識学』1,238）」

フィヒテが「物自体」と言ったものを、シェリングは「空間」と呼び替えている。これはしかし誤解ではない。主体と客体とを、「能動性」と「受動性」という両極に置くなら、「純粋能動性」、つまり何によっても制約されない能動性が主体に帰され、それが「自我自体」ということになる。これに対して「純粋受動性」、いかなる能動性も関与しないもの、そのような「自我」との関係を切り離して置かれたものを想像するなら、それは一切を無抵抗、無制約に受け入れるものであるから、「空間」そのものとなる。だから、限定された物すべての根拠としての「物自体」とは何かと言えば、「空間」だと言ってもいいわけだ。それらはすべて空間の限定だからである。

ところで、視点を変えると「純粋能動性」は同時に「純粋受動性」であり、また逆も成り立つことになる。このことに気づいておく必要がある。すなわち、すべての経験的自我がそこから生み出される「純粋能動性」としての「自我」とは、同時に、見方を変えれば、一切の経験がそこに受け入れられる「まったくの受動性」（絶対的な空）でもある。なぜなら、個々の私の経験は、すべてそこに受け入れられることで、はじめて私の経験になるからだ。こうして、フィヒテ、シェリングの、「純粋能動性」としての「自我」は、一切の自我を超えて、しかしそれをすべて受け入れる場、そこにおいてはじめて個々の自我が意味をもちうるものとしての、何か宗教的な色彩を帯びた「空（くう）」、そのようなものとしての「自我（大我）」思想に接近してくることになる。このあたりに、近代日本哲学の、フィヒテ、シェリング受容の鍵があるのではないか。フィヒテ、シェリング哲学における自我概念は、日本哲学の意識の底で働く仏教的な大我や空の思想と共鳴する構造になっているのだ。

「物自体」という「まったくの受動性」もまた、同時に「純粋能動性」になる。受動性としての「物自体」は、見方を変えれば、一切の経験的対象認識を可能にするものだ。そうであれば、「物自体」が一切の対象を生み出す、あるいは物自体のその都度の自己限定が、個々の対象の実現だ、ということになる。その意味で「物自体」という「純粋受動性」は、「純粋能動性」でもあるわけだ。(7)

ところで、「幾何学」における「空間」との類比によって語られる「知的直観」は、経験的な知の作用の超越論的条件として、「純粋作用」とされる。空間がすべての認識可能な「現象」から自由であるように、すなわち個々の「経験的直観」を可能にする「純粋直観」であるように、「知的直観」としての「自我一般」も、すべての有限な知と異なり、「絶対的に自由な知」(『体系』50)である。シェリングの「超越論的思惟」は、このような超越論的「自我」を主題にし、それの作用の結果として人間の経験を説明しようとする。カントにおいて保たれていた〈経験概念〉とそれの可能性の条件としての〈超越論的概念〉(「仮説概念」)との間の切り離しえぬ緊張関係(例えば、「現象」と「空間」、「現象」と「物自体」、経験的「自我」と「超越論的統覚」等の間の切っても切れない関係)は弛み、後者から前者を見下ろす視点にシェリングは立っている。しかも「知的直観」としての「自我」は、有限な知には認識できないものとされるので、それは「要請」されるしかなく(52f.)、この「要請」された「自我」という絶対的概念から、シェリングの哲学は「構成」されることになる(54)。ここでも幾何学という、証明されえない「公準(Postulate=要請)」に基づいて「構成」される学問がモデルになっている(53)。

(四) 神学的想像力——「知的直観」の「構成」

ところで、すべての経験的自我を可能にする絶対的「自我」はどのように「構成」されるのか。この「自我」が、すべてを「生産し」、しかも同時にこの生産する働きを「直観」(反省)する「自己意識」だとなぜ言えるのか。知を超えた「自我」の「根源的構成（54）」を、シェリングはどうしてなしうるのか。
実はこれを可能にしているのは、意識下でシェリングを動かす、シェリング自身に温存されている伝統的な神学的想像力である。「要請」される「自我」について次のように語られている。この理解はフィヒテの『知識学』に基づくものだ。フィヒテによれば、自我の「第一のまったく無条件な原則」とは次のようなものだ。まずフィヒテから。フィヒテはこう語っている。

「自己自身によって自我を置く働き（Setzen）は、自我の純粋能動性（reine Tätigkeit）である。――自我は、**自己自身を置く**、そして自我が**有る**のは、自己自身によってただ置くというこの働きによる（『知識学』I,96）」

このフィヒテの「自我」がシェリングに受け取られている。フィヒテにおいては、すべての経験的自我の根底にあるのは、あらゆるものから自由な、「純粋能動性（reine Tätigkeit）」としての自我であり、これが「非‐我（Nicht-Ich）」と出会うごとに、「経験的自我」は姿を現すとされている。フィヒテ『知識学』の基本的な考え方については別の箇所で概観したが（岩城一九九八b、二〇〇一c）、ここでのシェリングの理解を容易にするために、フィヒテの「自我」論を簡単に素描しておく。
フィヒテによれば、「純粋な自我」が経験の超越論的根拠である。それが「純粋能動性」という用語で示されている。すなわち、まだ有限な世界に限定されていない「自我」そのものを取り出すなら、それは完全に無限定な、言わば流れそのもの、つまりまだ無意識に動いている意識の運動それ自体としての私だというわけだ。二十世紀「現象学」の用語で言い換えるなら、「志向性（Intentionalität）」の束としての私であり、「精神分析学」の用語で言うなら、「リビドー（libido）」の束としての私ということになろう。これらの考え方に従うなら、このような、無意識のレベルで働いている動きに突き動かされることで、その都度の経験的な私は姿を取ってくる、ということになる。だからフィヒテはこのような自我のあり方を、"Streben"という用語で特徴づけた。これは一般に「努力」と訳されているが、正確には、まだ意識化されない、私を突き動かす働きなので「志向」という訳語が適当であろう。この突き動かす無意識の働きは、経験的自我の意識下で自己を駆り立てる働きであるがゆえに、「衝動（Trieb）」とも呼ばれるわけだ。いずれにしても、経験的で限定された意識的自我の根底に、無意識の運動としての自我を想定し、そこから経験を説明しようとする点では、フィヒテの「純粋能動性」の哲学は、現代の「現象学」や「精神分析学」と共鳴することになるだろう。フィヒテ哲学、現象学、精神分析学は、経験の根底に、それの呼び方は異なるにせよ、無意識の自我を置く点で共通しているのであり、それらはともになお、「本質主義」なのだ。

　ところで意識の底で自我を動かし、意識を成り立たせている絶対的な「純粋能動性」は、個々の人間に内在するものとして想定するなら、それは、個々人の意識の底で意識を動かしている、超越論的な意味での「意志（Wille）」と見なしうる。フィヒテはこれを「衝動（Trieb）」や「志向（Streben）」と呼んだ（『知識学』第五章以下）。この場合「衝動」、「志向」とは、意識下で否応なしに私を動かしている働きであり、それゆえもしそれを「意志」と呼ぶとすれば、それは超越論的意志、言い換えればまだまったく限定されていない意志そのもの、その意味で絶対的に自由な意志である。西田幾多郎が、第二期、『自覚における直観と反省』から『意識の問題』を経て『芸術と道徳』にかけて提唱したのは、「絶対自由意志」の哲学である。この時期の西田は明らかにフィヒテ哲学を受容し、フィヒテの「衝力」、「志向」を「意志」と読み直しつつ思考を展開していた。だから、「主体」―「客体」関係の中で生じる「意識」に対して、「意志」こそが、この関係を成り立たせる意識の根底、根拠なのであり、その都度の「意識」は、このような「絶対自由の意志」の一つの「実現点」と見なされる（西田とフィヒテについては、岩城一九九八b、一九九八c、二〇〇一c)。ショーペンハウア(A. Schopenhauer 1788-1860)も「意志」を根底に置いた。『意志と表象としての世界』という主著のタイトルが明確にこのことを示している。「表象」(「意識」)の底に無意識の「意志」が置かれているのだ。その点からすれば、ショーペンハウア哲学はフィヒテ哲学を適用することで成り立っているということになる。(8)

フィヒテに戻るなら、「意識」と「対象」との関係、つまり「主体」—「客体」関係が生じるのは、「純粋能動性」としての「自我」が「非 - 我(Nicht-Ich)」に出会い、それの抵抗を受けるときだ。このとき、「非 - 我」の抵抗によって、自我の流れが言わば逆流し「私」に帰ってくる。つまり「反省(反射)」が生じる。これによって「私」についての「意識」が成り立ち、同時にそれに抵抗するものとして「対象」が姿を取ってくる、つまり「主体」—「客体」関係とそれへの意識が成立する、というわけである。この超越論的自我論をシェリングは『体系』に取り入れた。だからこうなる。

「自我とは、自己自身にとり客体となる生産作用(ein sich selbst zum Objekt werdendes Produzieren)、すなわち知的直観作用(ein intellektuelles Anschauen)に他ならない。ところでこの知的直観作用自体、絶対的に自由な行動である。それゆえ、この知的直観は、具体的に示されえず(nicht demonstriert)、要求されうるにすぎない。ところで自我はそれ自体この直観にすぎず、それゆえ自我は、哲学の原理として、それ自体〔具体的に示されるものではなく〕要請される(postuliert)ものでしかない(『体系』52)」。

フィヒテも同じように、「純粋能動性」としての「自我」は限定も証明もできないことを強調していた(『知識学』91)。

ところで、シェリングの上の短い文章の内で「具体的に示されえない」はずの「自我」の「知的直観作用」が、すでに図らずもシェリング自身によって具体的に示されている（！）。「自己自身にとり客体となる生産作用」という表現がこれである。「自己自身にとり客体となる生産作用」とは、少し反省してみればすぐ分かるように、実は有限な人間の経験そのものであり、それでしかない。私が、自分が生きていること（「作用」であること）を知る（反省する）のは、その都度私がなしたこと（Tat）を通してである。その意味で私の存在は、フィヒテの語るように、「行動すること（Handlung）」（＝生産作用）と、行動によって「なされたこと（Tat）」（＝生産されたもの）への反省とが折り重なった存在として「事行（Tathandlung）」である（『知識学』96）。自我は、自分の「なしたこと」を通して、「行動する」存在としての自己を知る。

シェリングもフィヒテに倣って「自己意識」における、「行動」と「反省」という異なる作用の相互性を見ている（vgl.『体系』44）。能動的活動（「直観」）が対象に出会って方向を自己に転じるとき（「反省作用」が生じるとき）、対象意識と自己意識とがかたちを取るという、先に見た考え方である。シェリングは、フィヒテの『知識学』に基づきながら、日常的な経験を反省することでその構造を取り出し、それを超越論的自我へと置き入れ、その上でこの絶対的「自我」から経験的自我を説明する。これが「根源的構成」の真相である。

有限な知（言語）を超えたところに真理を求める思惟は、言語を超えたものを、しかし言語で語らねばならない。この離れ技を敢行するには、言語でもって、言語の彼岸を名指し、しかもこの矛盾を忘却（隠蔽）する以外にない。「知的直観」とは、言語で語られたものであるにもかかわらず、言語で語りえないものを指示せんとする、神学的想像力の捻出する概念である。「神学的思惟」というのは、いつも経験を超えたものを基準にして経験を語る思惟のことだ。「知的直観」という概念は、反省を超えたものとして「反省された」ときに出てくる概念である。「反省されている」というのは、それは、既存の言語（記憶）に依存し、それを利用することによってのみ（まさに反省することによってのみ）、「知的直観」という名で呼ばれうるからである。これが説得力をもつように見え、また好んで用いられる理由もすでに明らかだろう。有限な知には到達できない「直観」の「構成」は、実はそっくりそのまま、有限な知の構造から移植されたものであり、このため有限な知はいつもそこに自分の姿（記憶像）を見ることになるわけだ。これがあらゆる神学的想像力の根本構造である。それが有限な人間を超えているように見えるのは、「知的直観」が、「矛盾の忘却」（記憶の隠蔽）によって、「時間の外」に置かれるからである。

　このように、シェリングは、フィヒテの『知識学』の「自我」概念を明らかに継承している。

　これに対して、シェリングの思想に多くの点で影響を受けながら、次第にそこから離れていくヘーゲルは、シェリング的な「超越論的自我」の理解に疑問を抱くようになる。『精神現象学』「信仰と純粋洞見」の箇所で、ヘーゲルは、「信仰」という意識形態に必然的に含まれる矛盾を鮮やかに抉り出している。彼は「信仰」の世界は、現実世界の経験を、そっくりそのまま彼岸に移し入れたものにすぎないことを見抜いている。そしてヘーゲルのこの洞察は、フィヒテ、シェリング的「自我」概念の間接的批判としても意味をもってくる。注を施しながら取り出しておこう。

「……信仰の概念から見れば、信仰の絶対的対象とは、純粋意識の普遍性へと高められた〔移し置かれた〕現実世界〔の記憶＝言語・記号〕に他ならない。それゆえこの現実世界の編成が〔信仰の〕普遍的世界の組織を形成するのであり、ただ〔信仰の〕普遍的世界の諸部分〔成員〕の方は、熱狂しているために自分によそよそしくなっておらず、文句なしに存在する実在、自分に戻り、自分のもとにある精神になっているという点でのみ異なる（ヘーゲル　W3, 395）」

「信仰」の意識は、実際には現実〔の記憶＝言語・記号〕に拘束〔媒介〕されながら、しかしそれを忘れている。この忘却ゆえに、この意識は「一重〔単純〕〔*ibid.*〕」であり、それゆえ「熱狂」的になる、というわけだ。ヘーゲルはここでシェリングを直接批判しているわけではなく、「自分によそよそしくなった」世界において力をもつ「信仰」の一般的構造を解き明かしている。しかし、現実世界の経験の構造〔記憶〕を「純粋自己意識」に移し入れるシェリングの思惟は、ヘーゲルの示す「信仰」の構造に支えられており、それゆえに現実〔経験〕に干渉しうる。ヘーゲルによれば、信仰の意識は次のようなかたちを取る。

「〔現実意識から〕区別されたこれらの実在〔信仰の対象〕は、現実世界の変化から思惟〔反省〕によって自己へと取り戻され、変化のない永遠の精神になっているが、これら精神があるということは、それらが作り出す統一〔団結〕を思惟する〔企む〕ということである。だからこれらの実在は、〔現実の〕自己意識から離されたものとされながら、しかしそれに干渉するのである〔*ibid.*〕」

ヘーゲルは、シェリングとの密接な関係の内で『精神現象学』を書いた。彼の思惟も決して非歴史的な理論ではなく、社会批判的実践的意味を有していた。「信仰」の構造についてのヘーゲルの思惟は、盟友シェリングへの間接的な、しかし説得力ある批判にもなっている。しかもそれだけではない。「信仰」の世界には、「現実世界」〔歴史的社会〕の構造が、成員の階級組織、役割分担はおろか、法規の運用、裁判、刑罰の形態、さらには科学的成果の適用等々に至るまで、すべてそっくりそのまま移し入れられている。ヘーゲルのこの洞察は、宗教団体の構造を考察する上で、今日でもきわめて示唆に富んだものだと言えるだろう。ヘーゲルの洞察によれば、「現実世界」と異なるのは、「信仰」の世界では誰もが「熱狂」しているので、そのような組織の秩序に「よそよそしさ」を覚えず、そこに自分の本質を見出して満足している、という点である。ヘーゲルはこういった「信仰」の意識構造をアイロニカルに暴き出しているわけだ。「宗教」は、その〈真相〉では（in Wahrheit）、「時間の外」で純粋に成り立つ、歴史を超越した世界ではなく、まったく逆である。宗教は、その都度自らが属す歴史的世界を参照し、その構造を導入しつつ自己の世界を「構成」しており、それによって信仰システムを維持し強化している、これが信仰の「真理」（真の姿）なのだ。「宗教哲学」が目を留めねばならないのはこの点なのであり、歴史から切り離して教義を分析しても、そこからは実り多いものは出てこない。教義自体が時代の制約の中で生み出されたものだからである。すでに若い時代に、ヘーゲルはこの視点から「キリスト教の運命」、キリスト教の「愛」が社会から離れた、特殊な集団の結束を維持するためのものへと抽象化してしまった「運命」を描き出していた。社会機構への洞察力がより深まるにつれて、ヘーゲルの事象の構造を捉える思惟は鋭くなっていくのであり、この、その都度の「真理」観の相対性の構造を抉り出すヘーゲルの思惟が、『精神現象学』ではいかんなく発揮されている。

「超越論的哲学」が、「基礎づけ主義（foundatinalism）」になるときには、そしてそのような時代には、このような哲学は、ヘーゲルが取り出した「信仰」世界と同じ構造に囚われることになる。それは、「経験」の「超越論的条件」を、経験を「超越」する「絶対的主体」として設定し、そこから経験を説明しようとするために、こっそり経験の構造を、経験を超えたもの（「時間の外」）と自称する（思い込む）自己の思惟に移し入れるのだ。こうして「超越論的哲学」は、「超越的哲学」（伝統的な神学的形而上学的思惟）に舞い戻ってしまう。それが多くの者を惹きつける理由はもう明らかだろう。このような思惟を反復することで、すべての経験の根拠を自らのものにし、そこから経験を説明できるという思い込みが強められるからだ。こうした反復の内で、「信仰」の団体と同じ構造の哲学集団が形成されるだろう。だが、いくら真剣になっても、これは思惟の「怠慢」、「退化」、哲学の信仰（神話）世界への後退だと言わなければならない。

(五) 時差の抹消

シェリングの『体系』の原理としての「知的直観」の世界は、現実の構造（記憶）を取り入れた「神」の世界になっている。それが「神」であるのは、有限な自我の〈時間性〉（経験と記憶とのずれの意識）が抹消されているからだ。有限な自我の有限性は、経験を離れずに考えるなら、「行為（作用）」と「なしたこと」との〈時差＝ずれ〉によって成り立つ（岩城一九九五a）。「われ思う、ゆえにわれ在り」という「自我」の存在確認、自我＝自我において、「われ思う」自我と、「ゆえにわれ在り」と言われたときの自我とは、時間的にずれており、ずれているからこそ私は私を確認できる。このずれがなければ、私はただ動いているだけの機械になるだろう。自分の「なしたこと」が自分によって、そしてそれ以上に他者によって確認されること、このことによって、私はその都度「構成」され、「私」は「私」として姿を取ってくる。しかし同時に、「構成」されたときには、私はすでにそこを歩み出ている。これが有限な存在としての私の「ささやかな自由」の構造である。

確かにシェリングも、この時差をよく見ており、これを「根源的なもの」と見なす（88）。しかし彼は自我のこの時差を「根源的矛盾」とし、それを克服した「同一性」を重視する。しかし同一性は後から「構成」されるものであり、もし私が構成された自我（過去の枠）の通りに行動するなら、私は「自由」ではなく「必然」（記憶の枠組み）に支配され、機械になっている。

これはベルクソン（H. Bergson 1859-1941）が取り出した「笑い」の本質特徴（「機械仕掛け」）だ（「滑稽」については岩城二〇〇一d、第二章参照）。自我＝自我は、述語の自我が常に変化し経験を広げ、主語を組み替えてゆくので「総合判断」、カントの言葉で言えば「拡張的判断（Erweiterungs-Urteil）（*KdrV*, A7, B11）」である。それが「分析的判断（analytisches Urteil）」――述語が最初から主語の内に含まれているものとして示される判断（*ibid.*）――であるのは、後からの「構成」（思惟）による。「私」が何をしても「私」でありつづけるという「分析的判断」（同一性判断）、私の行ったことすべては、最初から私に含まれていたことの証明だという、この「解明的判断（Erläuterungs-Urteil）（*ibid.*）」は、自分の行ったことを後からまとめたときに言えること（理屈）でしかない。自我は最初から在るのではなく、行動を通して、そしてその結果への自己の反省、他者による賞賛、激励、批判、誹謗といった「行動」を通して、その都度「形成」されてゆく。シェリングも「自己意識」の「同一性」は「媒介された総合的なものでしかありえない」と語っている。ただ彼は、「矛盾の内に同一性をもち込む努力」に重点を置くために（88）、自ずと「神」が「要請」されるのである。

「神」とは、「時間の外」に立ち、時間を生み出す「永遠の」主体、「知」（反省）がそのまま「生産」であり、「自由」がそのまま「必然」であるような「作用」の主体として「表象された」（思い描かれた）存在である。これがシェリングの「知的直観」としての「自己意識」である。シェリングは事実「自己意識」の「根源的作用」を「神」に準《なぞら》え、それを「絶対的に自由」であると同時に「絶対的に必然」であるような「世界の原因」だと語っている（93）。

「すべての限定されたものの原因（Ursache）であって、他のいかなるものからも説明されえない働きこそが、絶対的に自由であるに違いない。しかし絶対的な自由は、絶対的必然性と同じである。例えば、われわれが神における行動を思い浮かべうるとすれば、それは絶対的に自由であるに違いないだろう。しかし、この絶対的自由は同時に絶対的必然性でもあろう。というのも、神においては、神の本性の内的必然性から生じるのではないような、いかなる法則も行動も考えることはできないからだ。そのような活動（Akt）が、自己意識の根源的活動である。その活動が絶対的に自由なのは、この活動は自我の外のいかなるものによっても限定されないからであり、またそれが絶対的に必然的なのは、この活動は自我の本性の内的必然性から生じてくるからである（93）」

人間の意識における「根源的働き」としての「自己意識」が、「神」の「働き」に準えられている。このような「自我」理解こそが、シェリング、そしてシェリングが準拠するフィヒテが、カント哲学から大幅に逸脱する転換点、すなわち、「批判哲学」から「主体性の形而上学」への転換点なのだ。「絶対的な自由」がそのまま「絶対的な必然性」だということは、主観的に思うこと、つまり観念的に考え、語ることがそのまま客観的な実在になるということであり、これはまさに「神」として表象される存在の特性である。神は自分が思った通りに世界を実在させる。神が自由に語ることは、そのまま現実世界を生産し、世界の必然的運命になる。というより、言葉が与える「観念」（規則、掟）がそのまま「実在」になる、つまり思ったことがそのまま実現される絶対的に自由な主体として表象される（思い浮かべられる）存在、このような存在に付されたのが「神」という名称なのだ。「はじめに神天地を創り給えり、……神光あれと言いたまいければ光りありき……」（『創世記』）。「宗教」とはまさに、まだ実現されていない規則（掟）を実在化する運動であり、その規則（掟）自体がその都度の宗教の属す現実世界との関係の中で、現実世界を超えるかたちで構成されている。

このような「神」表象が、フィヒテ、シェリングの思惟においては、「自己意識」と重ね合わされている。そこでは観念（思ったこと）はそのまま実在（存在するもの）なので、観念と実在の間にはずれがない。

このような「神」の立場からすれば、「観念」と「実在」との間に生じる時差は否定的意味しかもたず、考えつつ行動し、行動しつつ考えるという、観念と実在とのずれ、時差の中で生じ、かたちを取ってくる人間の経験はすべて、「神」の同一性を必然的に「解明」する「分析判断」の述語にすぎなくなる。すべては「神」という絶対的主体に最初から含まれていた可能性の実現になるのである。歴史も神の同一性を証明するものとして理解される。つまり「予定調和」が絶えず強調される。「予定調和」論とは、言い換えれば「宿命論」である。最初から目標は定められているので、この視点からするなら、人間の個々の経験はあまり意味をもたなくなる。

「歴史とは、全体として絶対的なものが進展し、次第に露になる啓示である。……人間は、自らの歴史を通して、神の存在証明を続けている。この証明はしかし、歴史全体を通してしか完成されえない（『体系』438）」

シェリングが人間の歴史を神の側から見ていることは明らかだろう。「超越論的観念論の体系」は、きわめて伝統的神学的な哲学へとカントの批判哲学を引き戻してしまうことになる。

「ところで、かの絶対的なもの〔「絶対者」と訳されてきた〕が、個体のみか類全体〔歴史〕の行動における、客観的なものと主観的なものとの調和の本来の根拠であるなら、われわれが、この永遠で不変の同一性の痕跡を最も早く見出すのは、次のような合法則性においてである。つまりそれは、知られざる手の織りなすもの（das Gewebe einer unbekannten Hand）として、歴史における恣意の自由な戯れを貫いている合法則性なのだ（435）」

個々の人間の自由は、「恣意の戯れ」にすぎず、それは、人間には見えない、「絶対的なもの」の「進化」の必然性の「手中にある」、というわけだ。芸術に関してシェリングが「悲劇」を重視するのも、彼の意識を動かすこのような神学的想像力による。この立場からすれば、人間とは常に隠された必然性（「運命」）によって没落せざるをえない「悲劇的」存在になるからだ（岩城、一九九五ａ）。

シェリングにおいては、「総合判断」という、まさしく有限な人間に内在し、彼を自己の外へと超越させ経験を塗り替える「構想力」の作用が、「分析判断」という、同一的思惟の判断に従属せしめられる。「分析判断」は、後から構成された「同一」的主語（過去）をそのまま未来の目標に設定し、述語（経験の現在）すべてをそこに回収する判断である。それゆえこの判断は「想起（アナムネーシス）」を重視する。「分析判断」と「総合判断」との違いについて、カントは『純粋理性批判』の冒頭で明示している。

「前者の判断〔分析判断（analytische Urteile）〕は、解明判断（Erläuterungs-Urteile）、後者の判断〔総合判断（synthetische Urteile）〕は、拡張判断（Erweiterungs-Urteile）とも呼べる。というのも、前者の判断は、述語によって主語概念に何もつけ加えず、ただ分析を通して、主語概念を、それ自体において（たとい混乱したかたちであっても）すでに思考されていた、それの部分概念へと分解するだけであるが、これに対して、後者の判断は、主語概念に、そこにおいてまったく考えられていなかったし、また主語概念の分析によっても引き出されえない述語をつけ加えるからである。……／経験判断そのものは、すべて総合的である（*KdrV*, B11）」

明らかにシェリングは、本来「総合判断」である「経験判断」（人間の経験、歴史）を、神概念（絶対的主語＝主体）の「分析判断」から捉えようとしている。

このためシェリングは、経験内在的な「構想力」、主体が客体と関わることを可能にしている「働き」を、それとともに客体をその都度生み出している力を、経験を超越した「知的直観」へと昇格させ、それによってすべてをこのような「自己意識」の「所産」として説明する。

「自然」もこの視点から眺められる。主体、客体の一切を生み出す「自己意識」の立場からすれば、客体としての「自然」も、この「神」としての「自己意識」の「進化」の一段階、一つの潜在的な力（「ポテンツ」）の証になる。

「自然科学は、生産的なものであると同時に、生産されるものとしての自然から任意に出発し、個々のものをかの〈自然〉概念から演繹する（『体系』57）」

自然も、生産作用と生産されたものという「根源的二重性」が一つになった働きとして、その都度自己を生み出しては自己を知る自己意識の展開として捉えられ、それゆえ彼の自然哲学は、歴史哲学と同様に「神」に向けての「目的論」になる（Vgl. 278ff.）。自然も「知性（Intelligenz）」と見なされる。言い換えれば、「自然」という「現象の総体」（カント）の内に、それら現象の一切を生み出す主体としての「知性」が移し入れられる。これもまた、伝統的な、「コスモス」としての自然理解である。

「自然の根源的二重性〔生産作用であると同時に生産されたものであること〕は、結局それ自体、自然が知性と見なされる〔仮定される〕ことからのみ説明されうる（57）」

自然の内にも、有限な知を超えた同一的作用が支配し、それが自然現象を生み出している。この作用を捉えるのは、「知的直観」であり、それでしかない。自然自体「知性」であるから、それは自己の「生産作用の無意識な直観作用」であり（447）、また自然の働きの「合目的性」も、「直観」によってのみ捉えうる（448）。明らかなのは、シェリングにおいては、「自然」は徹底して「目的論」の視点から理解されている、ということだ。カントは「自然」理解に関して、「機械論」的視点と「目的論的」視点との共存と、この両視点の協働の必要性を説いている。一方で、精緻な因果関係の探究こそが、自然を恣意的に目的に合わせて捻じ曲げる理解を防げる。他方でまた、一定の目的を設定し、それを思い浮かべつつ自然を理解していくことが、盲目的な機械論的理解の誤謬を訂正できる。この二つは相互補完関係にある（岩城二〇〇一d、第一章）。この緊張関係がシェリングでは緩んでしまっている。

このため「自然」は「神」（知性）に最初から含まれている「ポテンツ」の展開になるのであり、自然理解もまた「分析判断」になる。しかし、私たちの「自然」理解は、絶えず「法則」（現象理解のための規則）を設定して、その「目的」に即して「現象」を細かく分析しつつ、その因果関係を理解し、また失敗したら法則を組み替えつつ適用して再度理解し直すかたちで進むしかない。「自然」理解もまた、それゆえきわめて緻密な自然科学もまた、人間においては本来的に「総合判断」なのだ。

(六) 東洋的直観主義との共振

シェリングのこのような自然理解を動かしているのは、東西に共通する、きわめて古い〈神学的想像力〉だと言わなければなければならない。J・リッター（Joachim Ritter 1903-74）によれば、古代ギリシアにおいて、「自然」の哲学的理解とは、「すべての自然の根底にあって、その内に現前している〈自然全体〉」、その意味での「コスモス」の「直観」であり、この「直観」が「テオーリア」と呼ばれた。「テオーリア」とは、「神に向けられ、神に関わる直観作用」を意味し、アリストテレスは、「イオニアの自然哲学」を「生理学者であると同時に神学者」と呼んだ[9]。

古代中国の老荘思想においても、自然は人知を超えた作用としての「道」によって生み出され、これを会得する者が「至人」、「神人」、「聖人」である[10]。老荘のこのような直観的自然把握は、東洋の自然観の伝統を形成し、わが国の自然理解をも規定している。

シェリングの思惟がわれわれ日本人の思惟の琴線に触れるのは、思惟の底で思惟を動かす「想像力」の構造が類似しているからである。西田幾多郎の『自覚における直観と反省』から『芸術と道徳』に至るまでのいわゆる中期思想において、東洋的直観主義の伝統と、シェリングの直観主義とが共鳴している。先に示したように、西田は

『自覚』においては、直接にはフィヒテの「事行」に注目した（巻二、三‐四頁）。しかし『自覚』執筆の時期に当たる大正五年に、西田は京都大学でシェリングを講じている（務臺理作「その頃の西田先生」巻二付録二頁）。西田は「自覚」（自己意識）は、「先験的自我の自覚」だと語り（巻二、三頁）、この「先験的自我の自覚」こそ、すべての経験的自己意識を可能にするもの、それゆえ、経験的自己の意識作用を動かすものとして、それを「背後の意味」、「絶対自由の意志」、「作用の作用」、「大なる我」等々の用語で表現している（例えば巻二『自覚』一三〇、二八一、三三〇頁、巻三『芸術と道徳』二四五、二四八頁）。西田もシェリングと同様に、経験を超越論的原理の側から、すなわち同一的なもののから眺めている。このため経験的「自我」は、この同一的「作用」の「結合点」にすぎず（『芸術と道徳』二四八頁）、人間の世界は、「絶対自由の意志」へと向かう「無限の当為」の世界であり（四八八頁）、人間世界は「神の芸術的創作」である（同）。このような思惟は、その構造からして、人間の経験を宿命論的に把握せざるをえないであろう。

シェリングも、そしておよそ一世紀後の東洋の思想家西田も、素朴実在論的客観主義を批判し、主体―客体は分離しえず、相互の関係においてはじめて成り立つことを明らかにする点で、新しい哲学的思惟を進めている。しかし両者は、この主体―客体の関係を、有限な人間の知を超えた「直観」の内に基礎づける点で、古い伝統を継承している。言語の本性が自覚的に反省されたときにはじめて、この根強い伝統の力の構造と、それの問題性ははっきりしてくる。シェリングも西田も、言語の本性に対する十分な反省を行っていないのだ。このため言語は言語の彼方を指示するものとなっており、哲学は、透明な言語によって語られる意識哲学（意識を指示する哲学）になるとともに、形而上学（真理を指示する哲学）になる。しかし真相では、このような思惟は伝統的な言語作用と、そこで力を得る語彙に動かされている。それゆえにまた、そのような思惟は、伝統に浸った意識に訴える力を保ち続ける。直観主義の思惟は、前近代的な神学的想像力という、伝統的な言語と、それが引き寄せる表象の枠組みに囚われている。そこでは言語が表象（思い描かれたイメージ）を呼び出し、表象が言語を強化する、深遠な（？）記憶に浸された想像力が自動的に働いているのだ。[11]

カントを継承する、フィヒテ、シェリングの哲学で前景に出てきたのは、「自我」をすべての経験の根拠として基礎づけようとする哲学的志向である。私たちは思想のこの動きを、カントの「超越論的統覚の前景化」と呼ぶことができるだろう。このようなカント哲学の継承（それぞれはカント哲学の展開、あるいは克服という自負の下で進められた）は、実は、カントの「批判哲学」からの逸脱であり、その意味でカント誤解である。そしてこのような「自我」の基礎づけへと思惟を誘うものを、カント哲学は提供していた。その一つは、「超越論的統覚」という概念であり、もう一つが「超越論的構想力」なのだ。だから、これまで概観したように、フィヒテ、シェリングの「自我」論においては、「絶対的なもの」としての「自我」概念と「構想力」とが結びついているのである。そして、おそらく、『純粋理性批判』の「序」の最後に見出せるカントの言葉が、その後の哲学が、「構想力」を重視する、一つの大きな要因になったと思える。

「人間的認識の二つの幹（Stämme）がある。それらはおそらく、共通の、しかしわれわれには知られていない根（Wurzel）から出てきているものであろう。つまりこれら二つの幹とは、感性と分別（悟性）である。前者を通して、われわれに対象が与えられるが、後者を通して思惟がなされることになる（A15, B29）」

第一版とともに第二版にも保たれているこの言葉がおそらく、フィヒテ、シェリングを惹きつけ、カントの「構想力」論を自らの「自我」論へと導入することへと向かわせた。ハイデガーもまた、この言葉に惹かれ、『カント書』を書いた。そして明らかにハイデガーの『カント書』に触発されるかたちで、三木清は『構想力の論理』の後半を書いたのである。

以下では、ハイデガーの「構想力」理解を簡単に見ておく。ハイデガーの『カント書』は、フィヒテ、シェリング的な「神学的」理解に対して、「構想力」概念をあくまで〈人間的な経験〉の構造を解明する理論として読み取る試みである。この試みは、カントの基本的なスタンスが、『純粋理性批判』の第一版と第二判では変化したという批判的視点からなされている。この解釈が正当か否か、このことも、私たちの、カント『純粋理性批判』の考察に一つの視点を提供するだろう。

第二節　人間的想像力

(一) ハイデガーの「心理学」批判

〈言語論的転回〉を経験した今日の哲学から見れば、「想像力（構想力）」という一つの語で指示される人間の能力は、「分別（悟性 Verstand）」や「感性（Sinnlichkeit）」とともに、人間を言語的に説明するための便宜上の名称にすぎず、これらの能力は決して意識の事実として他の意識形態から分離して実際に示すことなどできない。それゆえ、このような言語を、あたかも言語以前に存在する意識の事実であるかのように説く意識哲学はすべて、R・ローティの言葉で言えば、「職業的呪縛」にかかっている。[12] ローティは、「職業的呪縛」ということで、カントに由来する校壇の超越論的意識哲学の「自己イメージ」、すなわち、言語的説明と事実的説明との混同や取り違えによって成り立っている「自己イメージ」を批判するのだが、この指摘はローティがはじめてだというわけではない。彼の見解に力を与えているのは、ヴィトゲンシュタイン（L. J. J. Wittgenstein 1889-1951）、デューイ（J. Dewey 1859-1952）

ともに、彼が随所で敬意を表するハイデガーである。ハイデガーは、『カント書』において、カントの「構想力」論の現在性を解明するに際して、『純粋理性批判』第一版の意義を際立たせ、第二版を「退却」と見なした。カントが第二版で「構想力」に代えて、「超越論的統覚」、まさしく超越論的「自我」を認識の原理として主題化したことが、ハイデガーからすれば近代哲学の「自己イメージ」の〈原像〉だということになる。私たちは、フィヒテ、シェリングの前期思想における「自我」概念に与えられた役割を概観した。そこから、ハイデガーの指摘の正当性は見て取れるだろう[13]。

このような自我哲学に対して、ハイデガーは、カントの「超越論的構想力」の把握こそ、人間が有限な存在として人間であることを解明する「形而上学」的把握だと見なす。このとき「形而上学」的とは、意識の事実性ではなく、人間の有限性を論じる際の純粋な論理性を意味する。ハイデガーによれば、「構想力」に代えて「分別（悟性）」や「統覚」を理論の主題に据えることが、そのまま意識の学としての「心理学」から論理の学としての「形而上学」に移ることではない。むしろそのような処理は、感性、構想力、悟性をそれぞれ働きの異なる心的能力と見なして人間を説明する「心理学」への退却である。ハイデガーによれば、この点でカントもなお「伝統的な人間学や心理学」にとどまっている（167）。これによっては、感性的理性的存在（身体的理性的存在）としての人間の人間性は、感性（動物性）と知性（神性）との合成物にされ、その統一的全体的な存在性格は解体されてしまうし、「構想力」は、この二元的なものを接着するための急場しのぎの媒体にすぎなくなる。人間が人間であるのは、感性的であることがそのまま理性的であること、すなわち、何ものかの認識（対象把握）という、自己の外部に関わる営み（超越の営み）が、そのまま感性的営み（内在的営み）と一つになっていることにあり、このような人間の根本的なあり方を端的に語りうることが「形而上学的」意味で論理的だということである。だから、このような一つになった人間の経験を、三つの能力に分離して説明するのは、事後的な、「経験的・心理学的説明（166, 286）」でしかない[14]。

(二) ハイデガーの「構想力」解釈

ハイデガーは、このような認識能力の分離による意識成立の説明を批判し、有限な人間存在をそのものとして語りうる概念としての「超越論的構想力」を、カントから読み取ろうとする。すなわちハイデガーは、人間存在の受動性と自発性とを分けず、それらを分離せずに一つになったものとして語りうる論理を求める。彼はそれを次のように語っている。そこでは、カント『純粋理性批判』第二版へのハイデガーの基本的疑問も提示されている。少し長いが取り出しておこう。

「形而上学の基礎づけにおいて問題となるのは、人間的主体性の〈特殊な〉有限性である。この有限性は、決して、ある有限な理性存在一般の可能な一〈事例〉としてついでに考察に引き入れられるのではありえない。／人間の有限性には、受容的直観の意味での感性（die Sinnlichkeit in der Bedeutung der hinnehmenden Anschauung）が属している。この感性は、純粋直観、すなわち純粋感性として、有限性を特色づける超越性構造（Transzendenzstruktur）の必然的一要素である。人間的な純粋理性は必然的に純粋な感性的理性である。この純粋理性は、それ自体において感性的でなければならず、それが身体に結びつけられていることによって、そしてそれゆえにはじめて感性的になるのではない。むしろ逆に、有限な理性存在としての人間は、超越自体がア・プリオリに感性的であるがゆえにのみ、超越論的な、すなわち形而上学的な意味で自分の身体を〈もつ〉ことができる。／ところで、超越論的構想力が人間的主体性の、しかもまさにそれの統一と全体性とにおける人間的主体性の、可能性の根源的根拠であるべきだとすれば、このときには超越論的構想力は、純粋感性的理性（eine reine sinnliche Vernunft）のごときものを可能にするに違いない。しかし、純粋感性、それも、普遍的意味、つまりそれに合わせることで、この純粋感性が形而上学の基礎づけのために理解されねばならないような普遍的意味における純粋感性、このような純粋感性とは時間（Zeit）である。／純粋感性としての時間は、純粋統覚の〈われ思う〉と根源的に一つになっていると言うべきなのだろうか。カントが一般的に支配的な解明に従って、すべての時間性から取り出して、すべての時間に対置した純粋自我は、〈時間的〉と言えるのだろうか。これらすべてのものが、超越論的構想力を基礎にしているのだろうか。超越論的構想力一般は、時間にどのように関わっているのだろうか（『カント書』172f.）」

この文章には、ハイデガーが『カント書』を書いた根本的な動機とともに、ハイデガーが哲学的思考を展開するときの基本的なスタンスがきわめて明瞭に示されている。ハイデガーが求めているのは、有限な存在としての人間の哲学の徹底である。これが上の文章の前半で示されている。

「純粋な感性的理性」として人間存在を理解すること、これは、人間を「感性」と「理性」との合成物として捉えたり、一方の側から他方を説明したりすることではありえない。これが強調されている。人間は、最初から「感性」、「理性」という両能力が一つになった存在であり、その限りでのみ人間である。そして、この両能力がア・プリオリに一つになっているということこそ、人間が「身体をもつ」ということなのであり、本来「理性的」であるべき人間が、たまたま「身体」をもったがために、有限な感性的存在になってしまったというのではない。これは神学的形而上学的考え方でしかない。このような見方をする限り、「身体」、それとともに「感性」には、ネガティヴな意味しか与えられないであろうし、またそのような感性否定に反論する場合には、今度は「理性」の方が一方的にネガティヴに捉えられ批判される以外にないだろう。そしてこの二つの立場が実際に対立するかたちで今日まで論争が繰り返されてきた。その限りで哲学はなお、伝統的な神学的形而上学の枠組みに囚われたままなのだ。

これに対して、人間が「身体をもつ」ということは、否定的なことでも肯定的なことでもなく、まさに事実的なことであって、そのことがまさに人間が、自分の〈外部〉の物事と関わりうること（自己を「超越」しうること＝いつも自己の外部へと出てしまうこと）、しかもその関わりが感性的であること、また、感性的であらざるをえないこと、を意味している。「身体をもつ」とは、人間が感性的に外部に関わり、それゆえ外部に対して常に受容的であること、しかしそれと同時に外部を〈かたちをもった連関〉として秩序立ったかたちで認識しうる（外部に自発的に関わりうる）ということであり、これが「受容的直観（die hinnehmende Anschauung）」ということの意味である。人間の〈身体性〉は、このような「超越論的」意味で理解されねばならない、これが、ハイデガーがここで言おうとしていることだ。

「超越論的構想力」とは、「感性的理性」としての有限な人間の経験が成り立つための先行的条件であるが、あくまでそれは、身体内在的な、受動的かつ能動的な作用として捉えられねばならない。それが、ハイデガーが「超越論的構想力」を、「統一と全体性とにおける人間的主体性の根源的根拠」と見なすことの真意である。ハイデガーは、そのような、その都度の経験には隠されたかたちで、しかし常に経験の底で働いている枠づけ作用、これがカントの言う「超越論的図式機構（der tranzendentale Schematismus）」だと解する。「超越論的構想力」は、このような、経験に先行する「図式機構」の働きを指す（vgl. 90ff.）。それゆえ、このような「構想力」は、決して「心理学的」、あるいは「人間学的」に、後から名指しうるものではなく、心理学的思惟さえも、それに負っているもの、これがなければ、有限な存在としての人間存在は、それゆえ人間的思惟さえも、考えられないという意味で、「形而上学」的なものなのである。

このような「構想力」の「超越論的図式機構」をカントは「時間性」として取り出した。これをハイデガーは評価し、『カント書』で詳しい解釈を加えている（この点については、岩城二〇〇一d、第一章一〇七頁以下参照）。それは有限な人間の経験の構造を解明するためである。シェリングもまたすでに見たように、カントの「構想力」論の重要性をフィヒテに倣うかたちで強調し、その「時間性」にも注目していた。ところがシェリングは、それと同時に「超越論的自我」を重視し、それを一切の時間的経験の根拠として際立たせた。経験の「根拠」が、シェリングにおいては、「時間の外」にある絶対的に自由な主体性として表象された（思い描かれた）のだ。ハイデガーの、上の言葉の後半部分に置かれた幾つかの疑問文は、このような「時間の外」の「超越論的自我」概念が、「構想力」の「時間性」といかにして関わりうるか、という問いである。分かりやすく言うなら、時間の内で成り立つ有限な存在としての、「理性的」かつ「感性的」人間の経験が、どうして「時間の外」の「自我」から説明できるのか、という問いである。当然、ハイデガーのこの問いは批判的問いであり、時間を度外視した「自我」概念の導入は、有限な存在としての人間の哲学からの「退却」だということになる。ハイデガーの解釈に従うなら、カント『純粋理性批判』第二版における、「超越論的構想力」に代わる「超越論的統覚」としての「自我」論の前景化が、このような哲学の「退却」の最初の兆候なのだ。それが上の文章の後半で示されている。実際ハイデガーは、カント以後の「ドイツ観念論」の思惟の歩みは、この「退却」の継続、加速だと解している。「ドイツ観念論」とは、まさにハイデガーが批判する、「主体性の形而上学」の完成へ向けての歩みだということになる。

> 「根源的時間が、それ自体において本質的に自発的な受容性（spontane Rezeptivität）であるとともに受容的自発性（rezeptive Spontaneität）でもある、超越論的構想力を可能にしている。この統一においてのみ、自発的受容性としての純粋感性と、受容的自発性としての純粋統覚とは互いに関係しうるし、有限な純粋感性的理性という統一的実在（Wesen）〔＝文字通りの人間〕を形成しうる。／しかし、第二版で生じるように、超越論的構想力が独自

> の基本能力としては抹消され、それの機能が単なる自発性としての分別（悟性）に委ねられるなら、純粋感性と純粋思惟とを、有限な人間的理性におけるそれらの統一という点で把握する可能性、それのみか、これをただ問題にする可能性さえも、消えてしまう。しかし超越論的構想力こそが、それの引き裂くことのできない根源的構造に基づいて、存在論的認識と、それとともに形而上学との基礎づけの可能性を開くのであるから、第一版は、形而上学の基礎づけという問題の最も核心的な系列に〔第二版より〕近いところにある。それゆえ、この著作全体の最も中心的な問いの点で、第一版は第二版よりも根本的に勝っている。純粋構想力の純粋思惟機能への解釈のし直しはすべて、――この解釈の変更は、〈ドイツ観念論〉が『純粋理性批判』第二版に従うことで一層誇張したものだが――純粋構想力の特殊な本質を誤解している（196f.）」

ハイデガーによれば、人間の経験の根底で働き、あらゆる経験を、「純粋思惟」の働きさえも、可能にしているのは、「構想力」の「時間性」である。カントは第一版で重視した「超越論的構想力」に代えて、第二版では「分別（悟性）」に重点をおいて有限な人間の経験を基礎づける方向へと変化した。これによって、私たちが先に概観した、古代ギリシア以来の西洋の伝統的な知のヒエラルキーが再び前景に出てしまい、「構想力」の「根」としての独自の意義が忘れられてしまうことになった。これがハイデガーのカント批判の骨子である。この意味で「ドイツ観念論」の展開は、有限な人間の有限性を守る、「有限性の形而上学」の後退、忘却の歩みともなされる。つまり、展開は退行と見なされるわけだ。そしてハイデガーに従うなら、ヘーゲルの「形而上学」はまさにこの「退行」の極地だということになる。

「カントは、『純粋理性批判』第二版において、分別（悟性）に支配権を返還しなかっただろうか。この支配権に従って、ヘーゲルにおいて形而上学は、これまでないほどラディカルに〈論理学〉になったのではないであろうか。／ドイツ観念論の内ではじまる〈物自体〉への戦いは、カントが戦い取ったものをますます忘却していくこと以外の何を意味しているのだろうか。カントが戦い取ったのは、形而上学の内的可能性と必然性、すなわち形而上学の本質は、根本的に、有限性の問題の、より根源的な仕上げと先鋭化された維持とを通して支えられ、維持されるということであったのだが。／つまりヘーゲルが形而上学を論理学として次のように説明するとき、カントの努力はどうなってしまったのだろうか。『それゆえ論理学は、純粋理性の体系〔システム〕、純粋思想の国として理解される。この国は、覆いを被されず文句なしに存在する真理である。それゆえ次のように表現することができる。この内容は、神の叙述、それも、自然と有限な精神との創造以前の永遠の本質の内にある神の叙述だ』、と（Hegel, *Wissenschaft der Logik*. Einleitung. W5, 44）〔傍点はハイデガーの引用にはなく、ヘーゲルの『論理学』でイタリックになっている箇所。版と頁はここではSuhrkamp社版ヘーゲル全集のもの〕。／人間の本性に属す形而上学、それとともに〈人間の本性〉自体がいかに自明でないか、このことに対するこれ以上にはっきりした証拠があるだろうか（244）」

明らかにハイデガーは、ヘーゲルに至って、有限な存在としての人間の形而上学的基礎づけは、〈神学的な〉立場からの人間の基礎づけに変わってしまったと見なしている。ヘーゲルに至って、カントのラディカルな試みは撤回され、再び伝統的形而上学の枠組みが強化されたというわけだ。ハイデガーはカント『純粋理性批判』から、前期フィヒテ、シェリングを通って後期ヘーゲルへの、いわゆる「ドイツ観念論」の歩みを、直線的な展開、しかも退行の歩みと見なしている。特にハイデガーにとっては、フィヒテ、シェリング以上に、後期ヘーゲルの「体系」こそが、克服すべき目標なのだ。この点ではハイデガーは、奇妙にも従来のドイツ観念論理解に近い視点でこの哲学の流れを理解している。というのも、従来の主要なドイツ観念論理解は、「発展」であれ「退却」であれ、いずれの立場を取るにしても、カントからフィヒテ、シェリング、ヘーゲルへの歩みをほぼ直線的な展開として理解してきたからだ。

カント以後のフィヒテからヘーゲルへの「ドイツ観念論」を退却として捉え、その最終点としてヘーゲルの後期哲学体系の「完結性」を語り批判するのは、ハイデガーだけでなく、第二次大戦以後の、二十世紀後半の哲学における一つの趨勢でさえある。この点では、K・レーヴィット（Karl Löwith 1897-1973）、さらにはフランクフルト学派、Th・アドルノ（Theodor W. Adorno 1903-69）、J・ハーバーマス（Jürgen Habermas 1929- ）も同じである。二十世紀六〇年代以降の、フランスのポストモダンのカントへの注目と、それに対するヘーゲル批判も、このような現代の哲学理解を暗黙裡に継承している。別稿（岩城一九九九）で指摘したが、現代の新しいヘーゲル研究も、このような批判をかわすような仕方で進められている。このため若きヘーゲルのなお「開かれた」思想が注目され、それに合わせるかたちで、後期ヘーゲルの「体系的完結性」の外観に囚われない、歴史現象に対して開かれた思想家ヘーゲルを取り出す試みが続けられている。その意味で、一見盛況に見える、新資料を駆使する現代のヘーゲル哲学研究にも、ハイデガーの〈強い〉ヘーゲル解釈がなお「影」を落としている。

カント哲学の感性論的意義を問うことを主題としているここでは、ハイデガーの、上のようなヘーゲル批判の妥当性に関して詳しく検討を加えることはできない(15)。

ただ、私たちは、「超越論的構想力」という概念は、ハイデガーの強調するように、有限な人間の哲学を「基礎づける」上で中心的な概念だとしても、それはあくまで「仮説的概念」だということ、このことをもう一度思い起こしておく必要がある。すなわちこの概念は、すでに指摘したように、人間経験の構造を「整合的に解釈」するためにつまり合理的に「推理する」ために用いられる概念であり、その意味で、言語・記号による推理能力としての「理性」によって設定（想定）される概念、推理能力としての「理性」なしには出てこない概念なのである。ハイデガーもまた、ドイツ語という一つの理性の働き（言語システム）に従うことで、「超越論的構想力」について語ることができるのであって、「超越論的構想力」それ自体は、そういった言語システムの外に実在するものとして取り出せるようなものではない。この点では、ヘーゲルがすでに一八〇二年にカント、フィヒテ的「超越論的構想力」を、本来は「理性的なもの」だと指摘したことは正当だったということになる。それは、人間の経験を反省することで、理性の「推理」によって考え出された能力だからである。こう考えるなら、ヘーゲルの後期哲学は別の様相を呈してくるだろう。それは「完結した体系」ではなく、そういった完結したシステムを「理念」として目指しつつ、言語・記号の既存のシステムに基づく真理把握の相対性を開示していく、ダイナミックな哲学的試みとして理解し直されるからだ(16)。ここでは、別稿で記した一文を、少し説明を加えつつ呈示することで、ハイデガーのヘーゲル批判に、ヘーゲルの側に立って反論しておく。

〔ヘーゲルが「美学講義」において、「芸術」の本質的な規定は「先行の哲学的部門」を前提にする、と述べるとき（Vgl. W13, 130.『筆記録』28）、このことは、普通考えられるような、「絶対者」として立てられた「主体性の形而上学（?）」や、それに合わせた形式的「三分法」を「美学講義」の前提にし、それによって芸術現象すべてを無理矢理説明する、ということではない。このような理解はまったく話にならない。

　この場合、「まったく話にならない」のは、後期ヘーゲルの「形而上学」と「美学講義」とを結びつけることではなく、後期ヘーゲルの思惟を通俗的な「形而上学」と理解する、この理解それ自体である。……『論理学』をはじめとする後期ヘーゲルの思惟が「存在・神学・自我論」（ハイデガー）と見なされる限り、そこにおける〈感性論〉は隠されてしまう。しかし「存在論」は、「分析判断」、すなわち、経験（「総合判断」）によって客体から得られた規則を、客体に再び投げ入れて客体の存在を基礎づける、同語反復的言語の別称である。カントは『純粋理性批判』で「存在論」のこの構造を示した（Vgl. A246f., B303）。カントのこの把握は明らかに、伝統「神学」への批判を意味し、それは「純粋理性」が必然的に陥る「二律背反」論（の解体論）に直接つながっている。それゆえ、すでにイェナ期前半に、カントの「二律背反」論に注目し（『差異論文』（1801）W2, 115）、以後、それを批判的に磨き上げてゆくヘーゲルが、再び単純な「神学的存在論」に逆戻りしたと見なすのは、かなり無理（無知）だと言わねばならない。ヘーゲルにとっては「神」さえ、特定の見方（「表象」言語）から成り立つ存在にすぎない。「神」が言語を、ではなく、言語の差異が様々な「神」を生み出すのであり、この言語経験、つまり、様々な言語で語り出され、経験世界の内に定着されていく諸々の宗教（「総合判断」）を敢えて「分析判断」に変換すれば、「言語」システム（「ロゴス」）こそ、諸々の「神」を生み出すもの、その意味で「神の神」（「絶対的なもの」）だ、という「神学的存在論」が成り立つわけだ。しかしこのときには「神」は、言語の「差異の戯れ」へと解体されている。個々の宗教形態は、キリスト教も含め、そのような言語システムの特殊な戯れの中で姿を取る、一つの効果にすぎない。その意味では、ヘーゲルによる「神の叙述」は、宗教の「脱構築論」なのだ（岩城一九九七、二九頁以下参照）。

ところで、ハイデガーに戻るなら、ハイデガーが一九二九年にカント解釈を公にした直接の動機としては、新カント派への批判が考えられる。新カント派の「論理学」も「超越論的心理学」も、ハイデガーにとっては「心理学」ないし「人間学」の立場にとどまり、真の意味で「超越論的」ではなく、そのような理論はカント哲学の誤解になるからである。ハイデガーの「人間学」への批判は次のようになる。

「人間よりも根源的なのは、人間におけるそこに在るということの有限性（die Endlichkeit des Daseins in ihm）である。……人間はただ、人間におけるそこに在るということに基づいて人間であるとすれば、人間よりも根源的なものへの問いは、人間学的ではありえない。すべての人間学は、哲学的人間学も、人間をすでに人間として設定してしまっている(『カント書』229f.)」

「人間学」は、これから問わねばならない問いに先に答えを出してしまっている、というわけである。このような仕方で、ハイデガーは、「有限な存在としての人間の哲学」を、カントはどれだけ徹底して(ラディカルに)維持しえたのか、ということを絶えず問いつつ、カント解釈を進めている。そして最終的には、そのような哲学からのカントの「退却」が批判されることになる。私たちの、カント理解の視点はこれによって与えられたことになる。カントは実際にハイデガーが指摘するように、『純粋理性批判』第二版において、有限な人間の立場から離れたのか、これが解釈の試金石になるのだ。

同時にまた、『カント書』において絶えず求められている新しい「形而上学」、すなわち、これ以上背後に溯りえない、哲学の基礎としての、人間経験の有限性の基礎づけとしての「形而上学」、これを重視するハイデガーの思惟にとって、「形象(Bild)」概念が中心的位置を占めねばならないことが明らかになる。なぜなら、ハイデガーによれば、「感性」と「分別(悟性)」という二本の幹の「根」が「超越論的構想力」であり、これが新しい形而上学の中心概念となるからであり、まさに「超越論的構想力」によって人間に直接原初的に現れるのは「形象」(イメージ)であって、それでしかないからである。これこそがハイデガーの思想に従う限り、それ以上溯ることのできない、人間経験の現場になるはずである。そうであるなら、ハイデガーへの私たちの問いは、ハイデガーはどれだけ徹底して(ラディカルに)「形象(Bild)の哲学」を維持しえたかということになろう。そしてやはり西洋の伝統的な知のヒエラルキーの中を動かざるをえなかったハイデガーにおいては、「形象」概念の把握になお不徹底な面が残らざるをえなかったのではないか、というのが私の目下の見解である（この点いついては、岩城一九九四b、また「イメージ（形象）」概念の理解については、岩城二〇〇一d、第一章「イメージの力」参照）。

ただ先に指摘したように、ハイデガーが様々な機会に、近代をも含む伝統哲学批判に際して、絶えず「形象〈Bild〉」を引き合いに出し、またそれの重要性に触れていることはもっと注目されてもいいだろう。この点は従来のハイデガー哲学研究ではほとんど注目されていないように思う。ハイデガー研究自体が、伝統的な西洋哲学や東洋哲学の枠組みでハイデガーを理解することで、ハイデガーの最もラディカルな側面を素通りしてしまっているのだ。その意味では、ハイデガー哲学の解釈もまた、新たに着手し直される必要がある。

このような視点に立つなら、新カント派批判に動機づけられたハイデガーのカント解釈は、時代に制約された意義を超えて、今日でも哲学に対し、特に美学に対して挑発的であるし、また十分論じられてこなかったハイデガー哲学の重要な側面をも示すものとして姿を現すことになる。この点を今触れた「形象〈Bild〉」概念を考慮に入れて、少し見ておこう。

(三)「美学」の解体と解放

人間の能力の「心理学」的分離は、〈哲学〉、〈倫理学〉、〈美学〉を分ける制度的理由になる。別の箇所でも指摘したが（岩城二〇〇一d、第一、二章）、とりわけ近代ヨーロッパの学問的枠組みを移入したわが国では、本来〈感性論〉を意味するÄsthetikに〈美学〉という訳語があてがわれた。これは、一方でこの学の独立性を保証するとともに、他方でこの学を必要以上に狭め、また狭まった枠組みが人々の想像力を規定してきた。この枠組みのゆえに、カント哲学に関しては『判断力批判』前半の「Kritik der ästhetischen Urteilskraft」が〈美学〉の主題となり、〈ästhetisch〉は「美的」あるいは甚だしい場合には「美学的」と訳され通用してきた。『純粋理性批判』冒頭の

「Die transzendentale Ästhetik」は、これに対して「超越論的感性論」という訳語が付されることで〈美学〉の前景からは退き、むしろ〈哲学〉の主題になってきた。カントはÄsthetikという語の紛らわしさを指摘していた（*KdrV*, B35f.）。それゆえ、この訳語とそれによる領域画定に問題性を見る者は、常に「美的」を「感性的」、あるいは「直感的」と訳し直している。[17] それは、〈美学〉を単なる〈美の学〉や、美的経験の心理学に押し込めないためである。ましてやカントの『実践理性批判』は、人間の諸能力の「心理学的」分離を前提するならば、〈倫理学〉の主題になっても、〈美学〉では話題にさえならなくなる。

ハイデガーによるカント解釈（『カント書』）は、このような制度化された〈美学〉の孕む問題性への反省を促す。この点もハイデガーとローティは一致する（Rorty 1982, 221）。実際ハイデガーは、『芸術作品の根源』においては、美的体験に依拠する「美学」を批判している（Heideggar 1935, 91ff.）。この点を考慮に入れるなら、『カント書』は、美学を、その語源に戻して〈感性論〉として、人間的認識の感性的性格と、そこにおいて働くメカニズムとを問う学へと押し広げる必要性を提起するものとして読まれうる、ということになろう。それはまた、倫理学も美学（感性論）と関わってくるし、関わらざるをえないことを教える。ハイデガーの、カント『実践理性批判』における「尊敬（Achtung）」概念の解釈がそれを示す。「尊敬」は、有限な人間が自己超越的存在（＝絶えず自己の既成の枠組みを超え出てゆく存在）であることの、それゆえ人間であることの「超越論的」条件としての、内具的感情（より高きものを自発的に受容する感情）すなわち〈自発的受容性〉を示すものである。この「尊敬」感情こそ、経験世界における実践理性実現の可能性の超越論的条件であり、これは受容的自発能力としての「超越論的構想力」に負っているというのである（156ff.）。

『純粋理性批判』第一版を重視し、第二版を「退却」と見なすハイデガーの解釈が、カント解釈として正当か否かはこれから本論で問うことになる。ハイデガー自身、自らの解釈が一種の「暴力」であることを認めている

（202）。ただ、あらかじめ指摘するなら、カントにおいては、「超越論的統覚」としての「自己意識」は、「経験」に即して炙り出されてくるものであり、経験を離れてはじめから存在するものではない。それゆえ、経験の精緻な探究を欠く「統覚」（超越論的自我）論は、「現象」経験を離れた「空間」論と同様に空論でしかない。

また、ハイデガーの『カント書』は、彼のいわゆる「転回」以前のものであり、「転回」以後の後期思想にとり、どのような意義があるのかという問題も、ここでの主たる関心事でない。実際『カント書』はなお「意識哲学」的色合いを強くもち、「形而上学」を目指している。ただ『カント書』における「構想力」解釈と後期思想との連関を考慮したとき次のことは言える。

有限な人間としての「現存在（Dasein）」の内在的分析（〈経験〉の分析）から思惟を開始した有限な人間としてのハイデガーが、発想を転換して「現存在」や「存在するもの全体（das Seiende im Ganzen）」を、それらが「在る」ということそのものの視点から、すなわち「存在（Sein）」の視点から〈超越論的〉に問うことができるのは、シェリングの場合と同様に、ハイデガー自身の思惟において先行的に作用している、言語に媒介された想像力（構想力）による、と言わねばならない。ハイデガーは、人間としての自らに内在的であると同時に超越を可能にする言語的想像力、まさにこの「漂う」思惟に運ばれることで、内在（経験）の視点から超越の視点（経験を外から語りうる視点）へと「転回」できる。このとき「転回」できるのは言語がハイデガーの思考、想像力を運んでいるからだ。その意味で『カント書』は、ハイデガーの「転回」を促し、可能にする、隠れた拠と言える。さらに、ハイデガーの「構想力」解釈は、それ以後の彼の思惟を規定してもいる。後期ハイデガーは古代ギリシアの思惟を重視し、特に「ファンタシアー」に注目するし、また「形象的（bildlich＝比喩的）」言語を好んで用いる（岩城一九九四b）。なぜであろうか。この問いは、ハイデガーの言語観に、それとともにこの第一章の主題に深く関係してくる。

第三節　想像力と言語

(一)　言語と身体

ハイデガーが一方で絶えずソクラテス以前のギリシア的思惟を探り、また他方で比喩的言語を多用するのは、言語を私たちの想像力（構想力）の働く場面へと差し戻し、言語を不透明なものにするためである。言語を不透明にすること、このことは実は、伝統的な形而上学解体の実践を意味する。言語を、すべての事柄を自由に指し示し、それによってすべてを支配しうる道具と見なす思考、すべての人間の、心の奥の奥にまで浸透しているこの思考によって、形而上学は成り立っている。そこでは、言語は、何の抵抗もなく対象を指示する透明な媒体（記憶喚起装置）になっており、言語の存在（物質性）自体は意識（経験）に上らなくなっている。現代の言語論により、この思い込みは誤謬であることが明らかになっている。言語は人間が自由に操作できる透明な媒体ではなく、むしろきわめて物質的感性的存在であり、この物質的感性的な存在の秩序に運ばれることによってのみ、その都度の思惟は発現しうる。すでに十九世紀後半に、芸術学の「養父」あるいは「始祖」とされるK・フィードラー（K. Fiedler 1841-95）は、言語と身体との深い関係を洞察していた。フィードラーについては別の機会にかなり詳しく論じたので（岩城二〇〇一d、第三章）、ここではそこで取り上げた一文だけ呈示しておこう。

「われわれは、精神的なものの広い国土全体において、物体的・感性的性質をもたないであろうようなものは、何一つ見出すことはできない。われわれが自分たちの精神的所有の部分と呼ぶものは、いかなるものも、身体的なかたちを取る以外には生まれえない（Bd. 1, 85f.）」

フィードラーが指摘するように、「精神的なもの」と「感性的なもの」との分離は「人を惑わす錯覚」であり、一切の感覚性を超えると思われる概念（例えば「無限性」）さえ、「一つの語という、きわめて感性的な形成物（形成された像）」以外のものではない。したがって「感性的なもの」としての言語が、「精神的なもの」を「解明」するとか、「象徴」するという考え方は、「古くなった観念の名残」にすぎない。それにもかかわらず言語が、それを超えた意味を伝えるように思えるのは、「連想」による。しかしこの連想もまた、それぞれ一定の言語に支えられ、それを超え出るものではない（226f.）。「無限」という語が、無限に精神的意味を孕むように思えるのは、この語がそれの対立語、そしてそれに近い語との連関の中に位置し、「無限」という語が発せられることで、これらの連関が振動し、諸々の語（記号記憶）とそれに随伴する表象（像記憶）とを浮き上がらせるからだ。私たちは、この果てしなく続く諸々の語の振動に呑み込まれ、無限に溺れるわけである。言語は、フィードラーが示すように、「きわめて感性的な形成物」、人間によって作られた特殊な感性的な「形象（イメージ）」であり、形象（イメージ）であるがゆえに、言語は想像力と、それゆえ想像力の働く場としての身体と深く関わっている。

(二) 言語（記号）の想像力への浸透

ハイデガーがカントから取り出したように、想像力（「構想力」）は決して一方的に自発的な、絶対的に自由な神的能力ではなく、受動的で同時に自発的な能力、その意味で人間が「感性的理性」であることの「超越論的」条件である。人間が「想像力」をもった存在だということは、人間は常に感性的な「形象（イメージ）」に先行的に曝され、この形象を受け入れつつ整えることで自己を確認している、ということである。言語も記号の一つとして、いつの間にか人間によって形成され秩序づけられた形象（イメージ）として、人間に先行的に与えられている。人間はこの先行的に与えられた言語（記号）という形象に曝されており、これをその都度自分なりに整えるという運動

（想像力の運動）の中で自己を確認している。人間は自分たちの作った形象（イメージ）に動かされ、また動かされつつ作ったものを組み替えている。その意味では人間が言語（記号）を、ではなく言語（記号）が人間を生み出すとも言える。

後期ハイデガーの形象的言語（bildliche Sprache＝比喩的言語）は、このような言語の感性的な場面に私たちを差し向けることで、言語の透明性への信仰と、この信仰に基づく世界支配を告発している。それゆえ、ハイデガーの形象的言語を再び透明化し、特定の指示機能をもったものとして解読する試みは、そこにいかに深遠な意味が籠められるにせよ、ハイデガーの思想を、ハイデガー自身が告発する古い形而上学的言説に再び引き戻し、これによってハイデガーの思想を「人間学」的なものへと平板化することになる。そしてそのような理解を誘う構造を、ハイデガー自身の思惟は有している。「転回」以後の思惟は、シェリングに類似の、経験を上から眺め、そこから説教する構造をしばしば示すからだ。

他方でしかし、言語（記号）が透明化することも事実であり、だからこそ物事について語り合うこともできる。これを考える上でも、受動的自発性としての「想像力（構想力）」と、それの場としての「身体」とが有効な視点を提供する。フィードラーの指摘のように、思惟は、本来的に「物体的・感性的」存在である言語を欠いては成り立たない。言語の物質性は、私たちが未知の外国語に出会ったときには前景に出てくる。このとき言語は、私の手に負えない形象や音の塊として立ち現れている。私たちがそれを理解するのは、それ固有の法則を習得することによってであり、そのときには私たちは言語の内部で、この物質の法則に従って思惟しうるようになっている。

それゆえ、以前に指摘したように（岩城二〇〇一d、第三章）、言語（記号）の透明化とは、言語（記号）の物質性が、それと感じられなくなるほど自分に馴染み深いものになること、すなわち言語が私たちの身体に同化（あるいは身体が言語に同化）することに他ならない。習得（Aneignung）とはまさに「同化（自分のものにすること）」であり、それによって言語（記号）の感性的異質性は消えてゆく。私たちは幼児期から言葉をそのように習得してきた。しかしまた、言語（記号）の身体への同化とは、同時にそれによって身体が新たに分節、編成されることでもある。言語や記号（例えば一つの身振りや一つの図像として形成された像）の習得とは、単に一つの表現手段を獲得するということではなく、私たちの経験のあり方、世界把握の方式が変化すること、すなわち私たちの身体の構えが変わることを意味する。その意味で言語（記号）は深く人間の想像力に関わり、それの働き方を規定している。言語（記号）という、人間によって作られたイメージは、想像力によって受容され整えられることで思惟を可能にしているとともに、想像力に浸透しそれを作り変えるのであり、それゆえ想像力は、ましてや「自我」は、そして「尊敬」感情も、人間の経験にとって非歴史的な超越論的条件ではなく、歴史性を帯びた経験の枠づけ作用と、それによって生じた枠組み、その意味での超越論的条件だと言わねばならない。感性の彼岸の「純粋思惟」など存在しないように、言語（記号）の彼岸の「純粋知覚」や「純粋感情」などないのであり、言語（記号）は知覚や感情の深いところにまで浸透し、それを動かす無意識の枠となっており、それゆえ言語関係の中で、感情の抑圧や解放が生じるのである。

　言語（記号）の透明化とは、言語（記号）のこのような身体への作用が忘れられてしまっている、ということなのである。しかし実際には、言語（記号）の物質性への慣れの度合いこそが、思惟の相対性を生み出す当のものである。この小論もそのような相対的な枠組みの中で動き、そしてそこでのみ理解されうる、有限な言語運動であるにすぎない。それは同化しえていない他者としてのイメージ（形象）に常に曝されており、同化するごとに枠組みは変化するに違いない。もし同化した枠組みにすべてを引き入れるとすれば、自己にとって他者はなくなるであろうが、そのときには自己も輪郭を失って消散しているであろう。フィードラーはこの自体を「認識の死」と呼んでいる（253）。これが〈神学的想像力〉の姿である。私たちが生きていると言えるのは、自分たちが同化しえないイメージに囲まれ、それを同化しえないものとして知り、何とか同化しようと想像力を働かせているから、換言すれば記憶の枠組みを組み替えているからである。したがって「記号」の「想像力」（身体性）との深い関わりを問う「記号論」は、記号の感性的物質性にも注意を払う記号論、その意味で「感性論」的記号論に向かわなければならないだろう。

ところで、ハイデガーが『カント書』で提唱した、有限な人間の形而上学の基礎概念としての「構想力」は、実際に私たち人間の経験の現場ではどのようなかたちを取るのか。この点を具体的に示すのは、カント『判断力批判』における「天才」概念である。

(三) カント「天才（Genie）」論と人間の経験

「想像力（構想力）」は、あらゆる人間が人間であることの超越論的制約としての、他者を他者として受容し、自らがそれに同化する自発的能力という、人間に与えられたきわめて微妙な働きである。それは、一般に考えられるように、芸術的「天才」に固有の、形象（イメージ）を生産する端的に自発的能力としての心的能力ではない。ハイデガーはカントから、このような、文字通り人間的なものを解明する概念としての「構想力」を取り出した。この把握は、カントの「天才」論を、近代主体主義の芸術観の出発点と見なす、通俗的なカント理解を無効にする。カントの「天才」概念を、近代主体主義の生み出した、神と芸術家という主体とを同列に置くような思想と見なすのは誤解であり、このような理解（誤解）は、カントの「天才」論を少し詳しくたどるなら、たちどころに瓦解する。むしろカントの「天才論」は、人間の能動的かつ受動的な経験のあり方を、典型的に示すものとして理解されねばならない。

カントにとり「構想力」は「総合」能力であり、常に外部の形象（イメージ）に関わっており、この外部がどのように意識にとって対象化されるかは意識には制御（コントロール）できない。否、意識に制御できないかたちで主体の内に働く作用こそ「構想力」である。それゆえカントは『純粋理性批判』において、「構想力」を「心の」、認識に「不可欠」だが「盲目の働き」と呼んだ（B103）。芸術家はこの、意識の底で意識を可能にしている「起源」に動かされ、「外部」に応答する文字通り人間的な存在である。「天才」とは、自己を取り巻き、自らを動かす形象（イメージ）の力を、前もって与えられた知の枠組み（概念）に回収できない人間、すなわち既成の「主体性」（自我）をたやすく放棄し、それによって思わず新たな形象（イメージ）関係を生み出してしまう人間である。「芸術」という既成の枠組みが「天才」を生み出すのではなく、「天才」は、芸術の枠組み（規則）をその都度、自らも後から説明しえないかたちで作り変えてしまうのだ。既得の記憶の枠組みの中で動く〈神学的想像力（因習的思考）〉は、この新たな所産に直面して最初戸惑い、やがてしぶしぶ、次いで熱狂的に、しかし自分の枠組みは守りつつ、これを追認し、自分の権威を保つ。しかしそのときには、それと知らぬ間に自らの尺度も変化してしまっている。

カントは「天才」を「芸術に規則を与える才能（自然の素質）」だと見なし、この「自然」を「主体における自然」と呼んだ（*KdU* 181f.）。ここで彼が「自然」と呼ぶのは、人為的には操作できない力のことなので、「無意識」に等しい。「天才」と呼ばれる主体は、意識化しえない外の力に身を曝し、それに運ばれつつ作品（規則）を形成している主体であり、もはや主体とは言えないような主体、底の抜けた（「無底」の!!）主体である。だから彼には「規則」がどのように生じたのか自分自身知ることができないし、他人に説明することもできないのであり（182）、彼の作品は、二度と同じものを作ることのできない、しかし他人が模倣したくなるようなものとして「範例的（exemplarisch）」（まさにパラダイム）なのである（185）。そして「範例」となることによって、はじめて、それゆえ事後的に、彼の名前は芸術家として誕生する（人に知られる）。神学的想像力（因習的思考、いわゆる「常識」）の方は、事後的に流通した名前（記憶）の方から作品（経験）を見、作品すべてを名前（同一の主体）へと結びつけるべく

「分析判断」を遂行する。作者崇拝という神話に動かされるわけだ。カントは「近代主体主義」という神学的言説に回収されえない人間的な「構想力」の理論を展開しており、それは「天才」論でも保持されている。彼の「天才」についての言及は、決して「芸術」という既成の枠組みを強化するものではなく、人間的な経験のモデルを提示するものとして「近代的」なのだ。それは、〈感性論〉としての美学が人間の経験全体に考察を加える上で、なおアクチュアルな視点を提供している。カントの「天才」論もまた、有限な人間の経験の視点から理解されねばならないのであり、それを、近代において前景に出てくる、芸術称賛と、それに伴う作家崇拝の理論的出発点と見なすのはまったくの誤解なのである。

以上の「天才論」の概観から言えるのは、『純粋理性批判』第二版以後の『判断力批判』においても、カントは「人間の有限性にとどまる思惟」を維持していた、ということである。これはハイデガーのカント批判へのささやかな反論である。だが、ハイデガーのカント解釈との本来の議論は、『純粋理性批判』のテクストそのものに即して進められねばならない。それが本論の一つの視点となる。以下簡単に、これまで見たことをまとめるかたちで、「感性論の基礎理論」としてカント哲学を理解するための視点を設定しておくことにしよう。

(四)「感性論」としてのカント哲学理解の視点

私たちは、カント直後のカント受容のあり方を、フィヒテ哲学、そして特にシェリングの『体系』に注目しながら概観し、また現代におけるカント理解の一つの特色を、ハイデガーの『カント書』に注目しつつ見てきた。まず、カント直後のカント受容において前面に出てくるのは、経験の根拠、言い換えれば、「意識」—「対象」関係の成立根拠を明らかにする哲学として、カント哲学を読み取る試みである。この視点からカントの「超越論的統覚」としての「自我」、「自己意識」が積極的に導入され解釈を加えられた。「超越論的構想力」も、このような対象意識成立の超越論的働きとして受容されている。第二章でも触れるように、このことは時代の要請に沿ったものだったと言える。すなわち、当時は、人間を離れた本質から人間を説明する「神学的形而上学」が弱まり、それに変わる新しい知の基礎づけが要請されていた時代である。このような、「独断論」の克服という時代の要請の中で、カント哲学における、知の基礎づけ理論という側面が注目され、強調されるかたちで受容されたのだ。カント哲学は、フィヒテによって「絶対的自我（自己意識）」の形而上学として、次いでシェリングによってこの絶対的自我の形而上学は、「自然哲学」の原理にまで拡張されるかたちで受容（変容）された。それを私たちは、カント「批判哲学」の、「絶対的自我論」への読み替えと呼ぶことができる。実際フィヒテはこのような読み替えを正当なカント受容と見なしていた。

「ところで、批判哲学の本質は次の点、つまり絶対的自我（das absolute Ich）が、まったく無制約で、それよりも高いいかなるものによっても限定されえないものとしてうち立てられるという点にある。そして、この〔批判〕哲学がこの原則から一貫して推論するなら、それは知識学（Wissenschaftslehre）になる（『知識学』119）」

「絶対的自我」の哲学の徹底としての「知識学」の遂行が、そのままカントの「批判哲学」の完成につながると考えられている。というより、カントの「批判哲学」は、「絶対的自我」の哲学としての「知識学」によって乗り越えられるとさえ考えられている。つまり、フィヒテは、自己の哲学は単なる「独断論」批判にとどまるものではなく、「独断論」に代わり、経験を根本的に基礎づける新しい学になると確信している。[18]このようなフィヒテのカント理解が、以後の哲学にとり、一つの主要な枠組みとなるのであり、哲学は「自己意識」、「自我」の解明へと向かうことになる。[19]

二十世紀の哲学者、ハイデガーが批判するのは、まさにそのような近代の「絶対的主体性の哲学」である。それをハイデガーは、『カント書』でも行おうとした。このため、フィヒテ以後継承された、『純粋理性批判』第二版、特にそこにおける「超越論的統覚」としての「自己意識」論は、「近代の絶対的主体性の形而上学」の出発点として批判されねばならないのであり、それに代わる「有限な人間の哲学」の基礎が、第一版の「構想力」概念に注目することで尋ねられたのだ。

ところで、これら相反する二つのカント理解には、共通点があること、このことも指摘しておかなければならない。それは、一方で「自我」(主体)を基礎におく哲学を目指し、他方で「構想力」に注目しつつ、「自我」(主体)概念の絶対的主体性を批判して、主体の「受動性」を際立たせることを試みる。ところがこれら二つの解釈において、専ら注目され解釈を加えられているのは、『純粋理性批判』の前半部分だ、ということだ。この書は、大きくは二つの部分、「超越論的要素論(Transzendentale Elementarlehre)」と「超越論的方法論(Transzendentale Methodenlehre)」とに分けられているが、この二つは最初の部分が大半を占め、後半部は、最初の部分の約六分の一の頁が割かれているにすぎず、言わば最初の部分のまとめと補充というかたちになっている。問題は最初の部分であり、これは、最初の第一部門「超越論的感性論(Die transzendentale Ästhetik)」に続いて、第二部門は、「超越論的分析論(Die transzendentale Analytik)と「超越論的弁証論(Die transzendentale Dialektik)」との二つの部に分かれている。

注目すべきはこの二つの部である。『純粋理性批判』において、第一部門「超越論的感性論」とともに、それに続く第二部門第一部の「超越論的分析論」は、人間の経験がどのような条件で、またどのような能力の関係において成り立つか、このことを諸能力の働きの差異を細かく検討しつつ吟味すること、このことに捧げられている。このためこの前半の箇所は、人間経験の基礎づけという印象を強く与えるものになっている。この部分を巡ってフィヒテ、シェリングは自らの新しい哲学を構築しようとしたのであり、同じく第一版のこの部分に、ハイデガーは人間の「有限性の形而上学」の「定礎」を読み込もうとしたのだ。この点では、フィヒテ、シェリングのカント理解と、ハイデガーのカント理解とは、その立場こそ違え、カント『純粋理性批判』前半に専ら的を絞り、経験の基礎づけを巡って展開している点では同じだということになる。

ではカント自身はどうなのであろうか。それは第一部門第二部「超越論的弁証論」を少し詳しく検討すれば明らかになる。そこで展開されているのは、人間が陥ってしまう誤謬は、どうして必然的に、しかも人間にだけ避けがたいかたちで生じるのかという、人間に本性的な誤謬の構造論なのだ。これをカントは、「心理学」、「宇宙論」、「神学」を取り上げて具体的に明らかにしようとしている。こうして、前半で行われた、非歴史的な意識の分析論は、歴史的な意識構造への具体的な批判へとつながっていく。この文脈で見るなら、前半は後半の具体的な批判理論を適切に行うための準備だったということになる。

それにもかかわらず、積極的にせよ、否定的にせよ、カント哲学が広義の経験の基礎づけという視点から解釈され語られ続けてきたことには変わりはないように思える。[20] もう一度まず、『純粋理性批判』を全体的に私たちの経験の問題に届くようなかたちで解きほぐす必要があるのではないのか、これがここでのカント理解の視点となる。ここで行われるのは、認識（経験）の基礎づけとしてカント哲学を読み取ることではなく、私たちの経験の可変性と、そこで絶えず生じる誤謬の構造の解明である。それゆえ、カント哲学を「感性論の批判的基礎理論」として理解する試み、これがここでの主題になるのだ。

この視点からカント哲学を理解するとき、おそらく今日の私たちの経験に対する反省にとり、カント哲学はなお多くのことを語りうるものとして立ち現れてくるだろう。今でもなお、恐るべき誤謬とそれによる暴力が絶えずあらゆる所で、感情、知覚、身体感覚の深いところに根づくようなかたちで生じているのであり、このような問題に考察を加えることもまた、〈広義の美学〉としての〈感性論〉には課されている。

（1）“phantasia”のラテン語訳“imaginasio”に、“Einbildungskraft”という訳語をあてがったのは、スイスの医学者で自然哲学者、パラケルスス（Paracelusus 1493-1541）である（*HWP*, “Einbildungskraft”の項参照）。

（2）わが国の『哲学・思想辞典』（岩波書店）でも、アリストテレスは「感覚・記憶・経験（知識）・技術」を「発展段階」と見なしたと記されている（「知識」の項）。だがこれには異論もある。中畑正志氏によれば、アリストテレスはそのような知の諸能力間のヒエラルキーを設定してはいない。このようなヒエラルキーが定着するのは、ネオプラトニズム以後であり、この枠組みからアリストテレスも理解（誤解）されてきた。これは、二〇〇五年九月十、十一日に行われたシンポジウム（「イメージと解釈」京都大学大学院文学研究科ＣＯＥプログラム）における、中畑氏の発表への私の質問に対する、氏の答えである。

（3）アリストテレスの「ファンタシアー」概念には、単なる「想像力」ではなく、私たちがこれから検討するハイデガーが解釈するような、認識成立の超越論的能力としての、カント的「構想力」の意味が込められていたという解釈も呈示されている（中畑二〇〇四）。

（4）ロマン主義哲学において「美学」は「芸術論」となり、これが美学の伝統を形成する。このような「芸術論（artistic）」から「美学（aesthetics）」を解放し、より広く人間の感性的経験全体を考察する学としての「感性論（aesthetics）」へと美学を脱構築すること、これをヴェルシュは提唱する（Welsch 1990, 1995）。

（5）ハイデガーによる「構想力」の「時間性」についての解釈に関しては、岩城（二〇〇一d、第一章）参照。

（6）「基礎づけ主義」とは、「根源（Ursprung）」探求への欲望に駆りたてられた思考だと言えるだろう。実際シェリングの『体系』には「根源（Ursprung）」、「根源的（ursprünglich）」という用語が頻出する。日本における、特にフィヒテ、シェリング、そしてハイデガーの思想を主題にする哲学においても、「根源」という用語が常に好まれる。

（7）西田幾多郎の「超越的述語」という把握は、この視点から理解すると分かりやすくなる。西田のこの概念については、岩城一九九八b、四二六頁以下参照。

（8）西田幾多郎はすでに最初の主著、『善の研究』において、ショーペンハウアの「意志」に注目している（四二頁）。この時点ですでに西田には、「知」の根底に「意志」を置く第二期の基本的立場が準備されていたと言えるだろう。

（9）J. Ritter 1974, 144.

（10）例えば、『老子』第十二章、『荘子』「斉物論篇」（小川環樹篇『老子・荘子』中央公論社、一九七八年）。

（11）この点では、西田の弟子、三木清の、アリストテレスからシェリングを経て近代解釈学にいたる哲学の伝統への批判（「有機体説」批判）が興味深い視点を提供する（この点については、岩城二〇〇二b、参照）。

（12）Rorty 1979, 453. cf. Rorty 1982.「言語論的転回」については、岩城二〇〇一d、二一六頁以下参照。

（13）ここでは、フィヒテ、シェリングの後期思想には触れない。というのも、カント以後のカント理解を強く方向づけているのは、両者の前期思想だからだ。ただ次のことは指摘しておいてもいいだろう。シェリングは後期においても、というより後期において一層、「本質主義的」、「神学的」傾向を強め、その視点からヘーゲルの「論理主義」に対抗しようとしている。後期への移行点に位置する『自由論』が示すのは、「神」のさらに底にある「自然」、「根底」への志向（「無底」の思想）である。これが日本では京都学派において積極的に受容され伝統を形成し、今日まで生き続けるのだ。

（14）ハイデガーの「心理学」批判の先駆としてヘーゲルが思い起こされる。彼は、『信仰と知』において、カント、フィヒテの「構想力」論をこの視点で批判した（岩城一九九五a参照）。

（15）先に指摘したように、ヘーゲルはすでに、『精神現象学』よりも前に、『信仰と知』（1802）において、カントの「超越論的構想力」に注目するとともに、この概念の使用に疑問を呈し、それを「理性的なもの」として理解すべきだと主張していた（岩城一九九五a）。そうだとすれば、ハイデガーのヘーゲル批判は、この書にも妥当する、ということになる。

（16）この意味で、ヘーゲルの「思弁」概念は理解し直される必要がある。「思弁的理性」を理解することで、「論理学」としての「形而上学」というハイデガーのヘーゲル批判は必ずしも全面的に首肯しうるものではないこと、それとともに私たちは、ヘーゲルの後期思想を迂回するかたちでヘーゲルの現代的意味を論じるといった、現代のヘーゲル研究に見受けられる〈無理な試み〉をする必要がないことが明らかになる（岩城一九九五b）。

（17）この点で特に重要なのは以下の研究である。金田千秋『カント美学の根本概念』中央公論美術出版、二〇〇五年。

（18）伝統的な哲学における「独断論」批判と新しい哲学の確立という自負の下で公にされたフィヒテ『知識学』が、新しい知を求めていた当時のドイツの知識人、特に若き人々を惹きつけたことは想像に難くない。こうしてフィヒテがいたイェナには、多くの若き英才が集まり、やがてドイツ初期ロマン主義が誕生することになる（Jaschke 1990. 特に、78以下）。なおフィヒテ哲学の批判的受容による「合一哲学」の形成としては、シェリングよりも、詩人ヘルダーリン（J. C. F. Hölderlin 1770-1843）の先駆性が現在定説になっている（Henrich 1971, Jamme1983）。

（19）西田がフィヒテに注目した理由もここにあろう。わが国で哲学思考の根本的な基礎づけを目指すとき、フィヒテ哲学こそ最も相応しい思想だからだ。フィヒテ受容と同時期に西田が新カント派の哲学をも受容していたことも重要である。新カント派もまた、実証主義が隆盛し、いわゆる「観念論」が力を失いつつあった哲学思潮の中にあって、新たな認識論的基礎づけを目指すかたちでカント哲学に向かった。いずれの場合も主題は知の基礎づけなのだ。

（20）カント哲学の専門研究について、私は十分な知識をもってはいないし、この研究を独創的なカント研究だと主張するつもりもない。ここで行いたいのはただ、カント哲学を「感性論」の問題として、私たちの経験に届くような言葉で解きほぐすことだけである。ただ少なくとも、近年のわが国で公にされたカント哲学に関する論集では、カント「批判哲学」の現在的意味に関する詳細な研究は見出せない（例えば『カント哲学の現代性』一九九〇年、『カント哲学の現在』一九九三年）。二十世紀欧米圏の哲学におけるカント受容（批判）の概要については、Cf. Rockmore 2006。この書でもカントの「批判哲学」全体への積極的評価は見出せない。

第二章　「自我」の無規定性

カント「超越論的分析論」の解きほぐし

はじめに

第一章で見たように、シェリングの『体系』、さらには『芸術哲学』においては、「芸術」は経験的自我を超えた「超越論的自我」の「生産作用」としての「知的直観」の客観化と見なされ、「天才」もこのような「絶対的主体」のモデルとして捉えられている。そしてそのように捉えられることで、「芸術」はシェリングの絶対的な自我哲学の「ドキュメント」として、途方もなく高い意義を手に入れた。シェリングの芸術哲学とそこにおける「天才」把握が、彼の「知的直観」としての超越論的自我論に基づき、また超越論的自我論がその正当性の「証拠（ドキュメント）」として芸術活動を特権化するとき、そこには、様々な事例を吸収しつつ、「自我」概念と「芸術」概念との双方が、互いを補強し合うという果てし無き同語反復の運動が生じている。[1]

このような「超越論的自我」論は、そこに出てくる重要な用語からしても、カントの批判哲学を受容したフィヒテの『知識学』を継承し、それを拡大したものなので、カントの批判哲学の、一つの「展開」を示すものと解されるし、またそのように解されてきた。事実ハイデガーは、批判的視点から、カント以後のドイツ観念論をそのように捉え、絶対的主体性の形而上学の出発点が、カント『純粋理性批判』第二版において前景化する「超越論的統覚」にあると見なした。

しかし、カントの『純粋理性批判』第二版が実際に、有限な人間の「形而上学」からの「退却」を意味するか否かは、そう簡単には断定できない。というのも、例えば『判断力批判』は、『純粋理性批判』第二版以後に公にされたものであるが、この書においても、「人間的な分別の三原則」は、守るべき知の原則として掲げられているからだ（*KdU* 157,§40）[2]。とりわけカントは第一「分別（悟性）の格率」、第二「判断力の格率」、第三「理性の格率」

の内第三の格率を遵守することの困難を指摘し、自らの首尾一貫した考えを放棄して他人の考えに追随する、「受動的理性」のあり方を「迷信」として退け、人間的「分別〔悟性〕」の限界を超えたものに身を任せようとする、人間の内に常に生じる避けがたい欲求に警告を発している。[3] それゆえ、カントの「自我」概念を人間的な分別〔悟性〕を超えた、何か絶対的な主体のごときものと解したり、さらにはこの理論が基づく「超越論的統覚」論をシェリング的意味での「知的直観」としての「自我」理論の先駆として理解すること、このようなハイデガー的カント理解は、正当なカント理解になるのか、という問いは残り続ける。そして事実、『純粋理性批判』第二版における「超越論的統覚」論は、それに少し詳しい検討を加えるなら、カントはそこにおいて、きわめて入念な仕方で、有限な存在としての人間経験の構造を論じており、カントの理論が、「感性的理性的存在」としての人間の人間性について、〈感性論〉的に考察を加える上で、今日でも無視できない〈人間的な自我〉の理論であること、このことが明らかになる。[4]

ここでは、人間の経験の構造と、それの孕む問題とをなるべく具体的に問う理論としての「感性論」の視点から、カントの「超越論的統覚」論にも考察を加えるが、これによって、「序」で簡単にたどった、カント以後の、フィヒテからシェリングに至る、「ドイツ観念論」における、人間経験についての理解の変容〔あるいは歪み〕の問題点も、具体的に明らかになるだろう。

特に問題となるのは、『純粋理性批判』の最初に置かれた、人間的認識の諸要素について超越論的立場から論じる「超越論的要素論」の中の、「超越論的感性論」に続く「超越論的論理学」だ。特にその第一部〔「超越論的分析論」〕第一篇〔「概念の分析論」〕の第二章「純粋分別概念の演繹について」の箇所は、第二版で根本的に書き直され、節の分け方も変化し、第二版では新たに「統覚の根源的・総合的統一について」と題する節〔「第十六節」〕が設けられた。そこにおいて「根源的統覚」は「自己意識の超越論的統一」とも呼ばれ、認識の根拠としての自己意識の

「同一性」が強調されている。これはシェリングの「自我」論にきわめて近い印象を与える。それゆえこの箇所を中心に「超越論的論理学」を検討し、カントが「超越論的統覚」の概念によって「自我」を、それとともに人間的認識をどのように捉えていたのかを見ておく。このことは、カント哲学研究の鍵になるとともに、カント以後のドイツ観念論研究にとっても欠かすことのできない課題となる。そしてまた同時に、カントの「超越論的統覚」としての「自我」概念に考察を加えることは、ここでの主題ではないとしても、先に見た、ハイデガーのカント解釈の正当性を測定する試みにもなるだろう。

第一節　経験の構造への問い

(一)「物自体」の不可知性――「分別（悟性）」概念を「分析」することの意味

カントは、「超越論的分析論」をはじめるにあたり、「分別（悟性）概念」を純粋に取り出して分析の対象にすること、このことの重要性に触れている。

「私が概念の分析ということで理解しているのは、概念の分析ではなく、また哲学研究の通常のやり方、つまり呈示される概念を、その内容にしたがって分析し、明確にすることでもなく、まだほとんど試みられたことのない、分別（悟性）能力そのものの分析（Zergliederung des Verstandesvermögens selbst）である。それは、われわれがこれらの概念を、ただそれらの生まれる場である分別（悟性）の内にのみ求め、分別（悟性）の純粋な使用一般を分析することによって、ア・プリオリな概念の可能性を探るためである。なぜならこのことが、超越論‐哲学の独自の仕事だからである。他の仕事は、哲学一般における概念の論理的処理である。それゆえわれわれは、純粋概念を、人間の分別（悟性）におけるそれらの最初の萌しと素質のところまで追跡する。そこにこれらの概念は準備され横たわっている。またわれわれは、これらの概念が遂には経験が生じる際に展開され、同じ分別（悟性）を通して、これら概念に付属する経験的な条件から解放され、それらが純粋なかたちで示されるところまで追跡するだろう（A65f., B90f.）」

ここには、「超越論的哲学」への、カントの強い自負が現れている。「超越論的分析論」の「独自の仕事」は、「まだほとんど試みられたことのない分別（悟性）の能力自体の分析」を行うことだと語られている。超越論的哲学が行うのは、「分別（悟性）能力自体の分析」だということは、この能力に含まれる「諸概念」（複数形になっている）がどのようなものかを、それらが生じる場へと入って追跡し、純粋に取り出し、その連関を考察する、ということである。(5)

カントがこのように、「感性」と「分別（悟性）」とを分離して、それぞれを厳密に分析すること、このことを通して人間の経験の構造を考察するのは、人間に経験できるのは「現象」でしかなく、それを超えた「物自体」は経験できないという立場、要するに、文字通り人間の立場を維持するためである。この立場にとどまることで、「現象」を超えた「物自体」のような、経験できない概念から経験の構造を説明したり、そこへと経験を還元したりする理論は、不合理な理論として退けられる。それぞれの人間はいつも、自分に現れ出てくる「現象」に曝されている。それは拒もうとしても拒むことのできない経験の制約である。その意味で人間は受動的感性的存在である。

しかも同時に、それぞれの人間は、自分に現れてくる「現象」を、自分に備わった能力に従って、一定のかたちをもったもの（イメージ）として受け取っている。それも、任意に現象を受け取るというのではなく、私たちは、否応無しに〈特定のかたち（イメージ）の連関〉として現象を受け取らされている。言い換えれば、私たちの内では、私たちなりの仕方で現象を受け取る能力が働いてしまっている。だから現象は、私たちに対して、いつも特定のかたちで現れるのであり、私たちはそれを拒むことはできない。このような現象を受け取る、私たちに内在的な「規則」、これが「分別（悟性）概念」である。この規則（概念）は、「対象それ自体（Gegenstände an sich selbst）」に「客観的」に備わっている、とは私たちには言えない。私たちは、経験を超えた、「それ自体」は認識できないからだ。だからといって、私たちの認識が、「恣意的」だという意味でのまったく主観的なものにすぎないというのではない。私たち個々の主観に備わった現象の秩序づけの規則（つまり「分別（悟性）」概念）、この〈内在的規則によって整えられて、私たちに与えられる現象（イメージ）〉が、誰にもほぼ同じように認識され、それ以外の現れ方が考えられない場合、この現象は「客観的」だと言えるし、そう言わざるをえない。対象の客観性の基準と、私たちの認識方式（現象認知の先行的枠組み）の共通性とは、切っても切れない関係になっているのだ。

人間の認識や、それの関わる対象の存在根拠はどこにあり、またそれはどのようなものかということに関しては、古来繰り返して論じられてきた。それにもかかわらず、カントが自分の仕事を「まだ試みられたことがない」仕事だと言うとき、彼は従来の議論は、不十分であり、従来の思想は認識活動の正確な理解を妨げていると考えているのだ。カントが最も不十分だと考える点、それは経験的なものと、経験の超越論的条件との混同、そして「感性」と「分別（悟性）」との混同である。シェリングにもこの混同が見て取れた。カントはこの混同を避けることで、はじめて人間の認識は、人間の認識として解明されると考えている。混同を禁止して、経験（認識）に関わる基本的能力を「感性」と「分別（悟性）」とに分け、それらを「純粋」に取り出し、それらそれぞれの固有のあり方を分析しておくこと、これによってはじめて、双方の関係の内でかたちづくられる、有限な人間の経験の構造は、矛盾のないかたちで解き明かせる。この立場に立って、まず「感性」が「超越論的感性論」において考察され、次いでここで「分別（悟性）」概念の分析が目指される。

「超越論的感性論」を終えるに当たり、カントは「一般的注」の箇所を設けて、自分が「超越論的感性論」を扱った意味を振り返って確かめている。そこで強調されているのは、「物自体」は人間には認識できない、ということだ[6]。

「あらゆる感性的認識の根本的性質に関して、われわれの考えはどのようなものか、これをできるだけ明確に説明することは、感性的認識についてのすべての誤解を防ぐためにまず必要なことだろう。／だからわれわれは次のように言おうと思った。われわれの直観〔＝感覚的受容の働き〕はすべて、現象の表象〔＝意識化〕に他ならない。われわれの直観する物（Dinge）は、自体的には、われわれが直観している通りのものではないし、また、それらの物の諸関係は、それ自体としては、それらがわれわれに現象しているような性質のものでもない。そして、われわれがわれわれの主体を、あるいは感官一般の主観的性質だけでも棄てるなら、空間時間内の、客体のすべての性質、すべての関係は、それどころか空間、時間さえ、消えてしまうであろう。それらは、現象として自体的に〔それだけで〕存在するのではなく、われわれの内に存在しうるにすぎない。対象は、それ自体では、つまりわれわれの感性のこの受容性のすべてから切り離されるなら、どのような事態になるかということ、このことはわれわれにはまったく知られないままである。われわれが知るのは、対象を知覚するわれわれに固有の方式だけであり、この知覚の方式は、それぞれの人間に帰属するにちがいないとしても、あらゆる存在に必然的に帰属するとは限らない。……対象がそれ自体どのようなものであるかは、われわれだけに与えられる対象についての、最も啓発された認識によっても、決してわれわれには知られないであろう（A42, B59）」

「物それ自体」は私たちには認識できない。認識できるのは、私たちの意識に現れた対象（現象）だけである。

対象は「現象」として、私たち人間の、意識のあり方（「知覚方式」）に応じて現れ認識されている。だから、現象としての対象は、私たちの意識の働きと分けられない。このことがここで強調されている。同時に、私たち人間に内在的な「知覚方式」は、つまり、特定のかたちで物事が見えてしまう、あるいは聞こえてしまう等々といった、知覚の働き方は、人間に共通だということはおよそ推定できても、それが人間以外のすべての「生物」にも同じように妥当するとは言えない。このこともカントは意識していた。他の生物にはそれら固有の「知覚方式」があって、人間とは異なる仕方で「現象」は認知されているということ、この可能性が、上の言葉によって、保たれることになるだろう。だから、カントの基本的立場は、「主観主義」でも「人間中心主義」でもなく、「人間主観」は人間主観としてしか対象を認識できないという、人間主観の経験が及びうる限界を思惟しようとする立場なのだ。

これは人をイライラさせる考え方であろう。というのも、一般に私たちは、何か文句なしに真実なものをいつも求め、それを基準にすることで、安心した透明な心境になりたいからだ。ところがカントから出てくるのは、いくら「表面」を剥がして内部の「本質」を探しても、そこに現れるのはいつも、人間という特定の生物に備わった枠組みに応じて姿を取る表面でしかなく、本質はどこまでいっても不透明なままになってしまうからだ。

このイライラを乗り越えるために、カントは本質主義的に読まれることになる。だが、私たちが試みようとするのは逆である。なすべきは、この「イライラ状態」こそが正常な状態であることを理解することなのだ。もう少し分かりやすく言えば、「本質」が「不透明だ」（見通せない）ということ、これが異常な状態でなく、私たちの知の常態だということを知ることなのである。

(二) ライプニッツ‐ヴォルフ派哲学批判

この視点に立つなら、「理性的認識」は「判明な認識」であり、「感性的認識」は「判明でない認識」だといった、認識の判明性の違いによる理性と感性との伝統的な区別は無効になる。まず言えるのは、どちらも「認識」である限りは、「現象」を受容する「感性」が関わらざるをえないので、二つの認識に原理的な区別はない、ということになる。「理性」は法則による推理能力であり、「理性法則」(「推理」)だけでは「認識」は成り立たない。「分別(悟性)」を「理性」の範囲に入れても事情は変わらない。「分別(悟性)」とは「法則適用」能力であり、それが適用する「現象」がなければ「認識」は生じないからだ。

したがって、ここではっきりするのは、次のことだ。

理性的認識と感性的認識とは、それらがともに〈認識〉である限りは、次元の上では区別できない。

このことがまず理解されねばならない。だがこれが長い間理解されてこなかった。今でも多分。だから「理性」と「感性」との間には、知的価値の上下関係が設定されてきたのだ。

それ以上に、このような「判明な認識」と「判明でない認識」とを区別する考え方の根本的欠陥は、「物自体」の存在を前提しているという点にある。完全な「物自体」の存在が前提されるから、「判明」と「判明でない」といった区別が出てくる。「判明な認識」ということで思い浮かべられているのは、「物自体」を歪曲せずに把握する認識であり、これが「理性的認識」である。これに対して「感性的認識」ということで思い浮かべられているのは、「現象」の偶然の変化から離れられず、それゆえ誤謬を犯す可能性を含む「認識」である。明らかに、このような理論には、伝統的な知のヒエラルキーが保たれている。この伝統的な知のヒエラルキーは、自然科学的厳密さを標榜する、今日なお流行している「実験心理学」に代表される認知科学の「計算主義的アプローチ(computational approach)」にも温存されている。そこでも「知覚」の説明は、暗黙の内に「物自体」の存在を前提して進められている。これによって「正しい知覚」と「錯覚」とが分けられ、繰り返して、「錯覚」問題、〈なぜ「錯覚」が起こるか〉をコンピュータの作る作図や写真や挿図を駆使して語ることが、人の興味を惹き続ける。「錯覚」、「錯視」論は、この心理学の得意科目の一つだと言ってよい。このような理論に人気があるのは、それが「常識」（「健全な分別〈悟性〉」）には最も興味深い知覚の経験だからだ。「常識」（健全な分別〈悟性〉）の「健全性」は、いつも、意識に関係なく実在する物の確実性への信念、要するに「物自体」の存在への信仰によって維持されている。

だが、「物自体」は「人間」には「認識」できない。このことを認めるなら、「判明な認識」と「判明でない認識」に関する理論は、それとともに「知覚」と「錯覚」とを分ける心理学的理論も、根拠を失い崩壊する。カントは、この視点から、ライプニッツ－ヴォルフ派の哲学（Leibniz-Wolfische Philosophie）を、先の「超越論的感性論」の「一般的注」において批判しているのだ。(7)

「……われわれの感性全体は、物の混乱した表象（die verworrene Vorstellung der Dinge）に他ならない。この表象は、あくまで物に自体的に帰属するものを含みはする、しかしわれわれの、意識的に分けていない諸特徴と部分表象との積み重ねというかたちで含むにすぎない、と言われる。こういった言い方は、感性、および現象の概念の改竄である。この改竄は、われわれの感性の説全体を、役に立たない空虚なものにしてしまう。判明でない（undeutlich）表象と判明（deutlich）な表象との区別は、論理的区別にすぎず、内容に関係していない。……直観における物体の表象は、対象それ自体に帰されうるであろうようなものはまったく含まず、或るものの現象を含みうるだけである。つまりわれわれがそれによって触発される仕方を含むだけである。そして、われわれの認識能力のこの受容性が感性と呼ばれるのであって、認識能力のこの受容性は、人がかのもの（現象）を根底まで見通したいと思っても、対象それ自体の認識とは甚だしく異なるものである。／それゆえライプニッツ－ヴォルフ派の哲学は、われわれの認識の本性と起源についてのすべての研究にまったく不当な観点を教示した。この哲学は、感性と知性的なものとの区別を、ただ論理的なものと見なしたからである。というのも、この区別は明らかに超越論的なものであって、単なる判明性と非判明性との形式のみか、認識の起源と内容にも関わるものだからである。だから、われわれは感性によって、物自体の性質を単に判明でないかたちで認識する、というのではなく、物自体の性質などまったく認識しないのである。そしてわれわれが自分たちの主観的性質を取り去るやいなや、表象される客体は、この客体に感性的直観が添える諸性質ともども、どこにも出会われることはないし、また出会われることはできなくなる。というのも、まさにこの主観的性質こそが、客体の形式を現象として限定するからだ（A43f., B60ff.）」

人間には認識できない「物自体」を、「認識論」の根拠にすることはできない。いくら「現象」をかき分けてその底にある（と思える）本質を「見通そう」としても、私たちに現れるのは、どこまで行っても、姿を変えて現れる「現象」なのだ。「現象」の向こうには、人間に認識できるものなど何もない。だから「物自体」などを認識の根拠にすることはできず、人間の「認識」の成り立ちを「超越論的に」考察するときには、まず「感性」が「現象」を受け取るときの必然的条件（「超越論的条件」）を考察しなければならない。これが「超越論的感性論」の仕事である。[8] 次いで、「現象」を「人間」が「認識」するときに、この現象を、〈かたちをもったもの（イメージ）〉として切り取り整えている「規則」、この、人間の内部で働いている特殊な規則を考察しなければならない。他の生物には、人間とは異なる規則が働いているであろうから、それらには現象は、人間とは別の〈かたち（イメージ）〉となって現れているだろう。人間は、自分に備わった規則によって現象を認識する以外のことはできないであろう。だから、人間に内在的に働いているであろう「規則」について考察しておく必要がある。これが、これからたどる「超越論的論理学」の仕事になるわけだ。

ライプニッツ＝ヴォルフ派の哲学は、それゆえ、「美学」の始祖とされるバウムガルテンの“Aesthetica”も、「感性」の認識機能の意義を認める点で近代的思考への道を拓いたとしても、経験を離れた「物自体」を前提にして認識に優劣を設ける点で、なお古い伝統に囚われている。

(三) 動的システムとしての分別（悟性）諸概念

しかもカントは、このような、「現象」を秩序づける、私たちに内在する諸規則（「諸概念」）は、決してばらばらに存在しているのではなく、「システム」になっていること、このことを予想（想定）している。このシステムを純粋に、すなわちそれだけに的を絞って推理していくのが「分析論」なのだ。

「純粋分別（悟性）は、単にすべての経験的なものから分離されるのみでなく、すべての感性からも分離される。それゆえ、純粋分別（悟性）は、それ自体不変で、それだけで満ち足り、いかなる外的に加わる付加物によっても増やされない統一体（Einheit）である。したがって、純粋分別（悟性）の認識の総体は、一つの理念の下で把握され限定されるシステム（System）となっているだろう。このシステムの完全性と分節（Artikulation）とは、同時に、そこに入ってくるすべての認識諸部分の正しさと真正性との試金石になりうる（A65, B89f.）」

「システム」となって働いている諸規則、これは決して取り出して見ることのできるものではない。だからそれは「理念」である。だが、そのような「理念」として「システム」を「想定」することで、私たちの個々の経験、認識は合理的に推理され、また理解されうる。例えば、あるものが「熱い」ものとして知覚されるには、火傷するほど熱いものから凍えるほど冷たいものまでの、温度差を感知するシステムが私たちの内に働いていることを想定しなければ、不可能であろう。そしてこの感知システムは他の動物と同じだというわけではないだろう。私たちには適温であるものが、他の生物には生命の危機を招く熱さでありうるし、逆も成り立ちうる。子供と大人でもこのシステムは異なろう。いずれにしても、私たちは自分に備わった複雑多様な、しかも決して取り出して見ることのできない「システム」によって物事を知覚し経験している、と考えざるをえない。それゆえ「システム」は「理念」として想定されるものなのであり、だから私たちは、人間経験の特殊な構造を考えるには、この「システム」を細かく「推理」しなければならない、ということになる。

経験に内在的な経験の「規則」（「分別（悟性）概念」）は、人間の内にはじめから「素質（Anlage）」として「横たわっている」と想定されている。人間が感性的に物事（内容）に関わるとき、この規則は経験に即して「展開」する。つまりシステムを形成している「諸規則（概念）」は、経験の中でシステムが働く際に、次第に細やかに分化してくるということになろう。これによって経験は変化し、物事の認識方式は更新されるはずである。あくまでも、「規則」（概念）と「経験の内容」（「直観」）とは分けておかねばならない。このように「規則（概念）」（「形式」）と「感性」（「内容」つまり「質料」）とを分ける点で、しばしば批判される〈二元論〉の立場にカントは確かに立っている。次の言葉にカントの立場がはっきり出ている。

「……われわれは、感性に依存しないなら、いかなる直観にも関与できない。それゆえ、分別（悟性）は決して直観の能力ではない。しかし直観以外には、概念による以外にいかなる認識の方法もない。それゆえすべての、少なくとも人間的な分別（悟性）の行う認識は、概念による認識であり、直感的（intuitiv）ではなく論証的（diskursiv）である。すべての直観は感性的であるから触発（Affektionen）に基づくが、概念は機能（Funktionen）に基づく。ところで、私が機能ということで理解するのは、様々な表象を、一つの共通の表象の下で（unter einer gemeinschaftlichen Vorstellung）秩序づける、働き（行動）の統一（Einheit der Handlung）である。それゆえ、感性的直観が印象の受容性（Rezeptivität der Eindrücke）に基づくように、概念は思惟の自発性（Spontaneität des Denkens）に基づく（A68f., B92f.）」

カントは「概念」を「機能」として捉えている。それは彼が、概念を静的なものとしてではなく、人間の認識を形成する動的なものとして捉えているからだ。だから彼はこれを「働き（行動 Handlung）」とも言い換えている。ここでもカントは「機能」を複数形で示し、その統一性に触れている。つまり人間における諸機能は、システムを形成していると解されている。

ところで、「行動（Handlung）」としての「概念」、これはフィヒテ、シェリングにおいて、積極的に受け取られていた。注意すべきは、ここでカントは、「人間的な分別（悟性）」の特殊性を理解するためには、そしてそのためにこそ、「概念」が「論証的」であることを知り、またそれが「感性」の「受容性」に対して、「自発性」に基づくことを理解すること、このことが重要だと見なしている点である。日常の私たちの経験においては、「自発性」と「受容性」、「感性」と「分別（悟性）」とは、ほとんど分けることのできないかたちで絡み合っている。しかしそれらを分けなければ、「人間的な」「分別（悟性）」の特殊性は理解できないとカントは考えている。それは彼が、人間は自らの特殊な自発的な働きを介することによってしか、物事を経験できないと考えているからだ。しかしこのときカントは、人間の「自発性」を一方的に強調しているのではない。人間は、物事に出会ったその瞬間に、物事を無媒介に認識するのではなく、人間は常に、自らに内在的な諸概念の運動（諸機能）を介して、そしてその限りでのみ、物事を認識（経験）しうる存在であり、またそのような存在でしかない。カントは人間をそのように理解している。最も直接的に思える、すなわち「直感的（intuitiv）」に思える「知覚」の判断さえ、「分別（悟性）」システムに担われている。だからこの判断は、「直接的」、「直感的」に見えても、あくまでそこには現象を理解する働きがすでに関わっているので、「論証的」なのだ。カントは、人間的な経験の間接性、媒介されているあり方を解明するために、二元論の立場に立って、「感性」と「分別（悟性）」とをひとまず分けた。これによって「概念」も、その「働き」の圏域が明確に限定されることになる。

「分別（悟性）は、これら概念を、それらによって判断すること以外に使用できない。専ら直観以外は、いかなる表象も対象に直接向かうことはないので、概念は決して対象に直接関係づけられるのではなく、対象についての、何らかの他の表象に（直観であれ、それ自体すでに概念であれ）関係づけられる。それゆえ判断は、対象の間接的（mittelbar）な認識である、つまり対象の表象の表象である（A68, B93）」

概念は「表象の表象」、すなわち、人間が直接感性的に受容したもの（「表象」）を、一つのまとまったかたちへともたらす「自発的」な「働き」、それゆえ「間接的」認識である。表象を一定の連関にもたらしその位置を定めること、これが「判断」である。一定の連関、これは、ある規則に従うことで、はじめて成り立つ。一定の連関、まさに一定の「システム」の下に生じる「連関」の内に直接的表象を秩序づけること、これによって認識（経験）は具体的なかたちを取ってくる。すなわち語の本来の意味での認識が成立するのだ。「表象の表象」とはこの表象連関（表象のシステム）に他ならない。[9] カントはそれを次のように語っている。

「われわれの表象の内、判断はすべて統一機能である。つまり、直接的表象の代わりに、この表象やそれより多くの表象を自分の下に把握するより高次の表象が対象認識に用いられ、それによって多くの可能な認識が一つの認識の内にまとめられる。ところでわれわれは、分別（悟性）の働き（行動）すべてを判断に還元しうるので、分別（悟性）はおしなべて、判断する能力（Vermögen zu urteilen）だと考えられる（vorgestellt）（A69, B94）」

ここでも、私たちの認識は、「表象」の「システム」から成り立っていることが強調されている。私たちは「分別（悟性）」によるシステマティックな「判断」を介して、「現象」を経験している。人間の分別（悟性）はこのような経験の「規則」の能力として捉えられている。

「分別（悟性）一般が規則の能力であると定義されるなら、判断力は規則の下に包摂する能力、すなわち、あるものが与えられた規則（casus datae legis）に従うか否かを区別する能力である（A132, B171）」

人間の認識は、人間に内在する自発的な分別（悟性）のシステマティックな規則に従っている。「客体」とは、この規則に従って意識に現れてくる表象、それゆえ連関づけられた直接的表象である。「主体」と「客体」とはまさにそれゆえ切り離しえない。これに対して、この「自発的な分別（悟性）」規則の「働き」方に議論の重心が移されるとき、「客体」は、それとともに客体に関わる経験的主体（人間）も、この隠れた規則（システム）という〈絶対的主体によって生み出される〉ものと見なされることになるわけだ。シェリングはこの方向に向かった。カントはどうだったのだろうか。先に挙げた、分別（悟性）は「決して直観の能力ではない」というカントの言葉は、彼が絶対的主体の立場には立っていないことを示している。これによって彼は、規則能力は与えられた直観を規則づけるだけであり、それ自体が直観を生み出すのではない、と言っていることになるからだ。

㈣「自発性（Spontaneität）」の構造

（a）「自発性」

さらに注意しておかなければならないことがある。それは「自発性（Spontaneität）」という語の意味だ。かつて指摘したが（岩城二〇〇一d、第一章）、カント理解にとって重要と思われるので、ここでも簡単に触れておきたい。例えば、「自発的にやれ」と言われた場合、通常私たちは、「他人に頼らず、自分自身の意志で行動せよ」と言われていると思うだろう。「自発的」と訳される“spontan”は、「自分自身の意志で（aus eigenem Willen）」つまり「自由意志で」という意味を確かに含む（vgl. *Wahrig Deutsches Wörterbuch*）。しかしそれはこの語の意味の一面でしかない。この語には、“von selbst”（自ずと、自然に）、“aus eigenem Antrieb”（自己の動因から）という意味もあてがわれている。この意味に従えば、“spontan”は、意志的なものに必ずしも限定されないことになる。実際、先の「自発的にやれ」という言葉も、単に「意志をもってやれ」という意味でのみか、「自分から」、「自ずと」、すなわち「自然に」「行動せよ」という意味でも受け取られる。「自発性」は、単純に「意志的であること」と見なされてはならないのだ。カントの「受容性」と「自発性」の場合も同様である。これを単純に〈没意志性〉と〈意志性〉との対立と解するなら、カントの理論は恐ろしく平板なものになってしまうとともに、同時に恐ろしく主体主義的なものとして理解（誤解）されてしまうことになるだろう。〈「分別（悟性）」は「概念（規則）」に従った「自発的」な「働き（行動）」である〉、ということと、〈「分別（悟性）」は「概念（規則）」に従った「意志的」な「働き（行動）」である〉ということとは、完全に一致するわけではなく、前者の命題は後者を含む、という関係にある。したがって、「自発的」だが「意志的」ではない分別の「働き」もあるのであり、むしろこのことの方が重要なのである。

後にヘーゲルは、このことを「習慣（Gewohnheit）」論で指摘することになろう。「習慣」とはまさに、「意志」を通して分別（「悟性」）の概念（規則）がすでに身体に内在し、物事の規則づけの働き（行動）、すなわち経験の仕方が「自然に（von selbst）」なっている状態である。そこではすでに「意志」は止揚さているのであり、だからこそ習慣は「第二の自然」（無意識）なのだ（岩城一九九七）。

（b）「自発性」の構造――経験における「分別（悟性）」と「理性」との相互浸透

「習慣」を考慮に入れることで、「分別（悟性）」と「理性」との差異と、それらの微妙な相互浸透のあり方とが、私たちの具体的な経験の問題として理解可能になるだろう。私は、「理性」を「言語・記号」能力と見なし、その上で「現象」と分離できない「分別（悟性）」と、それとは異なる「理性」との違いについて考えることを試みた（岩城二〇〇一d、第一章（二）三「カントのイメージ論――認識論の基礎概念について」参照）。

ところで、「言語・記号能力」としての「理性」に対して、では「分別（悟性）」は、言語・記号とどう関係するのだろうか。また関係するとしたら、「分別（悟性）」は「理性」とどう異なるのだろうか。このことについて、私たちはカントの語っていることをそのまま繰り返すのではなく、私たちの言葉に解きほぐさなければならない。これが「感性論」の最も初歩的で、しかも最も大切な課題になるはずだ。

「理性」は「規則（分別概念）」を、経験から取り出し、規則自体のシステムを構築する働きである。それゆえ「理性」は経験と直接的には関係しない。だから「理性」は、経験を、経験を離れた規則のシステムから反省しまた方向づける、導きの役を果たすことができる。理性はその意味で、超経験的能力（超越的能力）である。そうであるなら、「理性」とは「言語・記号」による「推理」能力に他ならない。例えば「最高善」や「神」といった概念（言語）を考えてみればよい。それらは、経験には決して到達できない世界を言い表したものであり、それゆえ「理念」（観念）だ。それは、私たちの経験を方向づけ、またそれによって私たちの経験世界における行為を反省させる「理念」である。しかも、このような「理念」は、「言語・記号」なしには思い浮かべることもできない世界だろう。私たち人間は、「言語・記号」システムに則って「推理」できる存在なので、「理念」をもつし、またもたざるをえない存在なのである。私たちは、言語・記号による推理によって「現象」を超越する存在でもあるわけだ。「記号」に関しては、例えば無限記号（∞）がこれである。数的「無限」は経験できない、しかし記号システムの中では存在することができる。

今私たちが関わっているカントこの書のタイトルが、『純粋理性批判』となっていることも、「理性」と「分別（悟性）」との分かちがたい関係を示している。この書が「純粋分別（悟性）批判」にはならないことは明らかだろう。なぜなら人間の「経験」、「認識」は、「感性」と「分別（悟性）」との関係の中で生じるので、「理性」抜きの「純粋分別（悟性）」だけではまったく不十分になる。と言うよりこの次元での経験は自動的にかたちづくられていくので、批判の対象にはならない。

またカントのこの書は、単に「感性」と「悟性」との直接的関係によって成り立つ「知覚」論にとどまるものでもない。この書が目指すのは広い意味での「認識論（Erkenntnislehre, epistemology）」であり、「科学論」である。この意味での「認識」には、必然的に「言語・記号による推理能力」としての「理性」が関わっている。科学は、常に「理性」（言語・記号能力）のシステムに基づいて、「現象」の謎の理由を探り、そこに潜む「規則」を推理し探究する学である。しかも、科学は現象経験（知覚）から離れることはできない。純粋に論理的に、つまり、言語記号システムに則って矛盾なく推理された現象の法則も、それが現象経験（「知覚」）に照らし合わされない限りは、「客観的真理」とは言えないからだ。理性による推理から生じる法則が、現象経験の場面での確認なしに、無理やり現象にあてがわれるなら、そこには「認識」からの逸脱、「認識」や「経験」の捏造、それへの暴力的介入が生じる。これが「誤謬推理（Paralogismus）」である。これを避けるために、「純粋理性批判」が必要なのだ。そして実際カントは、「概念」のレベルで矛盾のない論理が、そのまま正しい「経験」の根拠や説明になるわけではないこと、このことを「経験的思惟一般の公準（Postulat）」の節で指摘している。「公準」とは、先に第一章でシェリングに言及したときに触れたように、「要請されるもの」である。つまり、経験される実在（物）の実在性を合理的に説明するときに「要請される」、「仮説概念」、これが「公準」である。この「公準」という「仮説概念」は、経験に照らしてはじめてその妥当性が確認される。

「物の可能性の公準が求めるのは、物の概念が経験一般の形式的条件と一致することである。……総合をそれ自体に含む概念は、この総合が経験に属さないなら、空虚なものと見なさねばならず、いかなる対象にも関係していないことになる。……このような概念に矛盾が含まれてはならないということ、このことはなるほど必然的論理的条件だが、しかし、概念の客観的実在性には、つまりこの概念によって考えられるような対象の可能性には、それだけでは十分ではない。……物の現実性（Wirklichkeit）を認識するという公準には、知覚が、それとともに感覚作用（Empfindung）が必要なのだ（A220ff., B267ff.）」

「概念」に矛盾がないからといって、それがそのまま「実在」の根拠にはならない。だから科学的「概念」は、「知覚」にフィードバックされなければ、その正当性は確認できない。科学は「知覚」から、それゆえ私たちの「経験」から決して離れることはできない。それゆえ科学は、「概念」的論理の整合性に基づいて「仮説」を設定し、それに即して「現象（自然）」を探究し、この仮説が現象において確かめられたら一つの発見となるし、もし確かめられなかったら、概念を組み替え、新しい「仮説」を立ててやり直すしかない。「科学」とはこのような試行錯誤の連続なのだ。カントは先の言葉に続けて、この点に触れている。

「物の単なる概念においては、物の存在のいかなる性格にも出会えない。なぜなら、物の概念がたとい完全で、一つの物を、それのすべての内的規定によって思考する上で、少しも欠けるところがないとしても、物の存在は、これらすべての〔概念〕規定と何の関係もなく、関係してくるのはただ、そのような物がわれわれに与えられ、概念より物の知覚がいずれにしても先にありうるのではないかという問いだけである。なぜなら、概念が知覚に先行するということは、物の単なる可能性を意味するにすぎないからだ。しかし概念に素材を提供する知覚こそ、現実の唯一の性格なのである（A225, B272f.）」

ところで、最も直接的と思われる「知覚」にも「言語・記号能力」としての「理性」が入り込んでいる。というのも、「言語・記号」による目標設定を通して、現象は作り変えられるからであり、この作り変えられた世界においては、「知覚」も、それとともに私たちが世界を理解する「認識」の枠組みも変化するだろう。このことについても、カントは示唆している。カントによれば、私たちは自分の様々な知覚経験を通して、物の存在の、知覚しえないア・プリオリな存在を「想定」できる。この「想定」された現実は、今は「知覚」できないとしても、将来知覚できる可能性は残されている。しかしあくまで物の現実の認識は、「知覚」を介さなければ確かめられないわけである。

「……われわれは、引き寄せられた鉄屑を知覚することで、すべての物体に浸透している磁気物質の存在を認知する。たといわれわれには、われわれの器官の性質からして、この素材の直接的知覚は〔今のところ〕不可能だとしても。なぜなら、感官の粗雑さのために、ありうる経験一般の形式には関係しないようなわれわれの感官も、それがもっと繊細になれば、われわれはおしなべて、感性の法則とわれわれの知覚のコンテクストとに従って、ある経験においては、そのような物質の直接的経験的直観に出会うだろうから。それゆえ、知覚とそれに付随するもの（Anhang）（注、Wille;「進展（Fortgang）」）が経験法則に従って達するところには、物の存在についてのわれわれの認識も到達するのだ。われわれが経験からはじめなければ、あるいはわれわれが現象の経験的連関の法則に従って進んで行くのでないとすれば、何らかの物の存在を推測したり研究したりしようとしていることをひけらかすのは無駄なことなのだ（A226, B273f.）」

カントはこうして、概念によって「思考されたもの」をそのまま「実在物」と見なす「観念論」を批判することになる。

この点でも、純粋に経験の中で働く概念そのもの取り出し、感性と区別しておくことには、かなりの努力が要るわけだ。実際、カント哲学をより具体的な理論へと読み替えていくヘーゲルは、『エンチュクロペディー』の「序」でこのことを指摘している。かつて紹介した箇所だが（岩城二〇〇d、七九頁）、ここにもう一度引用しておこう。

「われわれの日常的な意識においては、諸々の思想は、感覚的、そして精神的な、流通している素材を身につけ、それらと一つにされており、熟考、反省、理屈といった働きにおいては、われわれは感情、直観〔見たり聞いたりする感覚的働き全般〕、表象を思想と混ぜ合せている（「この葉は緑である」というような、まったく感覚的な内容のあらゆる命題の内に、すでに存在や個別性といった諸カテゴリーが混ぜ込まれている）（W8, §3, 43f.）」

それゆえに、日常では感覚内容と混じり合って使用されている概念を、それらから離して、純粋に言語上の論理性を基準に問うこと、その意味での「純粋な論理学」も必要なのだ。

ところで、「分別（悟性）」概念だが、これらは常に「現象」と関わることで成り立っているものであり、現象を離れたら意味をなさない。だから、「理性」のシステムにおいて成り立っている「言語・記号」も、それらが「現象」の「判断」に関与しているときには、これは「分別（悟性）」概念だと言える。このとき、この概念は「規則」、「機能」として、現象経験にいつも関わっている。「言語・記号」（「理性」）が身体に内在するまで身に馴染み、私たちの経験を構成したとき、それは「分別（悟性）」概念になる。つまり「習慣」が形成されるのだ。「理性」という「言語・記号」能力と、「分別（悟性）」という現象認識における規則能力とは、このような相互浸透の関係にある、と考えねばならない。これによって、人間は歴史的文化的存在であることも明らかになるだろう。三木や西田の言う「歴史的身体」とは、このような〈言語記号の浸透した身体〉として理解すべきである。だから、「分別（悟性）」概念になったときには、理性概念は、意志とは関係なしに、「自発的に」（無意識に）働いてしまうのだ。

カントの言う「自発性」は、このような範囲にまで広げて理解されるべきだろう。「分別（悟性）」は「自発的」能力であっても、必ずしも「意志的」、その意味で「理性的」行動ではない。このように理解すると、カントの「統覚」論は、意志的主体性の理論に還元することはできなくなるし、この視点からのカント批判はカントの理論の誤解だということになろう。人間的な認識（経験）には、「分別（悟性）」の「諸概念（規則）」が内在し、それが経験を成り立たしめている。普通それは、哲学者の意識にさえ上らないほど、深く私たちの意識に浸透している。だからこそカントは、これを「純粋」に取り出し、人間の経験の構造を明らかにする必要があるし、これこそが「まだ試みられたことがない」仕事だと考えているのだ。ヘーゲルもまた上の箇所で、この点での「哲学への無理解」について、まず述べているのである。

（c）知的冒険者カント

〈まだ試みられたことがない仕事〉、カントは、人間の経験の奥で、意識には隠れたかたちで経験を可能にしている働きに考察を加える箇所に至ったとき、これに似た表現で、自己の仕事の重要性と先駆性とを強調している。同じ「超越論的論理学」における、「超越論的構想力」に言及する箇所で、認識を動かすこの能力を、カントは「われわれの認識の、最初の起源について判断しようとする場合、注目すべき第一のもの」と呼び、しかも私たちがこの働きを自覚することは「きわめて稀」だと語っている（A78, B103）。彼はまた、構想力に内在的な「図式」機構、この経験がかたちをもったものとして成立するための、超越論的作用を、「人間の心の奥に隠された技術（eine verborgene Kunst in den Tiefen der menschlichen Seele）」と呼んでいる（A141, B180）。また、『純粋理性批判』第一版「純粋分別（悟性）概念の分析」の箇所で、カントは「知覚」に触れ、「知覚」における「多様なものの総合」は、図式機構を内在させた「構想力」を「必然的成分」とすることで、はじめて成り立つが、「これに思い至った心理学者はまだいない」と語っている（A120. 岩城二〇〇一d、第一章、特に九六頁以下参照）。

　さらに、『判断力批判』第八、九節の、「直感的判断力」（「趣味判断」）の特殊な「普遍性」を論じる箇所においても、この普遍性の分析は、「超越論哲学者」にとり「注目すべきこと」であると指摘している。カントによれば、この普遍性の解明には多大な「苦労」を要するが、しかしその苦労によって、普通明らかにされないままになっている「われわれの認識能力の一つの性質が明るみに出される」（*KdU* 51）。「趣味判断」が下す「美しい」という判定は、対象に触発されて成立した私たちの「感性的能力」と「分別能力」との「調和」、すなわち、普通意識には隠されている、私たちの内で働く、「構想力」と「分別（悟性）」との「調和的遊動」という、二つの「認識能力の関係」に基づく。直感的判断力（「趣味」）の普遍性の解明は、人間的認識の成立する超越論的な場の普遍性に関わっており、それゆえこの問題の解明は、「趣味批判の鍵」（55）であるだけでなく、「超越論哲学者」の「注目すべきこと」なのだ（岩城二〇〇一d、一二九頁以下参照）。『判断力批判』前半の「趣味批判」も、決して単なる狭義の〈美の学〉ではない。それは、『純粋理性批判』と同様、人間的認識の隠れたメカニズムを解明する〈感性論〉なのであり、そこでも「感性」と「分別（悟性）」との二元論が保持されている。

このようにカントは、テクストの様々な箇所で、自分が従来気づかれなかった問題を新たに解明する知的冒険者であることを宣言しているのだ。

(五) 二元論的意識哲学

今、〈二元論〉が軽視しがたいものであることが分かる。「規則」（分別〈悟性〉）があってはじめて「直観されたもの」（感性）は認識される。しかしだからといって「規則」の能力は、決して「直観」（現象を受け取る能力）に代わって一切を支配できる能力ではない。人間の経験は、いずれにも一元化できない。感性的直観だけでは、人間はいかなるものも〈特定のかたちをもったもの〉として認識できないし、「直観」がなければ、規則の能力としての「分別（悟性）」は、少なくとも人間の分別（悟性）は、何の意味ももたない。このようにカントは考えている。

もう少し私たちの経験に近づけてこれを考えてみよう。分別（悟性）という規則づけの能力、その意味での「思惟」の能力がそのまま「直観」の能力でもあると見なすことは、〈頭の中で思ったことは何でも現実に実現できる〉と考えることと同じである。なぜなら、そこでは「規則」が無媒介に「直観」を生み出すと見なされているからだ。これは神のごとき知である。ハイデガーが、『ニーチェ』、『世界像の時代』等において、絶えず厳しく批判するのは、このような神の立場に立って世界を支配する近代「科学技術」の意志であり、それ支える「近代主体性の形而上学」である。科学技術の発達によって、人間は思った通りに世界を作り出し、自然は人間が自由に操作できる手段に変えられた。現代は、このような主体としての人間を中心に据える、科学技術が隅々まで行き渡った時代である。近代主体性の哲学を批判する際の現代思想の論点は、凡庸な文明批判やエコロジーの議論も含めて、これに尽きると言っても過言ではないだろう。カントを「主体主義」と見なす一般的理解は、そう見なすことによって、カントを近代主体主義の結節点と見なし、批判を展開する。

しかしカントはまさに、二元論の立場に立つことでこのような主体主義に対決しており、このような「絶対的な主体性の哲学」をむしろ前近代的な神学的な知と見なしている。カントは、そのような思想における分別と直観との混同を、人間の経験の真相を隠蔽するものとし論理的に破壊しようとしているのだ。

この点からしても、カントの「自発性」を「意志」と同一視する理解は、カント哲学を「主体性」の「意志主義」の哲学へと捻じ曲げることになる。だが、カントにおいては、「認識」は、主体としての「自我」にはコントロールできない、主体内部で働く規則のシステムが、これまた主体にはコントロールできないかたちで現れてくる現象を、「自発的に」秩序づけてしまうことによって成立する。だから、第二版においても、人間的自我は、「受容的自発性」というあり方をしている存在として理解されている。このような人間理解を徹底する上で、カントにとっては「二元論」的視点が維持される必要があるのだ。

すでに指摘したように、カントは二項対立的な言語の本性に依拠し、その〈指示作用〉の方に力点を置いている(岩城一九九五a)。このためカントの理論は、今日の言語論的転回を後にした議論においては、「意識哲学」と見なされ批判的に捉えられる(Vgl. Apel 1976, Bd. 1, 239ff.)[10]。

確かにカントは、意識の内実を問題にし、意識内容の差異を明らかにするために、その差異を表す言語の指示内容を分析している。その意味で彼の意識哲学は「心理学的」である。しかしカントの思惟は、言語の指示内容を徹底的に分析することで、言語の差異を守っている。カント哲学は「意識哲学」であっても、言語の差異にきわめて敏感な意識哲学なのだ。この哲学者は言語の指示する事柄の差異に敏感であり、それゆえに、人間における経験的な事柄と超越論的な事柄との差異と関係とを、それらの複雑な緊張関係を保存しつつ考察することができる。

カントは、「純粋分別概念の超越論的演繹」において、この緊張関係を次のように語っている。

「表象の多様は直観の内に与えられうる。この直観は、単に感性的であり、すなわち受容性（Empfänglichkeit）に他ならない。そしてこの直観の形式は、われわれの表象能力のうちにア・プリオリに横たわっている。しかしそれは、主体が触発される仕方と別のものではない（B129）」

カントにおいて「直観」が「受容性」であるのは、それの「純粋形式」、すなわち一切の直観が可能になる超越論的条件としての「空間」と「時間」との絶対的受容性と表裏一体である。「空間」と「時間」、これは、あらゆる働きを受け入れ、そこにおいてあらゆる働きが働きとして成り立つ絶対的受容性であり、そこにおいてはじめて、多様なものは多様なものとして姿を現しうる。

ところで、多様なものが多様なものとして姿を現しうる、ということは、同時に、受容の働きをする「直観」としての「主体」（それぞれの「私」）、もし、この直観の主体をそれだけで敢えて取り出してみるなら、この「主体」は、この多様なものに一切の働きを加えることなく曝されている主体だ、ということでもある。つまり「直観の純粋形式」（「時間」、「空間」）は、「直観」としての主体の絶対的に無限定なあり方、否応なしにあらゆる現象に対して、それに出会うごとに、「主体が触発される仕方」と表裏一体になったものとして「想定」されているのだ。

カントの語ることを素直に聞けば、「感性」に関しても「分別（悟性）」に関しても、私たち人間の経験には、固定した根拠などない、ということになる。まさに私たちは自分ではコントロールできない世界に生きているのであり、言わば「無」の上を漂っているわけだ。だが、だからといって、カント哲学を「無」の哲学として理解することはできない。むしろ、日本人によく好まれる「無」の哲学はカント理解には役立たない。

㈥ 〈「無」の哲学〉の真相

〈「無」の哲学〉というものが、いつも人を惹きつけ、ときとして人を脅しもしてきた。それについて少し触れておこう。結論から言えばこうなる。

主体が「無（nichts）」、「無底（Ungrund）」、「無限（unendlich）」だと言われるとき、それを何か根本原理のようなものとして過度に深刻に受け取ったり強調したりする必要などまったくない。

なぜなら、主体が、「無」、「無底」、「無限」だということは、私たちにとって、ごく当たり前のことだからであり、このことは、より気楽なかたちで理解する方がよい。

すなわち、一方で、私たち人間「主体」は生きている限り、決してすべてを見通すことも予測することもできない、それゆえ決して全面的にコントロールできない「現象」に常に曝されている。すなわち私たちは、可能性としては、現象に「無限」に開かれ、その都度それを受け入れざるをえない。その意味で「主体」としての人間は、最初から常に（日本の哲学者に好まれるハイデガー的表現で言えば、「常に既に」）、一切の土台をもたない「無」、「無底」の存在なのだ。

他方で同時に、私たち「主体」は、そのような「現象」に出会うごとに、無意識のレベルで、意志によってコントロールできないかたちで、「自発的」に働く規則づけの能力、つまり「分別（悟性）」概念の動的システムに担われることで、現象を一つのかたちをもったもの（イメージ）として経験（認識）してしまっている。この側面においても、私たち人間主体は、完全には意志的にコントロールできない現象の規則づけの働きに、「常に既に」担われてしまっている。その意味でも私たち人間「主体」は、いつも意識の届かない、その意味で暗い、底知れぬ世界に漂う存在として、「無」、「無底」、「無限」なのだ。要するに私たちはいつも「底抜け（grundlos）」なのだ。

このように人間は、意識には到達できない二つの働きによって、経験世界を生きている。他の生物も同様であり、それぞれがそれぞれを担う現象規則づけの働きに従うことで、現象世界をそれぞれ特殊なかたちで認識し、それに基づいて行動しながら生きている。その意味で、「無」や「無底」や「無限」をもち出して人間主体の有限性を重々しく語ろうとする哲学は、きわめて自明なことを必要以上に神秘化しているにすぎない、ということになるだろう。それとともに、「無」の思想が、どのようなものであれ、「宗教思想」と結びつくことも、もはや繰り返す必要はないだろう。有限な人間にとっては、決して意識の届かないもの、その意味で「無」こそ、人間の経験を可能にしているものであり、それが「神」と呼ばれるものだからだ。「神」はいつも、人間には基礎づけえないものとして「無底」であり「無限」なもの、そのようなものとして「表象された（＝思い描かれた）」存在である。だから、「無」から人間を語る哲学は、ほとんど自動的に何らかの神学や宗教思想に近づき、その視点からカント哲学を理解しようとしてしまうことになるのだ。

人間は、本来的に「言語的・記号的存在」、その意味で「理性的」存在であるために、常に経験を、経験を超えたものから説明し理解しようという誘惑に駆られる。これによって、「想定」されるにすぎない世界が、あたかも人間存在の「本質」や「根拠」のように思われ、「実体化」されるという過ちが繰り返される。こうして、人間の経験を支配する思考、すでに「欲動」の次元にまでに食い込んで人間を動かし、また威嚇し脅迫する哲学思考（？）は、絶えることなく生み出されてくる。

だが、このような「無」の思想は、思想に慣れていない人々を惹きつけるとしても、冷静な思考の前では、自明のことを繰り返す滑稽な機械運動でしかないのだ。

(七) 二元論的「知覚」論

もう一度カントの「直観」概念に戻ろう。カント哲学における「直観」概念から、「何か限定されたものの直観」が思い浮かべられるなら、カントの「直観」概念は誤解されることになる。そのような「限定された直観」は、カントにおいてはすでに「知覚」であり、一つの「認識」である。そこにはすでに多様を「限定されたもの」へと「統一」する「分別（悟性）」の「働き」が介入している。しかしカントにおいては、「直観」はまだ「認識」ではない。「直観」ということでカントは、人間が受動的存在であること、すなわち人間は常に外部に関係づけられ、巻き込まれていることを示そうとしている。人間は外部の多様なものに曝され、巻き込まれ、しかしそれを整えること（規則をもったものとして受容すること）で世界を経験している。先に示した文章に次の言葉が続く。

「しかし、総じて多様なものの結合は、決して感官を通してわれわれのうちに生じることはできず、それゆえ感性的直観の純粋形式の内に同時にともに含まれることはありえない。なぜなら結合は、表象能力の自発性の作用（Aktus）だからである。そして、この自発性は、感性と区別して分別（悟性）と呼ばれねばならないので、われわれがそれを意識するか、しないかにかかわりなく、それが直観の多様の結合であれ種々の概念の結合であれ、そして直観の場合、感性的直観であれ非感性的直観であれ、すべての結合は分別（悟性）の働き〔行動〕（Verstandeshandlung）である。この働きにわれわれは総合（Synthesis）という一般的呼称を与えるであろう。それは、われわれはいかなるものも、前もって客体それ自体を結合しておかなければ、客体において結合されたものとして表象〔意識〕しえない、ということ、このことを同時に明らかにするためである。そしてすべての表象の内、結合は、客体を通して与えられるのではなく、ただ主体自身によってなされうる唯一のものである。というのも、結合は主体の自発性〔自己活動性（Selbstätigkeit）〕の作用だからである。ここで容易に認められるであろうこと、それは、この働き〔行動〕は元々唯一つであり、すべての結合に同じように妥当するものでなければならないということ、そして、それの反対に見える分解（分析）は、しかし常に結合の働きを前提しているということである。なぜなら分別（悟性）が前もって何も結合していなければ、それは何も分解できないからである。……／結合の概念は、多様なものの概念と、多様なものの総合の概念の他に、多様なものの統一の概念をも携えている。結合とは多様なものの総合的統一という考え方である（B129f.）」

傍線を施した箇所に特に注意しながら、これまでたどったことを思い起こしつつ、上の言葉をまとめておこう。「客体」認識は、私たちの先行的な（「前もって」の）結合の「作用（Aktus）」による。「分別（悟性）」のこの「作用」は、「意識するか、しないかに関わりなく」働いている。カントが「分別（悟性）」の「自発性」は意志的、意識的なものに還元できないと考えていたこと、この先に指摘したことは、この箇所からも分かるだろう。現象「結合」の「作用」は、私の意識的な、その意味での「自発的（spontan）」作用ではない。この作用は、人間経験にとっては「前もって」の作用、私の意識の底で意識を動かし、一定の意識形態を生み出している「作用」、その意味での「自発的な」作用、それゆえ、人間の意志によってはどうすることもできない仕方で、いつもすでに働いてしまっている「自然（spontan）」な作用として「想定」せざるをえないのだ。

「作用（Akt）」、そして「能動性（Tätigkeit）」、これらもフィヒテ、シェリングに受け継がれる用語だ。そしてこの継承の中で、意識を可能にするこの超越論的「作用」は、より積極的に捉えられ、一切の人間的主体を可能にする「絶対的主体」と見なされるようになる。

しかしカントにおいては、意識の〈外部〉の「多様なもの」の「総合的統一」が「結合」であり、これが「認識」を可能にする「唯一」の働きである。すなわち、カントに従えば、「多様なもの」、「それの総合」、そして「統一」のいずれを欠いても認識は成り立たず、人間的経験にとってはこの三契機に優劣関係はない。

確かに「客体」の成立には「主体」に内在する規則づけの「作用」が常に「前もって」関与している。シェリングにおいてすでに見られた、カント以後の哲学が主題化する、主体―客体の超越論的共属性、いわゆる「自己関係性」がここで示されている。第一版ではカントはこの立場を、主体の外部の、客体の存在を前提する「超越論的実在論」に対して「超越論的観念論」と呼び、自らこの立場に立つことを宣言している（A370）。

しかしまた、カントは、上の文に見られるように、「多様なもの」（現象）は、主体に内在する「総合的統一」の「作用」があろうがなかろうが、いつもすでに主体の外部に存在し、主体を取り巻いていることもはっきり示している。否「主体」すら、そのような「多様なもの」（現象）の一部である。そのような「多様なもの」は、この多様なものの一部である人間に内在的な「総合的統一」によって、その都度はじめて意識に対して「客体」として現れてくる。つまり「総合的統一」の作用によって、「多様なもの」の一部が切り取られ、一定の輪郭を備えたものとして意識に対して〈前景化〉してくる。「多様なもの」が「総合的統一」作用によって切り取られ、輪郭をもった「客体」として前景化したとき、このとき同時に、一定の輪郭をもった意識としての「主体」もその都度成立していることになる。

当然このとき、意識に対して前景化しない「多様なもの」は、常に〈後景〉、あるいは〈背景〉としてこの〈前景〉の周囲や背後に、前景に寄り添うかたちで残っているだろう。このようにして〈背景〉は、〈前景〉に寄り添うかたちで残ることによって、〈前景〉を可能にしているとともに、やがてまた前景となる可能態（潜勢態）としていつもそこに控えている。

このことは、そのような「多様なもの」にいつも曝されている「主体」にも言える。一定の現象に関わることで、一定の輪郭を取るに至った意識としての主体の周囲や背後には、不定の意識（いわゆる無意識）が潜勢態として残り蠢いている。そして新たに現象に触れることで、そこから特定の意識が前景化するとき、それまでの意識は背景に退き潜勢態になる。このように、客体意識と主体の自己意識とは、相互にダイナミックな関係を取り結びながら、その都度具体的な姿を取ってくるのだ。

しかもこれら「多様なもの」(現象)の一切は、「純粋直観」としての「空間」、「時間」においてはじめて成り立ち、その都度私の総合的統一の作用に即して、一定のかたちをとって私に現れる。また上に見たように、現象が私の「客体」(対象)となるときには、私には認識(経験)しえない「規則」が先行的に働いていると見なさざるをえない。しかもこの「規則」も、「空間」や「時間」それ自体も、そのものとしては経験しえず、個々の現実の経験に即して、それを可能にしている条件として、ただ「思惟」(想定)しうるにすぎない、その意味で「主観的」で「観念的なもの」である。「客体」認識の成立を問う思惟は、それゆえ「超越論的観念論」の立場に立たねばならない。

しかし同時に、「客体」は、このような先行的規則によって枠づけされた「多様なもの」として、確実にその都度経験的意識に対する外部存在として現れてくる。つまり「現象」は文句なしに私に対して実在している。私はどこに逃げても、何らかの現象に取り巻かれた存在なのだ。それゆえカントは「経験的実在論」の立場にも立っている。つまりカントは、「超越論的観念論」と「経験的実在論」の二つの立場を両立するものと考える点でも「二元論者」である。この場合の「二元論」は、超越論的なものと経験的なもの、この文脈では、規則づけの働きとしての主体(「私」)と、規則づけられた「多様なもの」としての客体(「対象」)との成立の同時性と緊張関係の現場、すなわち経験成立の現場を離れることなく、この関係を問う立場を指す。したがってこの場合、「私の〈外部〉に対象がある」という言い方も比喩的な表現であって、対象がまったく私から離れて「物自体」として存在することを意味するのではない。カントはこの点に関して、第一版で次のように語っている。

「われわれの外部という表現はしかし、それがあるときは物自体として、われわれから区別されて存在するものを意味し、あるときは単に外面的現象に属すにすぎないものを意味するために、避けがたい曖昧さを伴っている。それゆえわれわれは、後者の意味におけるこの概念を不確かなものにしないために、経験的に外的な対象を、単刀直入に空間内で出会われる物と呼ぶことによって、超越論的〔＝経験に先立つ〕意味で対象と呼ばれるであろうものと区別しようと思う。本来心理学的な問いは、われわれの外的直観の実在性のゆえに、後者〔外面的現象〕の意味で受け取られるのであるが（A373）。……／すべての外的知覚は、直接空間内の現実的なものを証明している、あるいはむしろ現実的なものそのものである。それゆえその限りにおいて、経験的実在論は疑いの余地はない。すなわちわれわれの外的直観が関わるのは、空間内の現実的なものである（A375）」

この箇所は、「超越〔論〕的心理学の誤謬推理（Paralogismus）」について論じた箇所である。私たちは後に、「純粋理性」の陥る「誤謬推理」を詳しく検討することになるだろう。だからここではただ、「客体」とは、意識に対して現れてくるもの、常に意識との相関関係にあるものであって、そのような関係を離れた「物」ではないということを、カントが強調していることを押さえておけばよいだろう。

「心理学」もこの立場を守らなければならない。「知覚」に対してはいつも特定のかたちをもった「現象」が「実在」している、という立場を、である。繰り返すが、「知覚」に現れるのは、常に一定の輪郭を与えられて現勢化した「多様なもの」（「現象」）、すでに主体に内在的な先行的規則の働きによって切り取られた「多様なもの」であり、それらは文句なしに「経験的に」「実在している」。「客体」について、カントの簡潔な言葉で言えば次のようになる。

「現象において、Apprehension〔現象が私に入ってくる働き、篠田訳「覚知」、有福訳「把捉」〕の必然的規則の条件を含むもの、これが客体（Objekt）である（A191, B236）」

「覚知」あるいは「把捉」と訳されている“Apprehension”は、「知覚（Wahrnehmung）」とは区別されている。それは「知覚」の言わば端緒の働きである。私たちの経験に照らして理解するなら、この概念は、まさに現象が私に入ってくること、私から言えば、現象を今まさに受け入れている働きを指示するものと見なしていいだろう。だから、現象にまず気づくという意味では「覚知」、現象をまず受け入れるという意味では「把捉」という訳語でいいことになる。いずれにしても、このときすでに、私は現象の「切り取り」を行っており、「客体」知覚はこのような“Apprehension”を待ってはじめて成り立つ。

だが、このように、“Apprehension”（一応「把捉」としておく）が、単に「気づく」あるいは「受け入れる」というきわめて受動的な働きでしかないのに、それが「必然的規則を含む」とはどういうことか。これも私たちの経験に戻して考えよう。「現象」が私に入ってくる、あるいは私が「現象」受け入れるとき私はどのようになっているのか。視覚を例に取るなら、現象が目に入ったのは、私が目を開けたからだ。現象「覚知」、あるいは「把捉」という、最も原初的経験の成立も、それゆえ私の眼の開閉という「規則」に負っている、と言わなければならない。視覚に即すなら、「現象」の私への現れは、私の視点と視界（という「規則」）によって限定される。視界の外の現象は私には入ってこないし、視界を変えたり、視点を移したりすれば、別の現象が入ってくる。その次にはじめて、入ってきた現象が何であるかの「知覚」成り立つわけだ。他の感覚知覚の場合も同様である。触覚の場合、触るということによってはじめて現象は触覚的客体として私に関わってくる。つまりそれは、触覚的「客体」になる前提を与えられる。この触るという「把捉」作用を前提にしてはじめて、それが冷水か、温水か、あるいは熱湯かといった「知覚」が可能になるのだ。

だからここで理解しなければならないのは、「知覚」は決して「客体」の単なる直接的受容ではなく、知覚の「客体」は、私たちの複雑な現象把握の規則に媒介されて成り立っている、ということなのだ。

すなわち「客体」は、「感性」という「多様なもの」の受容能力と、「分別（悟性）」という「多様なもの」を規則づけ輪郭づける能力との複雑な相互作用によって成立する。この相互作用の中を動く人間の能力、それが「知覚」である。「知覚」がいかに「無媒介な」働きに見えようとも、そこにはすでに現象を受け入れる「直観」の他に、「覚知」、あるいは「把捉」作用、「多様なもの」を切り取り、まとめる作用が介入している。それゆえ「知覚」と「感性」とははっきり区別しなければならない。人間経験は、この媒介された作用によって成り立っている。カントが推理しているのは、この媒介の構造であり、この構造に負う人間的認識の特殊性である。「知覚」を無媒介な「感性」と混同しないこと、このことは「心理学」にとって重要な帰結をもたらす。なぜなら、これによって、〈純粋で無媒介な知覚〉といった、知覚経験を離れた不動の定点（実在物）に基づいて知覚論を展開したり、知覚の正誤を論じたりすることは意味をなさなくなるからだ。

しかしだからと言って、「知覚」された現象は「実在」として「認識」されない、と考えてはならない。それはいつもかたちをもった現象（イメージ）として「知覚」に対して現前しているからである。

だから、カントが主張するのは、二つのことである。つまり、一方で「直観」に対して現れる現象の実在を認めること、他方で同時に、この「現象」が、主体に内在的な「分別（悟性）概念」によってはじめて一定のかたちを取って意識されること、すなわちそのような、「分別（悟性）概念」の「働き」を「想定」せざるをえないことを認めること、である。カントは前者を「経験的実在論（der empirische Realismus）」、後者を「超越論的観念論（der transzendentale Idealismus）」と呼ぶ。この「観念論」は、決して「実在」として取り出して見せることはできないが、認識の先行的条件と見なさざるをえないような「働き」を問うので、「超越論的観念論」なのだ。この二つの立場は両立しうる。カント自身の簡潔な表現では以下のようになる。

「超越論的観念論者は、経験的実在論者でありうるし、それゆえ、彼は、人がそう呼ぶように、二元論者でありうる（A370）」

「経験的実在論」の立場に立つこと、それは、「知覚」にはいつも「現象」が特定のかたちをもって現れているということ、つまり私たちには、「イメージ」がいつも現に現れ（実在し）、どこまでいってもそれに取り囲まれているということを、経験を考察するときの出発点にする、言い換えれば、現象の実在を、私たちの超越論的条件として認める、ということだ。この場合、一つの「名」で呼ばれるイメージが、別様に知覚されることはありうる。イメージの「実在性」は、「主体」の「分別（悟性）概念」が現象に出会って働くときの働き方で変化するからだ（岩城二〇〇一d、第一章参照）。

「知覚」は「物」そのものを「知覚」するのではない。私たちは常に、「現象」を主体（私）の「分別（悟性）概念」のシステムにしたがって「知覚」する。だからいわゆる「錯覚」はいつも起こりうる。

「知覚」と「錯覚」との関係、これはやがてヘーゲルが『精神現象学』の「知覚」論において、具体的に解明するであろう（岩城二〇〇一b）。しかし少なくともすでにカントにおいて、外的現象の「知覚」は、決して無媒介なものではなく、「内的知覚」、「内感」に媒介されたものであり、そこにはある種の「推論」が働いていることが捉えられている。「知覚」は、人間に内在的な規則の作用によって成り立つ。そしてこの規則の根本的作用が「構想力」という「時間規定」である。人間の意識に内在的な時間の分節化（枠組み）、前（過去）と現（今）と後（未来）、この規則に従うことではじめて外的知覚は成立し、現象は「客体」になる。かつて呈示した、カントが「構想力」に言及している箇所を、今一度取り出しておこう。

「われわれの内には、この多様なものの総合という能動的能力があって、これをわれわれは構想力と呼ぶ。そして構想力が直接知覚に働きかける働き（Handlung）を私は覚知（把捉）と呼ぶ*。

* 構想力が知覚自体の必然的成分であること、このことに思い至った心理学者はおそらくまだいないであろう（A120）」

「客体」とは、常に媒介された意識としての「知覚」に対して現れる存在、それゆえ媒介された存在、何らかのかたちで解釈（「推論」）された存在だということ、このことをカントは捉えていた。それゆえ、「感覚」と「理性」とを対置し、「感官は嘘をつかない」ということを強調しつつ「理性」批判を行うニーチェが、このとき彼が至るところで激しく批判するカントを念頭に置いているとしたら（例えば『偶像の黄昏』）、ニーチェは二重の誤解を犯していることになる。すなわち一方で、もしニーチェが、カント的意味での「感性」を考慮して、「感官は嘘をつかない」と叫んでいるとすれば、後にも見るであろうようにカントは次のように応じるであろう。すなわち、「感性」は「嘘をつかない」どころか真偽などそこでは問題にもならない、「感性」とは、純粋に受容的な能力であり、またそれでしかない、と。他方で、もしニーチェが「感官」ということで「知覚」作用をも含めた「感覚作用」を考えているとすれば、この場合にはカントは、「感官」は「嘘をつきうる」と言うであろう。そこにはすでに「直観」（多様なもの）と「分別」（規則）との〈比較〉の働きが入っており、それゆえ規則の取り違えが生じうる、すなわち「感官」は、AをBと言い張ることがありうるからだ。

ハイデガーがニーチェの積極的側面として取り出した、ニーチェによる〈感性の自己立法性〉の把握も、「知覚」のレベルではじめて言えることであり、そうであれば上に示したように、カントはすでにこのことを明確に捉えていた（岩城一九九四a）。カントによる「感性」と「知覚」との区別、「知覚」の媒介性の把握は、今日の心理学を検討する上でも一つの指針となる。というのも、そこにおいてもこの両概念の混同がしばしば議論を混乱させているからだ。

「感性」と「知覚」という両概念の混同によって生じる心理学的議論の混乱の原因と、そこに支配する誤解とは、簡単にまとめれば次のようになる。

すなわち、認知心理学において、「正しい」知覚が基準とされるときには、多くの場合、〈直接的受容能力〉としての「感性」が基準となっている。しかも、「直接的な感覚」こそ正しい客体把握だという考え方の根底にあるのは、まさにカントが批判する古い形而上学、すなわち「物自体」への信仰なのだ。カントが批判する、「ライプニッツ－ヴォルフ派の哲学」、この伝統的形而上学が、実証主義によってかたちを変えながら、しかも実証主義ゆえに、外見上一層説得力をもつようなかたちで、なお生き続けているわけだ。それだからこそ「心理学」は、自らカントが批判する「経験的観念論」に今なお陥っていないかを、常に反省する必要がある。「知覚」という「結果」には、絶対確実なただ一つの「原因」（「物自体」）などないからだ。

カントにおいて、「感性」は上述のようにまったく「受容的な」能力である。このことは、「感性」はまだ決して一定の安定した知覚を形成しえず、「多様な」現象に直接曝され、現象の流動状態に飲み込まれ常に変化しており、「知覚」の正誤を測定する尺度にはなりえないということを意味する。「純粋感覚」や「純粋知覚」、あるいは「純粋直観」といった概念によって、夾雑物を取り除いた純粋な感覚作用が考えられているとしたら、そのようなものは、フィードラーも指摘するように、まったくかたちのない、意識の混濁した流動状態でしかなく、そこに思惟の何らかの支点を設定することは、その上に如何に意味深長な思想を築いたとしても、思惟の一切を混乱のまま放置することと同じことでしかないのだ（岩城二〇〇一d、第三章）。

私たちは、カントが私たちの経験の特性を「二元論」の視点から、つまり経験の現場にとどまる視点（「経験的実在論」）と、経験の成り立ちを推理する視点（「超越論的観念論」）の二つの視点を維持しつつ明らかにしようと努めていることを見てきた。

ところで、このような、現象に出会うごとに姿を取る様々な経験にもかかわらず、それらがなぜ「私の」経験と言えるのだろうか。多様な経験を「私の」経験としている「私」とは一体何なのか、これが「自我」としての「主体」とは何か、という問いである。この問いに関わるときに、カントは「超越論的統覚（die transzendentale Apperzeption）」という概念に言及することになる。すでに見たように、「統覚」としての「主体」を一切の経験の根底に置く思想は、ハイデガーによって「近代主体性の形而上学」として批判され、この視点から、『純粋理性批判』第一版に対する、第二版における「超越論的統覚」の強調は、思索の「退却」と批判されていた。それゆえ私たちはハイデガーのこの批判をも念頭に置きながら、主に第二版の当該の箇所の検討へと進むことにしよう。

第二節　「超越論的統覚」としての「私」

(一)「私」の経験の「統一性」——「想定」せざるをえないもの

カントによれば、人間的な経験には、常にその都度「多様なもの」を「結合」する規則づけの「作用」が関与している。「多様なもの」の「結合」作用によって成立する私の「客体」意識は、それが常に〈私の〉意識であると言えるには、この「統一」、私を私として統一している「作用」が、その都度私の客体意識が成り立つ以前に、すでに成り立っていると「考え」なければならない。

先に引用した箇所で見たように、カントは、人間の認識作用（経験）は、「多様なもの」、「それの総合」、そして「統一」によって成り立つと語っていた（B129f.）。その内の「統一」作用がここでの主題である。その同じ箇所の後半の部分から、さらにそれに続く部分を加えて取り出してみよう。

「……結合（Verbindung）の概念は、多様なものという概念と、それの総合という概念以外に、さらに多様なものの統一という概念を伴っている。結合とは、多様なものの総合的統一の表象〔統一として思い描かれるもの、統一の意識〕（Vorstellung der synthetischen Einheit des Mannigfaltigen）である。この統一の表象〔統一の意識〕は、結合から生じるのではありえない。むしろ統一の表象〔意識〕は、それが多様なものの表象〔多様なものへの意識〕につけ加わることによって、結合の概念をはじめて可能にする（B131）」

この言葉は、いかにもカントが「統一」作用としての「自我」を絶対化し、それが「経験を生み出している」と見なしているような感を与える。しかしこのような性急な理解は慎まねばならない。カントの言う「統一」を理解するために私たちがまず心掛けるべきこと、それは、私たちの経験は、私たちに内在的な「分別（悟性）概念」の「動的システム」において姿を取ってくるということ、この以前に確かめたことを、常に心に留めておくことである。

このシステムという可変的「統一体」、それは、これもまたすでに見たように、「言語・記号」のシステムに即して働く「理性」とも相互浸透の関係にある。したがって「私」とは、このような可変的多層的システムの統一体と考えねばならないし、このシステムを抜きにした「私の」個々の経験など想定できない。同時にまた、経験を抜きにした、つまり「多様なもの」を抜きにした、「システム」それ自体を「主体」と呼んでも、それは決して実体として取り出して見ることなどできない、ということにもなる。このような「システム」という「統一体」を「主体」として「想定」したとき、はじめて私の個々の経験は、「私の」経験と言えるようになる。上に挙げた文章の続きを見ておこう。

「ア・プリオリに、結合のすべての概念〔諸々の分別（悟性）概念の働きすべて〕に先行するこの統一〔システム〕は、かの〔「数多性（Vielheit）」、「総体性（Allheit）」と区別される「単一性（Einheit）」の意味での〕単一性のカテゴリー（第十節）ではない。なぜなら、すべてのカテゴリーは、諸々の判断における論理的諸機能に基づくが、しかしこれらの判断においては、与えられた概念の結合、それゆえ〔システムとしての〕統一体がすでに思惟〔想定〕されているからだ。そうであるから、カテゴリーはすでに結合を前提している。それゆえわれわれは、この統一を（量的統一（第十二節）よりも）高いところに、つまり、諸々の判断における様々な概念の統一の根拠を、それとともに、分別（悟性）の可能性の根拠を、含むもの、しかもそれを分別（悟性）の論理的使用においても含むもの、ここに求めねばならない（B131）」

ここで主題となっている、「ア・プリオリな」「統一性」は、同じドイツ語、“Einheit”で表現されていても、「数多性」、「総体性」、と並ぶ「単一性」という意味での“Einheit”ではない。この用語の意味の違いをカントはここでまず強調している。私たちがなすべきは、この点をはっきりと理解しておくことだ。

つまりこういうことだ。私は、一つの対象を、「単一性」、「数多性」、「総体性」のいずれの視点からも認識できる。と言うより、一つの対象は、いつもこのいずれかの視点から認識、経験されている。私は、ある対象を「一つのもの」として認知しうる。またこの同じものが、近づいたら、多くの性質をもったものとして認知されもする（「数多性」）、それゆえこの対象は、多くの性質が一つにまとまったもの、つまり諸性質、あるいは諸物質の集合体としても認知される（「総体性」）。私たちが「物」を認識すると言うとき、私たちはこのように、カテゴリーに従って対象を見ているわけであり、このような私たちに内在的なカテゴリーが働かなければ、対象はまとまったものとして認知できない。「物」というのはこのようなカテゴリーを離れて存在するのではない。そうではなく、このようなカテゴリーに従って認知される「現象」が、「物」と呼ばれているにすぎないわけである。

「分別（悟性）の論理的使用」とは、分別（悟性）概念の論理的規則、要するに概念（規則）のシステムに従って物事を考察することであり、それゆえ「分別（悟性）概念」の「理性的処理」、換言すれば、規則適用作用と言うことができる。それゆえ、「分別（悟性）」と「理性」とを含む「統一体」としてのシステムが、それとして取り出せるものではないとしても、私たちの経験に「先行する」かたちで（ア・プリオリに）、経験に関与し、「私の」経験を、論理的判断さえも、可能にしていると考えざるをえないのだ。カントが言う「統覚の根源的統一」とは、このような動的なものと解されねばならないだろう。このような「統一」（システム）が私たちにおいて働いているから、私たちは一つの対象を、「単一なもの」としても、「多数のもの」としても、「多数のもの集合」としても理解できる。

「〈われ思う〉ということは、私の表象すべてに随伴（begleiten）しうるものでなければならない。なぜなら、さもなくば、まったく考えることができないものが私の中で表象されることになるであろうから。まったく考えることができないものとは、表象〔意識作用〕としては不可能であるか、少なくとも私にとって無であるということを意味する（B131f.）」

この場合〈われ思う〉という作用は、何か限定された内容についての思惟ではなく、限定された思惟すべてが、それによってはじめて「私の思惟」と言えるようになる、その意味での、「私の経験」の超越論的条件である。「空間」が、限定された形式、すなわちその都度の現象（「イメージ」）の「直観」が可能になる「純粋形式」、「純粋直観」であり、それは限定された直観（イメージの知覚）を可能にする超越論的背景として、常にこの限定された直観（知覚）の「そばに置かれている（beigelegt）」ように、〈われ思う〉という作用も、私が〈何かを思惟する〉ときの、この限定された思惟すべてを「統一」する超越論的背景として、その都度の私の意識の背後で働いている（「随伴」している）と考えざるをえない。この「統一」を背景とすることで、その都度「私」に立ち現れる「現象」は、「私の」経験の客体として意識に浮かび上がってくる。

「直観」、これはカントにおいては、私の意志に左右されることなく私に生じる働き、現象に常に否応なしに曝されている「私」のあり方、私の一つの「表象〔意識〕」の様態であった。これと同様に、私が物事を判断するときには、この判断を取りまとめている「同一的」なものが、いつも背後に控えている、と考えねばならない。この働きが「純粋統覚」、あるいは「根源的統覚」と呼ばれている。

「あらゆる思惟よりも前に与えられうる表象は直観と呼ばれる。それゆえ、直観の多様はすべて、主体における〈われ思う〉ということと必然的に関係する。同じ主体、そこにおいてこの多様なものは出会われる。ところで［〈われ思う〉という］この表象は、自発性の作用（Aktus）である。つまりそれは感性に属すものと見なすことはできない。私はこの表象を、経験的統覚と区別するために、純粋統覚（die reine Apperzeption）、あるいは根源的統覚（die ursprüngliche Apperzeption）と呼ぶ。というのも、それは、〈われ思う〉という表象〔意識〕を生み出すことで、他のすべての表象に随伴しうるものでなければならず、すべての意識において同一であり、それ以上のいかなる表象〔意識〕にも随伴されえない、そのような自己意識だからである（B132）」

「純粋直観」としての「空間」「時間」が、それ以上遡りえぬ直観の超越論的制約、先行的条件であるように、「純粋統覚」は、それ以上遡りえぬ人間的な思惟、認識の超越論的制約、先行的条件である。したがってこれは、決して他の何かに還元しえないし、また他の何かから「導き出す」こともできない、「限界概念」と見なさなければならない（Goldschmidt は、「随伴される（begleitet）」を「導き出される（abgeleitet）」と読んでいる〔Phb 版 B132 の注2〕）。「純粋統覚」は、それゆえ決してそれとして取り出して見せることなどできないものである。それにもかかわらず、これを「考え」なければ（「想定」しなければ）、人間的経験を整合的に理解することはできない、そのような「作用」、これが「純粋統覚」と呼ばれる「自己意識」なのだ。「純粋統覚」を「それ以上いかなる表象にも随伴されえない〔いかなる表象からも導き出せない〕自己意識」と見なすこと、このことはカントが、人間的経験を、人間を超えたものへと還元したり、そこから演繹したりすることなく、人間の「経験」の可能性を、あくまで人間の立場にとどまりつつ「超越論的」に考え抜こうとしていることを示している。

人間に内在的な、しかし人間の意識にはっきり姿を取ることのない「自己意識」の同一的作用、これに支えられることで、諸々の表象は「私の」表象として、諸々の関係を取り結ぶことができる。このように考える（想定する）ことが、人間の経験の成り立ちを考察する上で最も合理的なのだ。ただ、「自己意識」の「同一性」と言われるとき、この「同一性」は固い不動の核のようなものと解されてはならない。むしろ逆であって、経験の現場では、この「同一性」は、経験の変化に即して「私」という意識として後から浮かび上がってくるようなものである。つまりただ、私たちが経験を理論的に後から反省（分析）してみたときには、経験が「私の」経験として成り立つ上で、「私」という「統一」作用を経験に「先行するもの（ア・プリオリなもの）」として「想定」（思惟）せざるをえない、というだけのことなのだ。

したがって、ここでの「同一性」は、しばしば求められる、「自己のアイデンティティ（まさに同一性）を守れ」というときの「同一性」、自己の行動の目的や基盤として掲げられるような「同一性」ではない。「自己意識」の「同一性」とは、行動の基礎にも目標にもできるようなものではなく、私の行動にすでにいつも附随してしまっている、行動の背景、どんなことをしても、それをしたのは「私」だというかたちで、浮かび上がってきてしまう「同一性」なのだ。「統覚」のこのような「超越論的」性格についてカントはまずこう語っている。

「私は、統覚のこの統一を自己意識の超越論的統一とも呼ぶ。それは、この統一からア・プリオリな認識の可能性を示すためである。なぜなら、一定の直観の内に与えられる多様な表象は、それらがすべて一つの自己意識に属すのでなければ、それらがすべて私の表象になることはないであろうから。すなわち多様な表象は（私がそれらを等しく私の表象として意識していないとしても）、私の表象として、ただ一つの普遍的な自己意識の内で一緒になることのできるような条件に必然的に合致しなければならない。なぜなら、そうでなければ、それらは一般に私に帰属しないことになろうから（B132f.）」

諸々の表象が「私の」表象として成り立つがゆえに、私はそれらを比較し取捨選択し、そしてさらに進んだ「私の」表象を形成しうるし、また実際そうしている。このような働きは、ほとんど無意識に行われているのだ。その都度の経験にとって、「純粋直観」としての「空間」「時間」がそれぞれ「ただ一つ」しかないように、人間的認識の超越論的条件としての「純粋統覚」もただ一つしかない。もし二つ以上あるとすれば、さらにそれらを成り立たせる超・超越論的条件が求められねばならない。これはまったくの矛盾でしかない。「統覚の同一性」とは、私たちそれぞれの経験の、それ以上遡ることのできない、背景である。「超越論的統覚」はそれゆえ、人間的認識に内在し、認識を可能にしている「最上位の原則」と見なされる。

「結合は、対象の内にあるのではない。それは知覚を通して対象から借りてきて、それによって分別（悟性）の内にはじめて取り入れらうるようなものではない。そうではなく、結合とは分別（悟性）のみに備わったものであり、分別（悟性）とは、それ自体、ア・プリオリに結合し、与えられた表象の多様を、人間的認識全体における最上位の原則である統覚の統一へともたらす能力以上の何ものでもない（B134f.）」

人間は常に、人間に内在する規則づけの能力に従って物事を認識している。この意味で人間の認識は「自発的」であり、人間以外の主体に還元されるものではない。しかしすでに指摘したように、人間の認識が、人間に内在的な規則に従っているということは、人間の〈能力〉を示すとともに、同時に人間的認識の〈限界〉をも示している。人間は、物事を認識するにあたっては、それを意識するにせよ、しないにせよ、常に自分に備わった規則に従うしかなく、自分の認識の成立根拠を、人間を超越するいかなるものにも求めることはできないということ、このことがここで含意されている。カントが強調するのはまさにこの人間的認識の限界である。

この点で、私たちの物事に対する考え方の違いを「能力派」と「意志派」とに分けるなら、カントは「能力派」に属すと言えるだろう。この場合「能力派」とは、いくら望んでも、その時点で身につけた能力以上のことはできないということを、つまり能力の限界を自覚する思考のことだ。これに対して「意志派」は、経験の根源にあるのは「意志」、「意欲」であり、それが経験を生み出すと言うだろう。この意味で、フィヒテは「意志派」であり、「純粋能動性」という無意識の意志が人間経験の根拠にされている。ここにカントとフィヒテとの根本的な違いが

あるのだ。(11)

(二) 「主体」の「同一性」——経験から炙り出されるもの

「純粋統覚」の同一的作用も、決して人間を超えて、人間経験を支配する、あるいは人間経験を生み出す作用、その意味での「神」のごとき超越的な「絶対的主体」と見なされているわけではない。そのように理解されやすいカントの「統覚」論は、本来的に「人間の有限性」を解き明かす理論であり、そのように読むことによって、はじめてテクストは整合的に解釈できるものとなる。カントは、「統覚」の「同一性」は、諸々の人間経験に即してはじめて、これら経験を可能にしている背景として浮かび上がってくる作用と見なしている。それゆえ、カントにとっては、「現象」を離れた「空間」論が無意味であるのと同じ意味で、「経験」という、「多様なもの」の「総合」作用を離れた「統覚」論は無意味であるし、そのようなものを幾ら分析しても、人間経験は決して明らかにならない。というよりもそれは分析できるような、対象化できるものではない。なぜならそれは「原則」にすぎず、人間の経験はあくまで「直観」と「分別(悟性)概念」との相互関係において成り立っているからだ。「同一性」はあくまで「総合」、すなわちその都度の「経験」を前提し、それによってのみ「思惟」しうるもの、しかしまた、想定せざるをえない「理念」なのだ。

「……直観の内に与えられる多様なものの統覚の、この例外なき同一性は、表象の総合を含み、この総合の意識によってのみ可能である。なぜなら、様々な表象に随伴する経験的意識は、それ自体は分散し主体の同一性との関係を欠くからである。それゆえ〔主体の同一性との〕この関係は、私がそれぞれの表象に意識的に随伴していることによってはまだ生じず、それが生じるのは、私が一方を他の表象につけ加え、これらの総合を意識することによってである。それゆえ、私が与えられた表象の多様を一つの意識の内で結合しうることによってのみ、私はこれらの表象自体の内で、意識の同一性を思い浮かべることができることになる。すなわち、何らかの総合的統一を前提したときだけ、統覚の分析的統一は可能になるのである（B133）」

ここには〈循環〉が生じている。「総合」の意識が「統覚」の統一作用を炙り出すとともに、「統覚」の先行的同一的作用を前提することが、その都度の「総合」（経験）が「私の」「総合」（経験）であることを説明可能にする、というようにである。事実人間は、常にこのような循環の中を動いている。私は、その都度の経験を通して、そしてそれによってのみ、その都度の経験に常に「随伴」し、そしてそのような過去の経験から反省的に浮かび上がる、私の同一性を確認しうる。また同時に、私は、その都度反省的に浮かび上がる、私のその都度の「同一性」意識を、自分の経験の先行的枠組みにすることによってのみ、新たな経験に向かって進みうる。否、経験の〈新しさ〉さえ、この同一性という持続的作用を前提しなければ自覚しえないであろう。しかしまた逆に、その都度の経験の変換こそが、私の同一性の確信を一層確かなものにしてゆくのであり、同一的経験の反復（まったく同じ私への固執）は、むしろ自己の同一性の確信を曖昧にしてしまうだろう。

先の文章における、「何らかの総合的統一を前提したときだけ、統覚の分析的統一は可能になる」というカントの言葉、これは簡単に言えば、「経験」が先であって、自己の「同一性」はこの「総合」、つまり「経験」を「分析」することで、その都度、後から自覚されてくるということだ。

超越論的立場からすれば、「主体の同一性」が「経験」に「先行」する。この「同一性」を「想定」することによって、はじめてその都度の経験は、私の経験となりうること、このことが説明できるようになる。だが、経験の現場に立つなら、話しは逆になる。その都度の経験（「総合」）に即して、その背景としての私という

「自己意識の同一性」ははじめて反省され、経験の背後に想定できるもの、また想定すべきものとなってくるからだ。だからこう言える。

〈経験〉（総合）がその都度〈私の同一性〉（統一）を浮かび上がらせる。

現象経験（直観）の「超越論的条件」である「空間」「時間」と、「経験」との関係も同じである。「空間」、「時間」を抜きにした「直観」や現象把握（「イメージ」認識）は考えることができない。その意味で「空間」「時間」は「直観」の超越論的条件、「純粋直観」と考えざるをえない。つまり、「空間」「時間」は論理的には直観に先行する。だが、経験の現場から考えるなら、逆になる。「空間」、「時間」それ自体は経験できない。だからこうなる。

空間、時間は、経験が生じるたびに、つまりそれぞれの人間が現象（イメージ）を認識するごとに、それの「背景」として浮かび上がり、そのようなものとしてはじめて認識と関わってくる。

それゆえに、「空間」、「時間」に関しても、「主体の統一」としての「私」に関しても、「分析」は「総合」の後なのであり、分析結果をそのままこれからの総合（「経験」）の根拠や守るべき固い基準にすることなどできないのだ(12)。

自我の「同一性」によって、その都度の経験は「私の」経験として相互に連関しうる。同一性はしかし、経験の差異を支配しうるものではない。同一性は、その都度の経験によってのみ炙り出されるものであり、その意味で、「総合」が「統覚の同一性の根拠」だ、と言うことができる。事実カントはそのように考えていた。

「直観の内に与えられたこれらの表象がすべて私に帰属するという考えは、私がこれらの表象を一つの自己意識において一つにする、あるいはそこにおいて少なくとも一つにしうる、ということと同じことを意味する。そして、この考えは、それ自体まだ表象の総合の意識ではないにしても、しかしそれは総合の可能性を前提している。つまり、私は、一つの意識において、表象の多様を把握しうることによってのみ、これらすべてを私の表象と呼びうる。なぜなら、もしそうでなければ、私は、私が意識する表象をもつのと同じだけの、色とりどりの異なる自己をもつことになるであろうから。それゆえ、ア・プリオリに与えられたものとしての、直観の多様の総合的統一が、ア・プリオリに私の限定された思惟すべてに先行する、統覚の同一性、これの根拠なのである（B134）」

人間的自我の〈われ思う〉という同一的作用、これがなければ様々な経験は「私の」経験にはならず、私はばらばらに分裂した存在（「色とりどりの異なる自己」）になる。しかし、あくまで同一的作用は、その都度の「総合的統一」に即してのみ確認されるのであって、それを離れてはまったくの空無でしかない。人間的認識（経験）にとっては「総合」は必然的条件である。だから「統覚」が経験の統一を保証していると「想定」されるとしても、決してそれは経験を支配することはできない。換言すれば、人間的「統覚」（「自己意識」）は決して「直観」を生み出すことはできず、「直観」は常に自己意識に対して「与えられる」ものでしかない。私たちは、「直観」、すなわち人間の「受容性」を「統覚」という「自発性」に還元したり、そこから演繹したりすることはできない。人間的経験は「自発性」と「受容性」との切り離すことのできない相互性から成り立っている、と考えなければならない。ハイデガーが第一版から取り出した有限な人間の有限性の「形而上学」的「基礎づけ」としてのカントの思惟は、第二版でも決して「退却」してはいない。だからカントは繰り返し、経験における「総合」の重要性を強調するのだ。

「ところでこの原則、すなわち統覚の必然的統一は、なるほどそれ自体同一的であり、それゆえ分析的命題であるが、しかしそれは、一つの直観の内に与えられた多様の総合が必須であることをはっきり示しており、この総合がなければ自己意識のかの例外なき同一性は考えられない。なぜなら、単純な表象としての自我によっては、いかなる多様なものも与えられはしないからだ。多様なものは、自我から区別される直観の内でのみ与えられうるのであり、一つの意識における結合によってのみ思惟されうる。自己意識を通して同時に多様なものすべてが与えられるであろうような分別（悟性）、このような分別（悟性）なら直観するであろう。しかしわれわれの分別（悟性）がなしうるのは思惟することだけであり、直観は感官の内に求めなければならない。つまり、私が同一の自己を意識するのは、直観の内で私に与えられた表象の多様を顧慮することによってである。というのも、私は、諸表象をこぞって、一つの表象となる私の表象と呼ぶからである。ところでこのことは、私がア・プリオリに諸々の表象の必然的総合を意識しているということと同じである。この総合が、統覚の根源的総合的統一と呼ばれるのであり、私に与えられる表象はすべてその下にある。しかしそれらも、総合を通して統覚の統一へともたらされねばならないのだ（B135f.）」

私はその都度の「表象」に即して「私」を意識するのであり、「単純な表象としての自我」、すなわち「われ思う」という無規定な作用が幾ら強調されても、それによって「多様なもの」はいささかも与えられることはない。「自己意識を通して同時に多様なものすべてが与えられるであろうような分別（悟性）」とは、「思惟作用」という規則づけの働きがそのまま「直観」を生み出す分別（悟性）、すでに述べたように、〈思ったこと〉がすべてそのまま思い通りに実現できる存在のことである。これは一般的に「神」として表象されている「神的分別（悟性）」である。

カントは、後にまた触れるように、まさにこのような「神的分別（悟性）」と人間的「分別（悟性）」とを明確に分けている。それゆえカントの「超越論的統覚」は決して「神」の如き一切を生み出す「絶対的主体」ではありえない。カントは『純粋理性批判』第二版において、「統覚」を主題化したとしても、有限な人間経験の立場を捨ててはおらず、むしろ第一版よりも徹底して人間経験の有限性を論じている。すでに見た、シェリングの「知的直観」としての「自己意識」の哲学は、カントが批判しようとする神的自己意識としての「絶対的主体性」の哲学に近づいており、これはカントが否定する立場への後退である、と言わざるをえない。ハイデガーのカント解釈も、この点で訂正される必要が出てくる。ハイデガーは、フィヒテ、シェリング的な神的自己意識の起源をカント的「統覚」に見ることで、第二版を第一版に対して「退却」と見なすが、シェリング的自己意識は、カント的「統覚」のかなり強引な解釈、それゆえカントの「批判哲学」の、「自我論」への読み替えによってはじめて可能になったものだと言わねばならない。ハイデガーの『カント書』では、カント哲学が、カント以後のカント受容の枠組みから理解されてしまっているのではないか。

今検討を加えている、有限な人間の経験の超越論的条件としての「統覚」論こそ、ハイデガーが批判する、第二版で新たに書き直された問題の箇所（B129–169）だが、そこで実際に論じられているのは、人間的自我の特殊な有限性なのだ(13)。

人間の有限性の構造を推理するカントの「統覚」論は、哲学を神学にまで高めるシェリング的な「自己意識」論とはあくまでも区別されねばならない。このことは、『純粋理性批判』にさらに検討を加えることで一層明らかになる。

経験的「総合」がはじめて意識の「超越論的統一」を炙り出し、それが経験の「超越論的」条件であることを示すこと、この、経験と超越論的条件の切っても切れない関係を、カントは、まさにシェリングの絶対的自己意識を思わせる、「統覚の総合的統一の原則は、すべての分別の使用の最上位の原則である」と題された、第二版の第十七節において、「線」を引くという行為に即して語っている。この箇所で、先に示した、自己意識の「同一性」と「空間」という超越論的条件が「経験」においてどのような姿を取るかということが語られている。

「第一の純粋な分別（悟性）の認識、これに、他のすべての分別（悟性）の使用は基づいており、またこれは同時に、感性的直観のいかなる条件にも依存していない。この第一の純粋な分別（悟性）の認識、これが、統覚の根源的総合的統一という原則なのである。それゆえ、外的感性的直観の単なる形式、つまり空間はまだまったく認識ではない〔あえて「空間」のみを経験から取り出すなら、それは感性的直観に依存しない、むしろ直観の超越論的条件として、言語的推理能力（すなわち「理性」）の次元で想定されるにすぎないものだからだ〕。空間は、起こりうる認識のために、直観の多様をア・プリオリに与えるのみである。しかし、何かを、例えば一本の線を空間内に認識するには、私は線を引かねばならない、つまり、与えられた多様を特定のかたちで結合することを、総合的に〔経験的に進めて行くというかたちで〕実現しなければならない。それはこういうことである。つまり、この行動（Handlung）の統一〔線を引く過程〕が同時に（線の把握における）意識の統一〔意識がかたちを取ってくる過程〕であり、それを通してはじめて一つの客体（限定された一つの空間）が認識される、ということである。それゆえ、意識の総合的統一は、すべての認識の客観的条件であり、一つの客体を認識するのに、私はこの条件を必要とするというだけでなく、私に対して客体が生じるには、あらゆる直観がこの条件に従わなければならない。というのも、他の仕方では、そしてこの総合を欠けば、多様なものは一つの意識において合一されることはないであろうから（B137f.）」

「空間」は「直観」の可能性の超越論的条件であっても、「線を引く」という経験的行為を通してのみ、「空間」

認識は「限定された」ものとして成立する。同時にまた、意識内在的な「意識の統一」という、「客体」認識の超越論的作用も、「線を引く」という「直観」の多様の「総合」プロセスに即してのみ経験可能となる。線を引く（総合）につれて、線を引いている私の同一性（統一）が照り返されてくる。経験の超越論的条件としての「意識の統一」（「主体の同一性」）と「空間」、および「時間」とは、ともに経験に即して「特定の」「主体」、そして「特定の」「時間」「空間」として経験意識に現れてくるのだ。

しかしそれでも、「意識の統一」の先行性を前提しなければ、一つの対象が一つであるという認識、つまり今引いている線、あるいは引かれていく線が見えているという意識、このような意識や認識の成立は説明できなくなる。その意味で「統一」は、「現象の多様」、それの「総合」とともに、「認識」成立の「超越論的条件」だと考えなければならない。先行的な統一作用がなければ、先に線を引いた箇所と、今引いている箇所とのつながりが失われ、「線」の認識は消失してしまうだろう。線は点の空間的集合の結果なのではなく、時間的な継続的運動プロセスの結果なのであり、線は、意識のこのプロセス的動的統一性に担われて成り立っている。線を点の集合体と見なすのは、この動的プロセスを空間的に抽象した考え方にすぎない。

この点に関して、カントは、第一版の「概念による再認の総合について」と題された節でも、経験に即したかたちで発言している。見ておこう。

「われわれが考えているものが、一瞬前に考えたものとまったく同じものだという意識がなければ、表象系列における〔構想力〕の再生（Reproduktion）はすべて無用になるだろう。なぜなら、今の状態にあるのは、新しい表象〔意識〕であり、それが次々に生み出されるはずの働きにまったく属すものではなくなり、この表象の多様は『ばらばらになって』、いつも一つの全体にはならないであろうから。というのも、この多様なものは、意識のみがそれに与えうる統一を欠くことになるであろうから。数を数えるときに、今感官の前に浮かんでいる単位が、私によって互いに順次つけ加えられたのだということを私が忘れるなら、私は一に一をこのように継続的に加えることによる数量の算出も、それゆえ数をも認識することはないだろう。なぜなら、この〔数という〕概念は、あくまで総合のこのような統一の意識において成り立つからだ。／概念（Begriff）という語〔動詞'begreifen'（「摑む」）からくる〕は、すでに自ずと、今述べたことを理解する手引きになりうるだろう。なぜなら、多様なもの、次々に直観されるもの、そして次にまた再生されるものを、一つの表象へと合一するものこそ、この一つの意識だからである（A103）」

「純粋分別（悟性）概念の演繹について」の節で、第二版が第一版と異なるのは、カントが第二版では「超越論的統覚」を先に置き、この概念の詳しい説明をまず行うのに対して、第一版では、「直観における覚知の総合について（Von der Synthesis der Apprehension in der Anschauung）」、「構想力における再生の総合について（Von der Synthesis der Reproduktion in der Einbildung）」、「概念における再認の総合について（Von der Synthesis der Rekognition im Begriffe）」というように、感性的受容から分別（悟性）の自発性へと順序を追って「総合」、すなわち人間の「認識」（経験）の三つの超越論的概念（「覚知」、「再生」、「再認」）を論じた点である。比較のために、この箇所の章立てを見ておこう。最初が第一版（A版）、次が第二（B版）版である。

〈A版〉

Von der Deduktion der reinen Verstandesbegriffe（純粋分別（悟性）概念の演繹について）

Zweiter Abschnitt（第二節）

Von den Gründen a priori zur Möglichkeit der Erfahrung（経験可能性のための、ア・プリオリな根拠について）

Vorläufige Erinnerung（前もっての注意）

1. Von der Synthesis der Apprehension in der Anschauung（直観における覚知〔把捉〕の総合について）
2. Von der Synthesis der Reproduktion in der Einbildung（構想力における再生の総合について）
3. Von der Synthesis der Rekognition im Begriffe（概念における再認の総合について）
4. Vorläufige Erklärung der Möglichkeit der Kategorien, als Erkenntnissen a priori（ア・プリオリな認識としての、カテゴリーの可能性の前もっての説明）

Von der Deduktion der reinen Verstandesbegriffe（純粋分別〔悟性〕概念の演繹について）

Dritter Abschnitt（第三節）

Von dem Verhältnisse des Verstandes zu Gegenständen überhaupt und der Möglichkeit diese a priori zu erkennen（分別〔悟性〕のあらゆる対象への関係、および、これらの対象をア・プリオリに認識する可能性について）

Summarische Vorstellung der Richtigkeit und einzigen Möglichkeit dieser Deduktion der reinen Verstandesbegriffe（純粋分別〔悟性〕概念のこの演繹の正当性と、唯一の可能性についてのまとめ）

〈B版〉

Von der Deduktion der reinen Verstandesbegriffe（純粋分別〔悟性〕概念の演繹について）

Zweiter Abschnitt（第二節）

Transzendentale Deduktion der reinen Verstandesbegriffe（純粋分別〔悟性〕概念の超越論的演繹）

§15 Von der Möglichkeit einer Verbindung überhaupt（結合一般の可能性について）

§16 Von der ursprünglich-synthetischen Einheit der Apperzeption（統覚の根源的‐総合的統一について）

§17 Der Grundsatz der synthetischen Einheit der Apperzeption ist das oberste Prinzip alles Verstandesgebrauchs（統覚の総合的統一の原則は、すべての分別〔悟性〕使用の最上位の原理である）

§18 Was objektive Einheit des Selbstbewußtseins sei（自己意識の客観的統一とは何か）

§19 Die logische Form aller Urteile besteht in der objektiven Einheit der Apperzeption der darin enthaltenen Begriffe（すべての判断の論理形式は、判断に含まれる諸概念の統覚作用が客観的統一体であることにおいて成り立つ）

§20 Alle sinnlichen Anschauungen stehen unter den Kategorien, als Bedingungen, unter denen allein das Mannigfaltige derselben in ein Bewußtsein zusammenkommen kann（すべての感性的直観は、条件としてのカテゴリーに従っており、この条件に従うことによってのみ、直観の多様はまとまったかたちで一つの意識に入ってくることができる）

§21 Anmerkung（注）

§22 Die Kategorie hat keinen anderen Gebrauch zum Erkenntnisse der Dinge, als ihre Anwendung auf Gegenstände der Erfahrung（カテゴリーは、経験の対象へのそれの適用というかたちで物の認識に使用される以外にない）

§23

§24 Von der Anwendung der Kategorien auf Gegenstände der Sinne überhaupt（あらゆる感官の対象への、

カテゴリーの適用について）

§25

§26 Transzendentale Deduktion des allgemein möglichen Erfahrungsgebrauchs der reinen Verstandesbegriffe（純粋分別〔悟性〕概念の、一般に生じうる経験への使用の、超越論的演繹）

§27 Resultat dieser Deduktion der Verstandesbegriffe（分別〔悟性〕概念のこの演繹の結果）

Kurzer Begriff dieser Deduktion（この演繹の要約）

この構成の違いから分かるのは、第一版では、最初に、「経験可能性のための、ア・プリオリな根拠について」という言葉が掲げられていることからも予想されるように、この節は、カテゴリーの純粋な理論的「演繹」にとどまらずに、「経験の根拠」を解明するために書かれたということだ。これに対して、第二版では「根源的（＝超越論的）統覚」という「主体の同一性」概念が「前景化」し主題化された印象を与えることになったように見える。ハイデガーも『カント書』においてこの点を批判的に論じている。『カント書』を書いた時期のハイデガーにとっては、人間「経験」の有限性の形而上学的構造論が、つまり人間経験は絶対的に有限であるということの哲学的基礎づけが最大関心事であった。だからハイデガーからすれば、「構想力」を中心に置く第一版が第二版より重要であり、第二版はこれに対して、「主体」の「同一性」が主題になり、「構想力」の意義が「退却」したように見えた。デカルトの「われ思う、ゆえにわれあり」という、「自我」を中心に据える、「近代主体性の形而上学」の伝統へと、第二版は「退却」したように見えたわけだ。

だが別の理解もできる。この節は、タイトル自体が示すように、「純粋分別（悟性）概念の演繹」が主題であり、直観の多様とそれの総合、そして「再認」という、認識一般の構造が主題ではない。したがって、カントは、「純粋分別〔悟性〕概念」を純粋に分析し論じる上で、「直観の多様」や「構想力」という、外部に関わる能力よりも、最も重要な「意識」の内在的法則それ自体に読者の目を向けさせねばならない。このために第二版では、最も難解な、しかし「純粋分別〔悟性〕概念」がそこにおいて成り立つ、「超越論的統覚」について、まず詳しく語っておかねばならなかった。実際「直観」の成立に関しては、カントはすでに「超越論的感性論」で論じているし、「構想力」に関しては、同じ「超越論的分析論」の次の章、「諸原則の分析論」の「図式」論で詳しく論じられる。だからここで「構想力」を詳しく論じ、また、経験の成り立ちの構造を改めて論じる必要はないことになる。このためカントは第二版のこの節では、「構想力」については、後回しにして、第十五節から第二十七節までの区分の内の、第二十四節ではじめて言及する。「Von der Anwendung der Kategorien auf Gegenstände der Sinne überhaupt〔あらゆる感官の対象への、カテゴリーの適用について〕」と題された箇所である。

それとともに私たちが常に銘記しておかなければならないのは、『純粋理性批判』の主題は「主体の同一性」の基礎づけでもなければ、人間的認識の基礎づけでもない、という点である。そうではなく、この書が目指すのは、人間的認識の限界を明らかにし、理論理性がそれを踏み越えないようにする理論、それゆえ批判的知識論、その意味での批判的科学論の徹底的な遂行なのだ。その意味でこの書は、ハイデガーが求めるような、有限な人間の「形而上学」ではなく、もしそのようなものがあるとすれば、その準備である。

いずれにしても、これまで見たように、第二版においても、「超越論的統覚」としての「自我」の「統一」は、他の契機、つまり「直観の多様」、「総合」に対して、すべての経験の根拠として、突出したかたちで取り上げられてもいなければ、ましてや「実体化」などまったくなされていない。それはあくまで、経験成立の超越論的背景として「想定」される概念にとどまっている。

(三) カントの「超越論的統覚論」——そのラディカルな近代性

私は、カントの「超越論的統覚」としての「主体」概念は、人間の「有限性」を明らかにするための概念であることを指摘し、この概念を繰り返し「背景」、あるいは「超越論的背景」と呼んできた。このことを踏まえて、カントが「超越論的統覚」としての「主体」概念を論じることで、何を言おうとしたのかをもう一度振り返りながらまとめておこう。

「主体」概念が「超越論的背景」だということは、言葉を換えれば、超越論的「主体」としての「私」は、私たちのその都度の経験には現れない、経験の「絶対的背景」だということだ。私の経験にはいつも「私」の意識(「自己意識」)がつきまとっている。しかし、この「自己意識」そのものは、「この特定の私」として決して経験することなどできない、経験のたびにそれに伴って浮き上がってくるものでしかない。このことが意味するのは、「自己意識」としての「私」とは、私が経験をいくら積んでも、それによって埋め尽くすことなどできないし、どのようにしてもしっかりと摑むことなどできるものではない、ということだ。

「私」というものが、このように、経験には決して摑むことのできない、しかしながら常に経験に「随伴」する経験の背景だと考えることは次のことを意味する。

第一に、それは、私は生きている限り、経験に対して無限に開かれているということ、言い換えれば、これで終わりというような絶対的な経験の目標など立てられず、「私」はその都度新たに経験をし直すしかないということを意味する。それゆえ「私」とは、いくら経験を積んでも経験を逃れてしまう、しかしそれがなければ経験という前景が成り立たない背景、あるいは一切の私の経験を飲みこんでしまう無限の穴、いくら努力しても、決して埋め尽くすことのできない穴だということを意味する(実際ヘーゲルは「自我」を「暗い穴(der nächtige Schacht)」と呼んだ。まさに「私」はブラック・ホールなのだ。この点については、岩城一九九七参照)。

カントのこのような「超越論的統覚」概念に関して、その理解という点では、西田幾多郎の中期思想における「場所」論は、一つのすぐれた理解を示すものだと言えるかもしれない。西田は、「自我」を、一切の経験がそこにおいて成り立つ「場所」と見なし、「場所論」を展開した。このとき西田はこのような「自我」としての「主体」を、「超越的述語面」という独特の用語で説明しようとした。つまり「主体」とは、一切の「述語」、つまり経験内容が、そこにおいてはじめて成り立つ、述語を超えて述語を可能にしている「場所」、すなわち「背景」と見なした。実際西田はしばしば「背後」という用語を用いている(14)。

第二に、このように「絶対的背景」として「私」を理解することは、「私」というものは、経験を抜きにしていくら捜そうとしても、そこには何も見つからないということを意味する。だからカントは、「分析」は「総合」の「後」だと言ったのだ。経験の前に、「私とは何か」を確かめ、分析しようとしても、そこに出てくるのは、それまで経験した事柄の回想でしかないのであって、私それ自体の明確な確認など決してできはしない。なぜなら「回想」を可能にしているのが「穴」としての「私」だからであって、このような「私」は、「回想」という「経験」によって埋めることなど決してできないからである。このような私捜しはそれゆえ、いくらあがいても、それまでの狭い経験の「回想」の、退屈な堂々巡りに終わるしかない。しかも「私」は、それが退屈な堂々巡りであることを知っている。それもまた私の経験だからだ。

第三に、これが最も重要な点だが、「私」とは、私のその都度の経験（前景）の「絶対的背景」だということは、私は、私の行ったことに対して、何時もそれを「私の」行為として責任を取らねばならないし、また、取らざるをえない、ということを意味する。だから「私」をどう考えるかということは、倫理的意味をも含んでいる。今、「私」としての「自己意識」を、私の経験の「絶対的背景」だと考えることは、人間の一人一人が自己の経験に対して責任を取るということ、それゆえ私の経験を離れたものに私を委ねることも、また逆に、他人を絶対的に支配することも決してできない、ということ、このようなきわめて新しい人間観が呈示されていることを意味する。

この立場に立つなら、自我の基礎づけなどできないし、ましてや「他者」の基礎づけなどできるはずもない、ということになる。基礎がないということ、これがそれぞれの「私」の基礎だからだ。それゆえ「自我論」とともに「他者論」も崩壊する。「自我」も「他者」もそれぞれが経験のたびに、いかなるものにも還元できない「私」として、その都度かたちを取ってくる、可変的なものだからだ。したがってまた、いかなる共同体（間主観的世界）であれ、それがいかに強い宗教的信仰や政治的信念に支えられているとしても、それは絶対的共同体にはなりえない、ということになる。もし特定の共同体が「絶対的なもの」ということになれば、それの実現のために義務を負うものは、何をしてもよいという、恐るべき世界が生じるだろう。そしてそれは実際に何度も生じてきたし、今も繰り返して生じている。

「共同体」が、「私」以前に絶対的なものとして存立していると信じられている世界では、「主体」の「自己意識」など出てくることはないだろう。そこでは「共同体」の掟に身を捧げることが「私」が「私」であることの確信を形成するからだ。それゆえ、アンティゴネーは、家族という遠い過去に由来する掟に従って兄ポリュネイケスを弔うことが、私が私として責任を取ることそのものであったし、またテーバイの王、クレオンは、共同体（ポリス）の掟に従って、敵であったポリュネイケスを死体のまま路上に曝しておくことが、共同体の長としての自己の主体性を実現すること、自己が自己を実現する証だったのだ。「悲劇」という芸術はその地盤をこのような、個々の自己意識を超えた共同体世界に見出す。ヘーゲルが「美学」で指摘するように、「悲劇」は近代世界では地盤を失わざるをえない。というのも、近代的主体にとっては、共同体は相対的なものにすぎず、それを絶対的なものと見なしてそれに摑みかかったり、それを自分の後ろ楯にすることは、滑稽でしかないからだ。

「共同体」もまた、本来的には、その都度のそれぞれの「私」のあり方、その都度の人間の経験に即して、姿を変える、絶対的に相対的なものなのだ。カントはここから共同体の可能性を考えようとしている。カントの生きた時代に置き直すなら、この思想がいかにラディカルな近代的主体性の思想であったかが分かるだろう。

「近代的主体性」の思想とは、一切の根底に「主体」を置く思想だと、ひとまずは言えるだろう。しかしこの場合、この思想は、「主体」を、経験によって確かめることなど決してできない、それゆえ基礎づけることのできない経験の絶対的背景と見なす思想、したがって、経験には絶対的基礎も目標も前もって与えられてはいないと見なす思想なのだ。そのような「主体」が意識されることで、主体の「不安」も出てくることになる。この「不安」は、自分が決して前もって与えられた、自分以外のものに根拠を置くことができない、ということ、しかも幾ら努力しても、確実な自己には到達できないということを、感情の次元でぼんやりと感じはじめたときに生じてくるものだ。

これを今日流の、やや深刻めいた言葉で表現するなら、「私（主体）」と、私が実際に生きている「私の経験世界」（経験的私）との間には、埋めることのできない「溝」、あるいは「裂け目」（「存在論的差異」）が永遠に横たわっている、ということになろう。

しかし、このような、超越論的自己意識としての私と、経験的主体としての私との関係を、「溝」や「裂け目」や「亀裂」、あるいは「存在論的差異」といった用語で言い表した途端、この思想はなお、キリスト教的、あるいはそうでないとしても、何らかの神学的伝統に絡め取られた思想であることを露呈する。この用語によってすでに、「経験的な私」は、決して到達できない「超越論的」私に対して、原罪を負わされた存在、病める主体として表象される（＝思い描かれる）ことになる。このときこの用語を用いて語る思想家は、どう言い訳をしようとも、自分は病める主体の救済者（＝恫喝者）という、疑わしい位置に自分を置いてしまっているのだ。

だが私たちは、「溝」や「裂け目」や「亀裂」といった言葉を深刻に受け取る必要などまったくない。むしろ、「超越論的統覚」としての「私」に到達できないのは当然のことであって、このような超越論的「主体」（私）の絶対的無規定性のゆえに、そしてそれを自覚することではじめて、私たちは常に経験に対して開かれている、と考えることができるようになるのだ。

以上のようなかたちで、カントは「超越論的統覚」としての「主体」を、人間経験の不可欠の契機として「想定」していた。しかも、カントはあくまで経験の次元にとどまって、それを論じていた。これが私（筆者）の理解である。この理解に従うなら、ハイデガーの『カント書』におけるカント批判は、必ずしも的を射たものではなく、反論の余地を多く残している、ということになるだろう。カントは第二版で人間の「有限性」の哲学の点で「退却」してはおらず、より洗練されている、と言うことができる。

いずれにしても、今見てきたような、「超越論的統覚」を想定し、それの経験への関わりを理論的に考察した上で、カントは「純粋分別（悟性）概念の演繹」に向かう。

四 再確認——分別（悟性）概念としての「カテゴリー」（「理性概念」）としての「言語・記号」との差異

「統覚」論に続く「カテゴリー論」に簡単に触れておこう。私たちの経験を成り立たせる規則、これが「カテゴリー（Kategorie）」である。すでに見たように、私たちの経験はすべて、意識的にせよ無意識的にせよ、諸々の「カテゴリー」を「直観の多様」に適用することによって成り立っている。それをカントは、第二版でも論じている。第二十節の表題は次のようになっていた。

「すべての感性的直観は、条件としてのカテゴリーに従っており、この条件に従うことによってのみ、直観の多様はまとまったかたちで一つの意識に入ってくることができる（B143）」

「カテゴリー」、それは先に「概念」、「純粋分別（悟性）概念」と呼ばれたものである。ここでも「カテゴリー」は、認識を形成する「機能」、「多様なもの」を一定のかたちをもったものとして規則づける「判断機能」と見なされている（*ibid.*）。

諸々のカテゴリー（純粋概念）が、相互の必然的連関によってのみその「機能」を全うできることも、改めて強調されている。「多様なもの」の「総合」が適切か否か（一定の規則に合っているか否か）の「判断」は、一定の「規則」と他の「規則」との連関においてのみ、すなわち「諸規則」の「統一」（システム）を前提することによってのみ意味を得る、この先に見たことがここでも強調されている。

ここでもう一度、カント哲学における「カテゴリー」と「言語・記号」との差異と関係とを整理しておこう。この双方の取り違え、あるいは一方の他方への還元によって、人間の経験理解は歪んだものになり、これを批判することがカントの『純粋理性批判』の主題だからだ。

カント的意味での「カテゴリー」は、「純粋分別概念」という「超越論的概念」であり、「経験的概念」ではない。それゆえ単なる「言語」や「記号」ではない。したがってカントの超越論的「認識論」は、言語論や記号論に還元することはできない。言語哲学や記号論からのカント理解は、カント哲学の意義を汲み尽くすことはできず、またそれらのカント批判も完全なものにはならない。この点は、「言語論的転回」を経験した今日の議論において十分注意しておく必要がある。

H・ペッツォルト（Heinz Paezold）は『現代美学』において、K・O・アーペルやCh・パースの言語哲学に基づき、カントの「意識哲学」を批判する。彼はアーペルを引き合いに出しつつ、カントにおける「統覚の超越論的総合」は、「言語」という「媒体」の中を「動く」こと、そして「すべての……主観客観関係は、言語を通して与えられる間主観性の関係に根づく」ことを指摘し、「認識する意識は、言語的間主観性の深い次元に結びつけられている」と語る(15)。

確かにカントの思惟は「言語」に媒介され、「言語」によってのみ実現されうるし、日本語に翻訳されたときには、日本語という言語が通用する間主観的世界でのみ理解されうる。「超越論的統覚」という、経験しえない経験の先行的条件さえ、言語で表現されることによって、そしてこの言語が通用する言語的間主観性(共同体)においてのみ議論の対象になりうる。また先に指摘したように、言語は人間の経験の深部に浸透し、人間の知覚方式や「想像力」をも規定している。その意味で言語共同体、およびそれの歴史性への反省を欠く思惟は、今日ではあまりに素朴なものでしかない。

しかし、『感性論』ですでに簡単に指摘しておいたが、私たちが言語を習得しうる、また特定の事柄を特定の言語で名指し、他の事柄から区別しうる、ということは、言語的間主観性が私たちの思惟の「根」となっているということからは、決して明らかにならない(岩城二〇〇一d)。

共通の言語世界に属すことが、そのままその言語を語りうること、すなわち一つの共同体の所有する諸々の言語の差異を識別しうることの保証には決してならないからだ。確かに言語や記号は、私たちの経験の多くの部分を規定しており、言語への反省をおろそかにすることはできない。しかしだからといって、私たちの経験がすべて言語に還元でき、またそこから説明できるわけではない。むしろ、言語を「連関」をもったものとして習得でき(またそうでなければ言語は意味をもちえない)、また言語を適切にこの連関を前提しつつ使用できるのは(そうしなければ言語は他人に理解できない)、あるいはより根本的に、言語が一定の「規則」をもった連関(「システム」)として私たちに前もって与えられていると言える(実際私たちは暗黙の内にこれを承認し、それゆえ安心して議論できる)のは、言語行為の底で、これらの「共通の連関」(間主観性)を可能にしている超越論的作用(経験に先行する働き)が、私たちのそれぞれの内に働いていると見なければならない。カントの「カテゴリー」は、このような、言語や記号という「経験的概念」の「機能」をも可能にする機能の機能（機能を可能にしている機能）、概念の概念（概念を可能にしている概念）であり、それに則ることで、はじめて言語や記号は人間の認識を動かすものになりうる。カント的「カテゴリー」は、言語論をも人間的認識を解明するための一つの契機として含むような、言語よりも深く広い次元で「機能」していると解さねばならない。

「カテゴリー」の次元が言語よりも「深い」というのはどういうことか。言語の差異、例えば最も単純なアルファベット、AとBとを取り上げてみよう。この二つの文字の差異さえ、私たちが視覚的に線の方向や分節の差異、すなわち直線と曲線との形象的（イメージ的）差異、その組み合せの差異を知覚ができることによってはじめて識別し習得できるし、聴覚的にも「エイ」と「ビー」、あるいは「アー」と「べー」との音声上の差異を知覚できることによってはじめて、私たちはアルファベットの差異を識別し習得できる。言語の差異の識別は、そしてこのような差異の識別によって成り立つ言語的経験は、本来的にこのような、感覚的に知覚される形象（イメージ）の差異の経験に基づいている。言語的表現作用よりも深い次元で、人間に共通の感覚的知覚的差異化の規則（「カテゴリー」）が働き、言語的経験を支えている。

では、「カテゴリー」の次元が「言語よりも広い」というのはどういうことか。再びアルファベットを取り上げてみよう。感覚的知覚レベルでの差異の識別が共通であるがゆえに、人間は、アルファベットに慣れ親しんだ言語共同体の一員でなくても、それに慣れ親しんだ者と同じように、Aを一定の直線の組み合わされたAという形象（イメージ）として見、そして「エイ」を「エ」と「イ」という音声の差異の組み合せとして聞くことができ、この差異の識別によって、私たちは原則的に外国語を習得しうる。

外国語を習得しうること、このことは、人間が、一定の閉ざされた言語共同体を超えて、身体レベルで「多様なもの」を分節し、まとめる共通の構造を有していることを証示している。言語表現を介した言語経験は、言語の差異を他人も同じように識別しうるという確信に支えられて成り立っている。もしこのような共通性への暗黙の信頼がなければ、私たちは言葉を他人に伝えたり教えたりすることへの希望さえ失ってしまうであろう。しかし私たちは、アルファベットを用いる言語共同体に属さなくても、現実にAをAというかたちをもったものとして、BはAとは異なるものとして共通に識別しうるし、さらにこの同じAを、「エイ」と発音されている場合は「エイ」と、「アー」と発音される場合は「アー」と聞き取ることができ、だからこそ例えばこれらの音声の差異から成り立つ言語、例えば英語、フランス語、ドイツ語を聞き分け、また読み分けることができる。身体レベルでの分節機能としての「カテゴリー」の共通性は、人間が、一定の言語共同体に閉ざされない、それを超えた共通の経験に開かれた存在であること、自己の経験を絶えず相対化し、他者と共通の場に立ちうる存在であることを保証している。

確かに私たちは、その都度自分たちの能力の及ぶ範囲での言語的間主観性の中で物事を経験し、また経験の意味を語り合うしかない。だからときとして人間は、自らの言語を他者に強制的に押しつけようとしてきた。しかし、限定された言語的間主観性の限界を乗り越えて経験を広げる可能性は、そのことによっては決して否定されはしない。私たちはそれぞれの内に、限定された言語世界を超えて他者と交わる可能性を本来的に宿しており、この可能性を支えるのが、決して意識的に壊したり排除したりしようとしてもできない、「カテゴリー」の働きの共通性であり、それへの暗黙の信頼なのだ。身体的知覚的レベルでの分節の共通性のゆえに、人間は言葉が理解できない場合でも、言語的間主観性を超えて、身振りや表情によって、あるいは踊りの輪に加わったり、音楽のリズムに合わせてともに体を揺すったり、描いたイメージを見せ合うことによって、意思疎通ができる。いわゆる芸術と呼ばれる営みも、このような次元で共通の場を開き伝播してゆくのであり、決して言語で汲み尽くせるものではない。

(五) 感性的認識構造の共通性——第一批判と第三批判との関係

このように、カント的意味での「純粋分別（悟性）概念」としての「カテゴリー」は、「言語」で汲み尽くせるものではない。それは人間的認識を可能にする、〈多様なものを分節し限定する規則〉、〈物事の捉え方の規則〉であり、「カテゴリー」とは、言語の差異の識別さえ、それによってはじめて可能になるような、感性的身体的分節の内在的な規則という意味での「概念」なのだ。

したがって、「主観客観関係は、言語を通して与えられる間主観性の関係に根づく」、「認識する意識は、言語的間主観性の深い次元に結びつけられている」と主張するペッツォルトやアーペルに対し、私たち次のように言うことができる。

言語は、感性的身体的レベルでの分節規則に、その意味で特定の言語共同体を超え出ることのできる人間共通の身体性に根づく。

この次元に立つことによって、はじめて「感性的な判断」の、「概念的判断」には還元しえない意味は明らかになる。カントの「認識論」を「言語論」に還元するなら、『判断力批判』において展開される「直感的判断力（ästhetische Urteilskraft）」の特有の意味は抹消され、第一批判と第三批判との必然的関係は理解不可能になる。

もちろん、視点を変えるなら、「言語」の方が、「分別（悟性）」の「諸カテゴリー」よりも「深く」、「広い」、とも言いうる。私たちの経験に内在的に働く「機能」としてのカテゴリーに比べ、「言語」は経験を超えた広く深い世界を、言語的には矛盾なく、指示しうるからだ。そのような言語特有の存在によって、私たちは経験を超えた世界に思いを馳せることができる。それは言語的世界、言語によって想定可能になった世界である。

このように、「カテゴリー」のシステムによって成立する現象経験（「認識」）と、理性概念（言語・記号システム）によって成立する世界とは、その広さに関しても、深さのに関しても、必ずしも重なり合うものではない。この二つの世界の差異をはっきり意識しておくこと、これが認識の「客観性」を論じるときの基本条件だ。この基本条件をしっかり目にとめて「認識」における「誤謬」、つまり、誤った認識を真理と見なす誤謬を防ぐこと、これが、カントが『純粋理性批判』に与えた課題なのだ。カントがこの書で繰り返し強調し、警告を発するのは、言語的「思惟」と経験的「認識」との混同をしてはならない、という、この一点に尽きると言っても過言ではないだろう。それだけこの「混同」が頻繁に生じるということでもある。第二十二節でも、カントはこのことに触れている。

「§ 22 Die Kategorie hat keinen anderen Gebrauch zum Erkenntnisse der Dinge, als ihre Anwendung auf Gegenstände der Erfahrung（カテゴリーは、経験の対象へのそれの適用というかたちで物の認識に使用される以外にない）

対象を思惟すること（Denken）と、対象を認識すること（Erkennen）とは同じではない。つまり認識には、二つのものが必要である。まず概念、それによって対象はすべて思惟される（カテゴリー）。そして第二に直観、これによって対象が与えられる。なぜなら、概念に、それに相関する直観がまったく与えられることができないとすれば、このような概念は、かたちの上では一つの思想ではあろうが、しかし、いかなる対象ももたず、それによっては何らかの事物のいかなる認識も不可能だろう。なぜなら、私の知る限り、〔このときには〕私の思考が適用されうるものは何もなく、また、ありえないからだ。……諸カテゴリーは、専ら経験的直観へのそれの可能な適用による以外には、直観を介しても、いかなるものの認識も、われわれに提供することはない。つまり、カテゴリーが役立つのは、ただ経験的認識の可能性に対してだけである。しかし経験的認識こそが、経験と呼ばれるものなのだ。だから、カテゴリーは、物が生じうる経験の対象として受け取られる限りで、その限りでのみ、物の認識に使用されるのであり、それ以外の物の認識に使用されるものではない（B146f.）」

「認識」、それも単に日常的経験における「認識」だけでなく、科学的「認識」に関する、カントの基本的な考え方がここに明瞭に示されている。「経験的認識」、つまり「経験」という点からすれば、日常生活における認識と、科学的認識との守るべき事柄は同じである。「思惟」、すなわち「概念」のレベルで矛盾のない理論でも、この概念に「相関する直観」が与えられないときには、この理解はまだ単なる「仮説」にすぎない。この「仮説」が問題なく「経験的直観」（見たり聞いたりする私たちの働き）に「適用」され感覚的に確かめられたとき、このときはじめて、この「仮説」（概念的理論）の整合性は、「経験的認識」の次元での正当性が保証される。だから概念的「思惟」に矛盾がないからといって、それがそのまま経験の客観的事実として、経験の現場で確認されないまま主張されるなら、それは「空論」のまま終わる。またそのような概念が、無理やりに経験に当てはめられ、また経験できる真理だと主張され、こっそり経験が偽造され、歪曲されるなら、このときには、「理論」（概念による、経験世界の成り立ちへの単なる推論）が、つまり前もって思い込まれた結論が、無理やり暴力的に経験に当てはめられてしまい、私たちの経験を間違った方向へと向かわせることになる。これは、すべての科学の倫理に関わる問題なのであり、『純粋理性批判』はまさに、このような「倫理」の問題と深く関わっている。

ところで、今見てきたように、概念的「思惟」と、「経験的認識」とは異なるということ、すなわち、言語・記号的思惟と、「カテゴリー」による認識とは必ずしも重なり合うものではないということ、このことをカントは語っていた。

ここから言えるのは、カントが、言語・記号世界で成り立つ真理とともに、経験内在的なカテゴリーの次元で成り立つ真理、感性的世界における特有の真理をも知っている、ということである。言い換えれば、カントは、「言語」の次元においてではなく、「カテゴリー」の次元で、すなわち頭（概念）ではなく心（感情）の次元で成り立つ、「普遍性」、その意味で、感情の次元、まだ概念にならない感性的経験の次元での、人間共同体の可能性を知っている、ということだ。なぜなら「真理」は他人と共有されなければ「真理」ではないからだ。カントがそのことをはっきり呈示するのは、『判断力批判』においてである。(16)

「趣味は、健全な分別（常識）（der gesunde Verstand）以上に共通感覚（sensus communis）と呼ばれうる権利をもつ。人が感覚（Sinn）という語を、心情への単なる反省の結果に関して用いたいと思うなら、知性的判断力（die intellektuelle〔Urteilskraft〕）よりもむしろ直感的判断力（die ästhetische Urteilskraft）の方が、共同体的感覚〔gemeinschaftlicher Sinn〕という名称をもちうる。というのも、その場合感覚（Sinn）ということで理解されているのは快の感情だからである。それどころか趣味は、概念の媒介なしに、ある与えられた表象についてのわれわれの感情を、普遍的に伝達可能（allgemein mitteilbar）にするもの、これを判定する能力と定義できるであろう（*KdU* 160）」

「趣味」（「直感的判断力」）の動く場面、それは、「多様なもの」（「感覚」）が、整えられ（「総合」され）、特定の規則（カテゴリー）に叶ったものとして意識に対して現れるときの、この現れの場面である。この現れ方が「見事（schön）」か否かを判定する能力、これが「直感的判断力」（「趣味」）だ。それは、「特定の認識」の可能性の超越論的条件としての、「多様なもの」と「カテゴリー」との関係が成り立つ場、つまり「経験概念」以前の、「感覚」（感情）という場に関わっており、それゆえ「知性的」（経験的概念的）な「判断力」以上に、それよりも深く広い次元で「共同体」の可能性を開くものとなろう。「美」は、決して単なる感覚的快感でもなければ、あらかじめ存在する形而上学的真理（概念）の模像（Abbild）でもない。「美」とは、人間経験が成り立つ場面、「多様なもの」（「直観」）と、それが取りまとめられ限定されたかたちを取るときの「カテゴリー」（「分別」）との、「主観における適切な比例」（das schickliche subjektive Verhältnis）、この比例への「快」感情の述語なのである。カントはまた、『判断力批判』第八節の冒頭で、「趣味判断」の「普遍性」への問いが、「超越論的哲学者」が人間の認識の成り立ちを解明するための重要な課題であることを指摘していた。

「趣味判断において出会われる直感的判断の普遍性の特殊な規定、これはなるほど論理学者にとってはそうではないが、しかし超越論的哲学者にとっては注目すべきことである。すなわちこれは、この普遍性の起源を発見するために少なからぬ苦労を彼に求めるが、しかしその代わりに、この分析がなければ知られないままに終わったであろう、われわれの認識能力の、一つの性質を明るみに出しもする（*KdU* 21）」

カントの『純粋理性批判』は、明らかに『判断力批判』と連携している。それゆえ「感性論」にとって『純粋理性批判』の解釈は大切な課題になる。「判断力」は、「分別」、「理性」と並ぶ「上級認識能力」として、人間の認識能力に独自の場所を占める。しかしまた「判断力」は、独自の場を占めつつ、他の認識能力と密接な関係を保つからだ。

『純粋理性批判』において、カントは、「判断力（Urteilskraft）」についても興味深い発言をしている。この点についてもかつて指摘したが（岩城二〇〇一d、一二九頁以下）、ここでもう一度まとめておく。

㈥ 「判断力」というセンス

「判断」が「分別（悟性）」（規則づけの能力）、すなわち、「多様なもの」をまとめる能力だとすれば、「判断力」は、この規則（まとめ方）の正当性を判定する能力である。「判断」は、私たちが何かを認識するとき、「知覚」の次元においてさえ、常に働いている。私は「判断」が働くことで、何かを何かとして経験している。しかし、多くの判断ができても（すなわち規則をたくさん知っていても）、それを適切に使用できない「分別（悟性）」もありうる。「判断力」とは、規則の使用の適切さ（「分別（悟性）」の「直観」への働き方）を判定する能力である。カントは「分別（悟性）」と「判断」とをほぼ同一のものと見なし、これに対して「判断力」を特殊な能力と見なす。

「すべての判断は、われわれの表象の下での統一の機能（Funktionen der Einheit unter unseren Vorstellungen）である。つまり、直接的表象の代わりに、この表象と、より多くの表象とを自己の下に捉える一層高い表象が、対象の認識には使用され、それによって、多くの生じうる認識が、一つの認識の内で取りまとめられる。われわれはしかし、分別（悟性）の働きすべてを判断に還元できるので、分別（悟性）はおしなべて判断する能力だと考えてよい（A69, B94）」

「分別（悟性）」の働きとは、「判断」作用である。だからあらゆる経験の場面で「判断」は働いている。と言うより「判断」（「直観」への「概念」、すなわち「カテゴリー」の適用という作用）が働かなければ、経験は成り立たない。このような「判断」と、「判断力」とは区別される。「判断力」に関しては、「超越論的分析論」第二章、「原則の分析論」の冒頭の「導入」の箇所で論じられている。この「導入」部は、「超越論的判断力一般について」と題されている。

「分別（悟性）がおしなべて規則の能力（das Vermögen der Regeln）と見なされるとすれば、判断力（Urteilskraft）とは、規則に包摂する（subsumieren）能力、すなわち、あるものが与えられた規則に従う（*casus datae legis* 与えられた規則の事例である）か否かを区別する能力である（A132, B171）」

私たちは「規則」を教えたり学んだりすることはできる。しかし学んだ規則を適切に使用することは、教えることができない。これには特殊なセンスが要る。「判断力」も「超越論的」能力と見なされているのだ。しかも、「判断」と「判断力」とは同じではない。だから幾ら熱心に学習し、多くの規則を覚えても、まったくつまらない作品しか作れない場合や、テクストの解釈が退屈な場合、あるいは物事の判定に失敗する場合が多々ある。「杓子定規」という表現もある。規則が特定の枠組みでしか使用できず、現象の豊かさが削ぎ落とされてしまうような「分別（悟性）」の働きがこれである。日本語で「分別《ふんべつ》臭い」という表現も、規則の使用の頑固さへの非難である。そこにあるのは「判断力」の拙さである。これはしばしば「滑稽」の対象になる。ベルクソンはこれを、精神の柔軟さを失った「機械的なこわばり（raideur de mécanique）」として取り出した[17]。

カントは「判断力」を特殊な「才能（Talent）」、意志的に自由にできない、それゆえ、経験に先行的に働いてしまう作用と見なしている。彼はユーモアを交えつつ「判断力」について語っている。

「……なるほど分別（悟性）は諸々の規則によって教えたり武装したりできる。しかし判断力は特殊な才能（Talent）であり、この才能は、まったく教えられず、訓練されるしかないと言われる。したがって判断力はいわゆる生まれつきの才知（Mutterwitz）という特殊なものであり、この才知の欠如は学校では補えない。なぜなら、学校は狭い分別（悟性〔＝知識〕）に、諸々の規則を、他の見解から借りてきてたっぷりと授け、言わば詰め込むことはできる。しかしそれにもかかわらず、それらの規則を正しく使用する能力の方は、生徒自身にかかっており、そういった意図で彼に規則を指示したいと思っても、そのような生来の才能が欠けていれば、どんな規則も誤用の恐れがないとは言えないからである。* したがって、医者や裁判官や政治学者が、見事な病理学上の、法律上の、または政治上の規則をたくさん頭に入れていて、この点で根っからの教師になりうる程度にあるとしても、それにもかかわらず規則の適用となるとすぐに過ちを犯すことがあるであろう。その理由は、彼に〈分別〈悟性〉〔＝知識〕は欠けていなくても〉自ずと働く判断力〔natürliche Urteilskraft〕が欠けていて、なるほど一般的なものを抽象的に理解することはできるが、しかしこの一般的なものに一つの例が具体的に帰属するか否かを判別できないからであるか、あるいは、彼が諸々の事例や実際の仕事を通して、十分にこの判断ができるようには仕込まれていなかったからである。

＊ 判断力の欠如は、本来愚鈍〈Dummheit〉と呼ばれるものであり、このような欠陥はまったく救いようがない。適度の分別〈悟性〔＝知識〕〉とこの分別〈悟性〉に固有の概念以外何も欠けていないような、鈍い、あるいは狭い頭脳は、学習によって立派に、その上、学者になるほどまでに武装させることができる。しかしこの場合、かの能力〈ペトルス第二部〉〔判断力〕も欠けているのが普通なので、自分の知識の使用に際して、まったく改善できない欠如をしばしば見せる、非常に学識のある人々に出会うことも決して稀なことではない〈*KdrV.* A134, B173〉」

カントは人間的認識の成り立ちに、概念化しえない判断の〈センス〉とでも言うしかない能力が重要なものとして関わっていると考えている。「判断力」とは、それぞれが自ら磨くことによって獲得する以外にない、判断〈「カテゴリー」使用〉の〈センス〉という、まさに人間的な、「特殊」な能力である。そして「特殊」であるがゆえに、

「判断力」の「普遍性」は、『判断力批判』において改めて論じられねばならないのである。

(七) 人間的分別（悟性）と神的分別（悟性）

これまでたどったように、カントにおいては「カテゴリー」は、有限な人間に内在する、多様なものを分節し、「限定されたもの」（「客体」）として意識に浮上させる規則である。すでに指摘したように、この「カテゴリー」それ自体に考察を加えるのが「超越論的分析論」におけるカントの課題であり、認識の構造を論じることが主な課題なのではない。このことをカントは実際、第二十一節で明言している。それは、第二版のこの章が、第一版と異なり、「統一」をまず主題にする理由の説明にもなっている。第二十一節は、「注（Anmerkung）」の節、つまり、この章の議論の進め方を改めて説明する箇所である。そこにおいてカントは、「多様なもの」、「総合」に対して「統一」に注目すべき理由を述べている。

「……私は、純粋分別（悟性）概念の演繹においては、カテゴリーは、感性から独立に、ただ分別（悟性）においてのみ生じるので、多様なものがどのように経験的直観に与えられるかというその方式をまだ度外視し、ただ、分別（悟性）によって、カテゴリーを介して、直観の内に加わってくる統一だけに目を留めねばならない。……われわれの感覚のすべての対象に関し、カテゴリーのア・プリオリな妥当性が説明されること、このことによって、演繹の意図ははじめて完全に達成されることになる（B144f.）」

経験における「統一」の必然性を示すことがこの章の主題だということ、このことが上の言葉で示されている。だが、同時にカントは、この統一がすべてではないことも、これに続けて強調する。ここでカントの言いたいこと、それは、「分別（悟性）」の統一は、まず「感性的なもの」を度外視して考察されねばならない、だが同時に、あくまで「統一」は感性的経験に即して働く作用だということ、このことである。

「しかし私は上の証明で、度外視できなかった問題が一つある。つまりそれは、分別（悟性）による総合よりももっと前に、そしてこの総合から独立に、多様なものが直観に対して与えられていなければならない、という問題である。しかしどのようなかたちで与えられるかということは、ここでは〔＝直観の中では〕限定されないままになっている（wie aber, bleibt hier unbestimmt）〔*〕。なぜなら私が、自ら直観する分別（悟性）といったものを思い浮かべようとすれば（例えば、与えられた対象を表象〔意識〕するのではなく、自らの表象〔思い浮かべる働き〕によって対象自体が同時に与えられるような、あるいは生み出されるような神的分別（悟性）〔ein göttlicher Verstand〕といったものを思い浮かべようとすれば）、そのような認識に関しては、カテゴリーまったく意味をもたないであろう。カテゴリーとは、自分の能力全体が思惟において成り立つ分別（悟性）、つまりそれに対しては〔思惟とは〕別の仕方で、直観の内で与えられる多様なものの総合を、統覚の統一へともたらす〔認識という〕行動の内にある分別（悟性）、このような分別（悟性）にとっての規則でしかない。それゆえこの分別（悟性）は単独では何も認識せず、ただ認識の素材、つまり客体を通してそれに与えられねばならない直観を結合し秩序づけるにすぎない（B145）」

人間の経験は、直観の「多様」とカテゴリーの「統一」との、いずれを欠いても成り立たないこと、このことをカントはここでも強調している。諸々のカテゴリーを通して、はじめて「多様なもの」は人間にとって意識の「対象」となる。それゆえ諸々のカテゴリーと、これらの組織立った（体系的）連関（ネットワーク）を内蔵する「統一」としての人間的自己意識は、「客体」成立の超越論的条件である。「超越論的統覚」は、その意味で「人間的認識における最上位の原則」である。しかしこの「最上位の原則」は、「直観に対して与えられた」「多様なもの」との関係においてはじめて意義を手に入れる原則であって、この関係を欠けばまったく無規定なものでしかない。それゆえ、「どのように与えられているかということは、ここでは限定されないままになっている」という文の「ここでは」は、「直観においては」を指す。これによって、カントは、「直観」においてすでに「分別（悟性）」が働くような、神的直観と、ただ現象を受け取るにすぎない人間的直観とを区別しており、このように解することで、それに続く文章の意味がはっきりしてくる[18]。

「多様なもの」は、「分別（悟性）」によってはじめて「限定された」ものとしてかたちをもつようになり、こうして意識の対象になる。しかし、「分別（悟性）」の諸カテゴリーの「統一」体、すなわち「統覚」としての「自我」は、単に無規定な「可能性」としての「自我」、言い換えれば規則の束としての「自我」、「単純な表象〔ただ思い浮かべられるもの〕としての自我（B135）」でしかない。「超越論的統覚」としての「自己意識」は、「経験」を超えて経験を支配する実体や本質ではなく、経験の潜在的可能体であり、カテゴリーは、この可能体としての自我が、「多様なもの」に出会ってその都度「限定された」自我としてかたちを取るときの、そのかたちの規則なのである。

「神的分別（悟性）」においては（もしそのようなものがあるとすればだが）、そこでは「カテゴリー」は「意味をもたない」。なぜなら、思ったこと（思惟規則）がそのまま存在するもの（直観）になるような存在者（神）においては、カテゴリー＝直観、直観＝カテゴリーであって、そこには直観とカテゴリーとの間の差異もずれもないからだ。

先に指摘したように、有限な人間の経験においては、「多様なもの」は、自我に内在するカテゴリーを通して「自我」にとっての「客体」となる。そしてそのときはじめて「自我」も、限定された「客体」に関わっている「自我」として、限定されたかたちを有する現実的な「主体」となっている。

このことをもう少し具体的に、私たちの経験に近づけて考えてみよう。

まず、まったく何も書かれていない白紙、それも、その境界線など見えないような巨大な白紙を前にしている「私」を想像してみよう。このときには、紙は「白さ」という規定ももっていない、それゆえ「物」（客体）として「私」に現れてはいない、そのような白紙（それゆえまだ「白紙」とも言えないようなまったく無限定の白紙）が想像されねばならない。「白」は、他の色との関係で「白」として限定されるが、ここではそのような限定を受けていない白紙が想像されねばならない。そのようなまったく無規定な白紙を前にしている「私」は、まったく無限定な、「私の意識」さえ生じていない「私」、単なる意識の流れそのものとしての私として存在しているだけである。それゆえこのとき私は、白紙を「前にしている」とさえ言えず、むしろ私自身が白紙に「なっている」。このときには、「私とは何か」という「反省」も生じていない。反省が生じたら、私はすでにこの真っ白な状態を離れて、「限定された」私を表象する（思い描く）場面に移ってしまっているからだ。このような反省の加わらない無限定な「私」、今日よく聞かれる言葉で言えば、「頭の中が真っ白」になった私がそこにある、と想像してみよう。そこにあるのは持続する無規定性である。

さて次に、この白紙に一本の黒い線が引かれたとする。このとき「私」は、引かれてゆく線を眼で追っている、限定された「私」になっている。線はどのように引かれてもよい。どのように引かれても、何本引かれても、私はそれを、そのように引かれた線として知覚できる。これによって、先の無限定な「私」は、あらゆる限定された線を、「限定されたもの」として知覚しうる、無限の働きを蔵した存在であること、あらゆる線の規則（それぞれの線を線たらしめる「総合」の規則）を、観念的に内在させた存在であることが明らかになる。線がどのように引かれるかは、実際に引かれるまで分からないのであり、その可能性は無限である。だが、一定の線が引かれたなら、それに即して、それを目で追う、あるいは実際に線を引く、限定された「私」の意識が生じてくる。それとともに、線が白紙に引かれることで、線とともに、この線の「直観」（限定されたイメージ）を可能にする、超越論的意味での「純粋直観」が、「空間」（無限定な背景の「白」）として同時に限定されてくる。このとき同時に、「私」に関しては、線を追うにつれて限定されてゆく「私」とともに、この限定された私すべてを可能にする超越論的背景としての無限定な「私」も意識されてくる。この無限定な、しかしあらゆる限定された私の可能性を蔵する観念的私、これが「超越論的統覚」と呼ばれるものだ。

それゆえ視点を変えて、「超越論的統覚」としての「超越論的自我」が、「限定された自我」において「実現される」、ということも言えなくはない。しかし、「限定された自我」は、その限定性を「超越論的自我」に負っているとは決して言えない。「限定性」はあくまで、「直観」を「総合」するその仕方（その都度の経験のあり方）に負っているのであり、「超越論的自我」は、その都度の「直観」の限定に即して、その無限定な背景として反省される、「単純な表象としての自我」にすぎないからである。

㈧ カント「超越論的統覚」論のまとめ

それゆえ、「超越論的自我」を、「経験的自我」という「現象」に対する「本質」と見なし、この「本質」から「現象」を基礎づけようとする思惟は、人間経験を誤解する「形而上学」的思惟である。カントの「超越論的統覚」論は、このような形而上学を破壊し、人間的分別（悟性）の限界を問う、有限な人間の理論なのだ。

これに対して、「本質」としての「自我」から、「現象」としての「自我」を理解し説明しようとする思想、この思想は「知的直観」の立場に立つ。というのも、経験的に認識できないものを「本質」として立てるには、経験を超えた「本質」を把握する能力を想定せざるをえないからだ。この能力が「知的直観」と呼ばれる。この知的直観の立場からすれば、「超越論的統覚」としての「自我」は、「直観」や「認識」の対象になる。だが、人間はそのような「知的直観」の能力などもちえない。だから、「超越論的統覚」としての「自我」は、経験の必然的構成要素として「想定」せざるをえないが、しかし決して認識できるものではない。この二つのことこそ、カントが「超越論的分析論」において、何とか伝えたいことなのだ。その箇所を取り出すことで、カントの「超越論的統覚」論の真意を確かめておこう。

「しかしこの〔「統覚の根源的統一」という〕原則は、一般に考えうる分別（悟性）すべてにとっての原理ではなく、次のような分別（悟性）、すなわち、われありという表象における純粋統覚によっては、まだ多様なものは何も与えられないような分別（悟性）、ただこのような分別（悟性）にとっての原理にすぎない。自分の自己意識によって同時に直観の多様が与えられるような分別（悟性）、すなわち、自分の表象を通して同時にこの表象の客体が現に存在するような分別（悟性）〔「知的直観」＝「神」〕なら、多様の総合という特殊な作用を、意識の統一のために必要とすることはないであろう。ところが思惟するのみで直観することのない人間的分別（悟性）には、この多様の総合が必要である。やはり人間的分別（悟性）には、この多様なものの総合の作用が第一原則であることは避けがたい。このため人間的分別（悟性）は、ある別の可能な分別（悟性）を、それが、自己を直観する分別（悟性）であれ、あるいは、たとい感性的直観であっても、空間時間におけるのとは別種の直観を基礎にもつ分別（悟性）であれ、そういった分別（悟性）などまったく理解できない（B138f.）」

カントが「超越論的自己意識」を、すべてを生み出す「絶対的主体」とは見なしてはいないことは明らかである。人間的自我は、決して「統覚」から演繹することはできず、自我は、その都度の「経験」に即してのみ、自己を「認識」しうる存在である。傍線部からはっきり分かるように、「総合」つまり「経験」が先なのであり、自己意識の統一が先なのではない。〈われあり〉という〈意識〉と、〈私が自己を知る〈認識する〉〉ということとは、次元を異にする。カントはこの差異について語っている。そこでも強調されるのは、「思惟」できる、「想定」できるということと、「直観」〈実際に見たり聞いたり〉できる、つまり「認識」できるということとは同じではなく、これらの働きを混同してはならない、ということなのだ。

「……私が私自身を意識するのは、表象一般の多様の超越論的総合において、つまり統覚の総合的根源的統一においてであるが、このとき私が意識するのは、私が私に対してどのように現れるかということでもなければ、私が自分自身においていかなるあり方をしているかでもなく、ただ私が在るということだけである。〔われありという〕この表象〔思い〕は、思惟の働き（Denken）〔想定〕であって、直観の働き（Anschauen）〔実際に見たり聞いたりする働き〕ではない。ところで、われわれ自身の認識のためには、あらゆる、生じうる直観の多様を統覚の統一にもたらす思惟の働き以外に、さらに直観という限定された方式が必要である。それを通して多様なものは与えられる。それゆえ、なるほど私自身の存在（Dasein）は現象ではないが〈ましてや単なる幻影〔「仮象」〕ではないが〉、しかし、私の存在の規定*〔限定された私〕は、私が結合する多様が、内的直観の内に与えられる特殊な方式に従った、内感の形式に合わせたかたちでしか生じえない。それゆえ私は、在るがままの私の、ではなく、単に私自身に対して現れるがままの私の認識をもつにすぎない。それゆえ、統覚における多様なものの結合によって、客体一般の思惟を生み出すすべてのカテゴリーにもかかわらず、自分自身の意識は、まだ自分自身の認識ではない。私とは異なる客体の認識のためには、客体一般を思うこと〈カテゴリーにおける〉以外に、私にはさらに直観が必要であり、これによって私はかの一般的概念を限定するのだが、それと同様に、私は私自身の認識のためにも、意識以外に、つまり私が思うということ以外に、さらに私における多様なものの直観が必要である。

これによって私はこの思惟〔私が思うということ〕を限定することになる〔私は特定の私として姿を取る〕（B158）」

「私」の自己認識は、いつも「限定された」認識、その都度の経験の中で姿を取ってくる「私」であって、これと「われ思う」と言うときの「私」とは同じではないのだ。私は私を具体的な経験の現場でその都度「認識」するしかない。上の文章の「注」は以下のようになっている。

「＊　われ思うということは、私の存在（Dasein）を規定する作用を言い表している。それゆえわれ思うと言うことによって、私の存在はすでに与えられている。しかし、私の存在を私がどのように規定するかという方式、すなわち、私の存在に属す多様なもの、これを私が自分の内でいかに設定するかという方式、これは、われ思うということによってはまだ与えられていない。このためには、感性的で、規定可能なものという受容性に属す、ア・プリオリに与えられた形式、すなわち時間を根底にもつ自己直観が必要である。……私が表象する〔思い浮かべる〕のは、私の思惟作用、規定作用の自発性のみである。そして私の現の存在は常に単に感性的である。すなわち、私は常に現象の存在として規定可能である。それでもこの自発性によって、私は自分を知性と呼べるのである（B158f.）」

私の経験は常に「時間」に担われ、「時間」の中で変化してゆく。この変化の中で、私はその都度私を「認識」する。人間の経験は、「時間」の外部の「自我」（？）によって説明されうるものでも、そこに還元されうるものでもない。私たちの自我は、無限に多様なものに対して開かれている。だから、「超越論的統覚」を「絶対的自我」

として「時間」の外部に設定し、経験的自我をそこから説明したり、そこへと還元することは、それを肯定するにせよ批判するにせよ、カントの「統覚」論に対する恐るべき誤解を犯すことを意味する。すでに指摘したように、この誤解は「神学」的誤解であり、それゆえに、キリスト教世界の哲学が陥りやすい誤解だと言わねばならないであろう。

もう一度繰り返しておこう。

カントの「超越論的統覚」としての「自我」論は、「自我」の基礎づけの理論ではない。そうではなく、カントの自我論は、「自我」は基礎づけられないということを明らかにする理論、自我の無規定性を明らかにする理論なのだ。

カントがこの点を「超越論的分析論」で繰り返し強調するのは、「超越論的統覚」としての「自我」を、経験的自我の根拠と見なし、そこから人間の経験を説明する思想を破壊するためである。これが次章で検討される「合理的心理学」批判である。このような批判すべき論敵を想定するがゆえに、カントは入念な準備をしているのだ。

カントが、『純粋理性批判』第一部「超越論的原則論」の、「超越論的感性論」と「超越論的分析論」とを通して、人間の経験を分析し、「感性」と「分別（悟性）」との差異を繰り返し強調したのは、第二部「超越論的弁証論」で、この書の主題である「理性」批判を具体的に展開するためだったのだ。

カントに従うなら、人間の経験は、多様なものに対して、原則的には無限に開かれている。だが、有限な存在としての人間には、このような多様な世界の全体を、決してすべて見通すことはできない。その意味で人間の経験世界は、大洋に浮かぶ小さな「島」のようなものである。

第三節　伝統的哲学批判への助走

(一) 経験世界という「孤島」

カントは、これまで私たちが「超越論的統覚」の概念に注目しつつ簡単にたどった「超越論的論理学」第一部「超越論的分析論」の最終章（第三章）、「現象（Phaenomenon）」と「本質（Noumenom）」との区別を論じる冒頭の箇所で、これまで行ってきた「人間的分別（悟性）」の分析の結果を踏まえつつ、「純粋分別（悟性）の地（Land）」は「一つの島（Insel）」であり、「自然そのものによって不変の境界内に閉じ込められている」と語っている。「純粋分別（悟性）の地」が「自然そのもの」ではないこと（要するに「現象」と同じではないこと）がここで改めて強調されている。

「自然」とは、カントによれば「すべての現象の総括（Inbegriff aller Erscheinungen）」（B163）、つまり“Phaenomena”の世界である。この場合「自然」とは、人間経験に対して現れるものすべてをまとめたときの名称である。私たちは、まさしく「多様なもの」としての「自然」を、私たち自身に備わった分別（悟性）の規則によって認識することはできる。そのような、人間の「分別（悟性）」によって規則づけられうる現象の「総体」が「自然」と呼ばれている（A216, B263）。しかし人間は、自らの「分別（悟性）」の規則によって「自然」をすべて生み出したり、ましてや「人間的分別（悟性）」以外の「規則」によって基礎づけたりすることなどできない。したがって、「人間的分別（悟性）の地」は、「一つの島」であり、常に未知の「自然」という「大洋」に囲まれている。この「大洋」に船出して、新しい土地を発見するには、まず「人間的分別（悟性）」の及びうる限界を自覚しておかねばならない。これをカントは行おうとした。カントは文学的表現で人間的認識世界の不確かさを語っている。

「われわれは今、純粋分別（悟性）の地（Land）を通る旅をして、そこのあらゆる部分を注意深く目にとめただけではなく、この地をすべて調べ、この地におけるあらゆる事物に、それの位置を指定した。しかし、この地は一つの島（Insel）であり、自然そのものによって、変わることのない限界に閉じこめられている。この地は真理の地だが（魅力的な名ではある）、そこは、広い荒れ狂う大洋、この幻影（Schein）の本来の場に囲まれている。そこでは、幾つもの霧峰や、すぐに溶け去る氷が人を欺き、それを新しい地だと思わせる。それは、発見を夢見て彷徨う船乗りを、絶えず空しい希望で欺き、彼を冒険に巻き込む。彼は、この希望をどうしても捨てきれず、しかも決してそれを成し遂げることはできない（A235f., B294f.）」

私たちは、自らに内在する「カテゴリー」の動的システム（「統一体」）に従って、「直観」が受容する多様なもの（現象）をその都度かたちをもったものとして認識し、自分たちの世界を広げている。だが、そのような認識された世界の周囲には、まだ認識されていない世界、「現象の総体」としての「自然」の世界が、「大洋」のように広がっている。それに比べれば、私たちの経験世界は小さな「孤島」のようなものにすぎないのであり、そこから船出しては、経験世界を絶えず広げるというのが私たちの実際のあり方なのだ。このために、私たちにはいつも、経験できるものとできないもの、見せかけ（幻影 Schein）と実在との取り違えが絶えず生じてくることになる。人間には、見せかけ（「幻影」）を実物と取り違える性質が最初から（超越論的）につきまとっている。だから経験の難破を防ぐ上で、「幻影（仮象）」を「幻影（仮象）」として見分ける作業が要るのだ。

これが『純粋理性批判』に課された主題である。この「幻影（仮象）」批判を理論的に矛盾のない仕方で行う上で、これまで見たように、まず人間経験を構成する諸能力を分け、それを細かく見ておくことがカントにとっては必要だったのだ。このような経験の「超越論的」条件を考察するときに、「多様なものの直観」、「総合」とともに、

「統一」作用としての「超越論的統覚」も、考察から外すことのできない、経験を構成する必然的一契機として論じられたのである。だが、あくまでこれらの契機についての考察は、上に指摘したように、カントがこれから、「超越論的弁証論」で実際に着手する、具体的な理性批判のための準備だということ、このことが理解されねばならない。

そして実際、今たどってきた、「超越論的分析論」を閉じる箇所で、カントは次章で行う批判作業の具体的な準備をすでにはじめている。そこでなされているのは、「存在論」の格下げであり、「認識能力」の働きの場についての考察（「超越論的場所論」）であり、そして「現象」と「本質」との関係への考察である。

(二)「存在論」

何度も繰り返されてきたように、人間的分別（悟性）の法則（カテゴリー）は、人間経験にのみ関わる。これを、人間の経験を超えたものに適用したり、そこから演繹したりすることによって、諸々の誤謬が生じてくる。カントはここで改めて人間的分別（悟性）の限界を強調する。

「われわれが見てきたのは次のことだ。つまり、分別（悟性）が自分自身から汲み出すものはすべて、〔自分の内に前もって備わっているのであり〕経験から借りてくるのではない。だがそれにもかかわらず、分別（悟性）がそれをもつのは、それらを専ら経験に適用するためであり、他のいかなる目的のためでもない（A236, B295）」

このことが繰り返し強調されるのは、カントの生きる時代においては、なお常に人間の経験が、経験を超越した視点から語られることが一般的であり、またそれが自明のこととして受け取られていたからだ。私たちの時代はどうなのであろうか。私たちは、すでに人間経験を人間経験に即して論じる立場に立ち、そのような言語を磨き上げているのだろうか。カントは私たちにも注意を促しているようだ。

「……分別〔悟性〕は、自分のア・プリオリな原則のすべて、それどころか自分の概念のすべてを、経験的にしか使用しえず、決して超越〔論〕的に使用することはできないという命題、この命題は、それが納得のゆくかたちで認識されうるなら、重要な結果を見極めるものとなる（A238, B297）」

「重要な結果」、それは、人間は「現象」の彼方の「物自体」を、それが「神」と呼ばれようと、現象の「本質」としての「実体」と呼ばれようと、「思惟」〔「想定」〕することはできても、決して「認識」することはできないということである。この「結果」は、当時の「神学」や「自然」に関する形而上学的理解のコンテクストに入れてみるとき、その「重大さ」がはっきりする。カントが「自然」の「知性化」を批判するとき、彼はライプニッツの「予定調和」説を念頭に置いている。カントのライプニッツの「予定調和」説はまさに、「分別〔悟性〕」の規則に基づいて理性が行う世界のあり方についての「推理」を、そのまま「現象」に適用し、あたかもそれが「現象自体」の根拠であるかのように説明する説だからだ。カントは、これを、「経験的な分別〔悟性〕の使用と超越論的な分別〔悟性〕の使用との混同」として批判している（Vgl. A260, B316ff.「予定調和」批判については、vgl. A274f., B330f.）。

すでに指摘したように、カントの「超越論的統覚」を「絶対的自己意識」としての神的な「知的直観」に読み替えるシェリングの「超越論的哲学」もまた、あらかじめ思い描いた分別〔悟性〕の規則を自然に投入して自然を語る循環論法であり、「予定調和」を原理としている（『体系』433u. s. w.）。シェリングは、この点ではライプニッツに戻っているのであり、これに対してカントにとっては、「自然」現象は人間的分別（悟性）の規則によってのみ人間には認識できる。だから、自然現象の根底、あるいは背後で規則が「予定調和」的に働いているか否かは、決して人間には知ることはできないし、主張することもできない。なぜなら人間は現象の中にいるのであって、それを超えた視点から、自然全体を見渡すことなどできないからだ。だから、世界が全体として最初から調和している（「予定調和」だ）とも、まったくのカオスだとも、人間には断言できない。そのような「断言」は、「思惟」（理性法則としての言語・記号秩序）において「推理」された世界を、そのまま経験世界の真理（存在の根拠）として経験に押しつけているだけであり、いかなる経験的確証も得られるものではないのだ。

「ところで、対象が概念に対して与えられるのは、直観においてであり、それ以外にはありえない。そして純粋直観〔「空間」「時間」〕が、対象よりも前にア・プリオリに可能だとしても、純粋直観もそれ自体自らの対象を、それゆえ客観的妥当性を手に入れることができるのは、経験的直観〔実際に見たり聞いたりする感覚作用〕によるしかない。純粋直観は経験的直観の単なる形式にすぎないからである。それゆえすべての概念と、それとともにすべての原則は、それらがいかにア・プリオリに可能であるとしても、経験的直観に、すなわち生じうる経験の与件（データ）に関係する。この与件がなければ、概念や原則はまったく客観的妥当性をもたず、概念や原則は、構想力が行うものであれ、分別（悟性）が行うものであれ、いずれにしても、それら構想力や分別（悟性）の、概念が表象させるものとの、その都度の単なる戯れにしかならない。例えば、数学の概念を、しかもその純粋直観における概念を取り上げてみさえすればよい。空間は三次元をもつ、二点間には一直線しか存在しない、等々がこれである。これらの原則すべてと、この学が携わる対象の表象とは、心情の内に完全にア・プリオリに生み出される。それにもかかわらずそれらは、われわれが現象〔経験的対象〕に即してそれらの意味を呈示しえないなら、何も意味することはできない。したがって、〔現象から一旦〕切り離された概念を感性化すること（sinnlich zu machen）、すなわちこの概念に対応する客体を直観の内に呈示すること、このことが求められることにもなる。というのも、対応する客体を欠けば、概念は（よく言われるように）、感覚（意味 Sinn）を、つまり意義（Bedeutung）を欠いたままになるであろうから。数学がこの要求を満たすのは、形態の作図による。形態こそ、（ア・プリオリに実現されるにせよ）感官〔Sinne〕に現前する現象〔という意味（Sinn）〕だからだ。量の概念は、まさにこの学問においては、支えと意味（Sinn）とを数の内に求める。しかも、数は、自分の支えと意味とを、指や、算盤の玉や、あるいは線や点といった、目の前に置かれるものに求めるのだ（A239f., B298f.）」

カテゴリー（概念）は、「現象」認識の規則であって、認識を離れた物の存在の原理ではない。ところが人間は、規則を思惟しうるために、自らの規則のこの限界を常に忘れてしまい、それがはじめから、経験以前に、自然の内に実在していた、あるいは実在すると思ってしまう。しかし現象の奥に、現象を規則づけ生み出す超越的本質が存在するという考えは、カントによれば「手品（目晦まし Blendwerk）」にすぎない。

「（概念が自己矛盾しないからといって）概念の論理的可能性を、（対象が概念に対応するという理由で）物の（超越論的）可能性にすり替えるような手品（Blendwerk＝目晦まし）は、経験を積んでいない者をたぶらかし満足させるにすぎない（A244, B302）」

概念と物とのすり替え、すなわち思惟に内在的な主観的規則〔頭の中で思い描いたもの〕を、あたかも思惟を超越した物の客観的原理（存在根拠）であるかに見せかけて物の成り立ちを説明する人間の傾向、これをカントは、人間が人間であるがゆえに誘い込まれる必然的な傾向と見なしている。「予定調和」も、「宇宙」に関するこのような「存在論」の一つだということになろう。

いずれにしても、「存在論」は危ういものだということになる。それは「手品」に近づくだろう。このような「手品」の種を見抜く、カントの「超越論的分析論」は「重要な帰結」をもたらす。その帰結の一つとして、伝統的な「存在論」の真相が明るみに出される。カントが「存在論」に触れている箇所を、注釈を加えつつ読み取ることにしよう。

「超越論的分析論は、だから次のような重要な結論を手に入れることになる。つまり、分別（悟性）は、生じうる経験一般の形式を予見する（antizipieren）こと以上のことは、ア・プリオリになしえない、現象でないものは経験の対象にはなりえないので、分別（悟性）は感性の限界を決して超え出ることはできず、この限界の内部でのみ、対象はわれわれに与えられる、という結論である。分別（悟性）の原則は、現象の説明原理であるにすぎない。それゆえ物一般について、ア・プリオリに総合的な認識（例えば因果性の原則）を、体系的学説において与えると自称する存在論という、この誇らしげな名称は、純粋分別（悟性）の単なる分析〔直観の総合的統一（経験）によって得られた結果から、そこに働いていた分別（悟性）の法則自体を後から取り出し確認する働き〕という、控え目な名称に席を譲らねばならない。／思惟とは、与えられた直観を一つの対象に関係づける働き（行動）である。この種の直観がまったく与えられていないなら、対象は単に超越論的であるにすぎず、分別（悟性）の概念は超越論的使用しか、つまり多様なもの一般の思惟という統一体〔システム〕しかもたない（A246f., B303）」

「存在論」とは、事物の存在の根拠を明らかにする理論ではなく、人間の経験を後から反省することで、そこに事物の認識の法則を再認する「分析判断」でしかない。このような「分析」によって取り出された「規則」や「法則」の体系は、決して事物の存在そのものの無媒介な根拠ではなく、事物を認識するときの認識法則の体系でしかない。「存在論」が人間的分別（悟性）の法則（カテゴリー）を、そのまま現象の存在の根拠と見なして現象を説明するとしたら、そこでは「直観」と「思惟」との混同が生じている、と言わねばならない。簡単に言うなら、「存在論」とは、経験や現象を分析した結果出てきた規則を、最初から経験や現象に本質的に備わった客観的「原因」や「本質」として、経験世界に投げ入れる、同語反復的思惟の別称なのだ。そこに生じているのは、まさにニーチェやフィードラーが批判する、「因果関係の逆転」である（ニーチェ、フィードラーのこのような見解については、岩城二〇〇一d、第三章参照）。

だからまた「存在論」は人を惹きつける。それは一方で、存在の「根拠」を語っているように見えるから、人に魅力を与えるのであり、他方で、経験の分析結果をそのまま存在の根拠として対象に投げ入れるので、誰にでも理解しやすいのだ。こうしてあらゆる分野で、同語反復的思惟としての「存在論」は幅を利かすことになる。それは現代でも同様である。この、人間のもつ超越論的傾向、つまりいつも経験に先行して働いてしまう欲望、それの構造を、カントはシニカルに取り出して見せているわけである。

「存在論」は、大抵ほとんど「本質主義」になる。このような伝統的な本質主義的、形而上学的思考が好む、「存在論」の陥りやすい誤謬、それは、「感性」と「分別（悟性）」との取り違えだということになろう。それゆえこの二つの働きの場をはっきりさせておくことが必要になるのだ。

㈢「超越論的場所論」(transzendentale Topik)

人間における「感性」概念と「分別(悟性)」概念とは、それぞれその働く場を異にしている。この場所(topos)の理論を、カントは、アリストテレスの「トピカ」に倣って、「超越論的場所論(transzendentale Topik)」と呼んで論じている(A268, B324)。カントによれば、ライプニッツが「分別(悟性)」の体系(頭の中では矛盾なく成り立つ規則)をそのまま「世界」の「体系」だと見なす混同を犯したのは、彼にはこの、「超越論的場所論」がないからであり、ライプニッツが「現象」を「知性化」(intellektuieren)したとすれば、ロック(J. Locke 1632-1704)は「分別(悟性)概念」をすべて「感性化」(sensifizieren)してしてしまった(A270f., B326f.)。

カントは「感性的直観」と「カテゴリー」との差異を、「超越論的場所論」として展開しているわけだ。カントはしかし、「直観」と「カテゴリー」に関して、それらの場所の差異のみでなく、それの及びうる範囲の差異、すなわち場所の広がりの差異にも目をとめていた。

「もし私が、(カテゴリーによる)すべての思惟を経験的認識から取り去るなら、いかなる対象認識も残らない。なぜなら、単なる直観によっては、何も思惟されないからである。感性のこの触発が私の内にあるからといって、このことが当の表象を何らかの客体に関係づけることには決してならない。しかしこれに対して、私が一切の直観を取り除いても、思惟の形式、つまり、生じうる直観の多様に、一つの対象を指定する、その仕方(Art)は残る。したがって、カテゴリーはその限りで感性的直観よりも広い範囲に及ぶ。なぜなら、カテゴリーは、客体が与えられる(感性の)特殊な方式を見ないでも、客体一般を思惟するからである。しかし、カテゴリーはこれによって対象のより広い領域を規定するわけではない。なぜなら、直観の感性的な方式とは別の直観を可能なものとして前提しなければ、そのような対象が与えられうるということは想定しえないからである。しかしわれわれには、決してそのような権利はない（A253f., B309f.）」

「カテゴリーは、……感性的直観よりも広い範囲に及ぶ」。このことは、先に言語に関して見た通りである。「直観（感覚的受容の働き）」は、「現象世界」を超え出ることはできず、現象が終わるところで終わる。これに対して、「思惟」は「現象」を超えた範囲に及びうる、ということだ。ただしカントにおいては、思惟の規則（カテゴリー）の連関の中でのみ、それが可能だということが大切なのである。この限りで「思惟」は「経験」を超えうる。それゆえ「思惟」は「経験」を離れて「経験」を「反省」しうる、ということになる。

しかしこの場合、「思惟」（「カテゴリー」機能）が、言い換えれば「カテゴリー」の「経験的使用」と「超越論的使用」とが、より厳密に区別される必要がある。

「経験」においても、「客体」の「直観」ぬきに、すなわち「客体」が現に眼前になくても、カテゴリーは「客体を思惟」しうる。この場合「思惟」は「志向」と言った方がいいかもしれない。人間は、否、動物さえ、物事を想像したり、あるいはその存在を予期したりしうる。例えば動物は（人間も）、特定の時間になると餌（食事）をねだったり、餌場（食物のある場所）に集まってきたりする。また渡り鳥は特定の季節に特定の地域に飛来する。これらの行動はすべて「直観」を超えて、「直観」を志向（思惟）している（思い描いている、その意味で「表象」している）。しかしこれらは経験的なカテゴリーの使用、すなわち習慣による。この場合は不在の「直観（感覚的に受け取られるもの）」が志向され、「思惟」は、この志向された「直観」に結びつけられている。

これに対して、「直観」をまったく志向しない「思惟」（「カテゴリー」機能）もある。重要なのは、人間にはこのような「カテゴリー機能」が超越論的（本性的）に備わっている、ということである。私はこれを「言語・記号能力」と呼んできた。これは、身体内在的カテゴリー機能とは異なる、特殊なカテゴリー機能である。すでに指摘したように、言語・記号理解は、かたちや音から成り立つので、本来的に身体内在的カテゴリー（現象分節の規則）に担われており、また身体内在的カテゴリーと関係しあう。しかし、言語・記号は、身体内在的カテゴリーから、身体外部に取り出され、特殊な現象（目に見え、耳に聞こえる語や記号）の体系へと秩序づけられたカテゴリーでもありうる。だから言語・記号は身体内在的カテゴリーに還元できないし、またそこから自ずと、連続的に展開してきたとも言えない。むしろ断絶がそこには存するのであり、それゆえ人間は、「経験」から距離を取りうるのだ。人間には、「カテゴリー」を現象「経験」（身体）から離して、言語・記号という特殊な現象に変換し、経験とは直接関係しない、この特殊な現象の中で思惟する能力が内在している。この意味で人間は二つの現象界に生きている（この点については、岩城二〇〇一d、第一・三章、参照）。

この点についてはシェリングの把握は正当であろう。彼は『体系』において次のように語っていた。

「本来の直観においては、概念も空間も時間も、それだけで切り離されて生じることはなく、すべては同時に生じる。われわれの客体と同様自我も、これら三つの規定を無意識に、自然に、客体に結びつける。……まさに、直観を結合するかの第三のもの〔時間〕の廃棄において成立する超越論的抽象作用（die transzendentale Abstraktion）により、われわれに直観の成分として残されえたのは、直観なき概念と概念なき直観だけである。……／超越論的抽象作用は経験的抽象作用の条件として、そして経験的抽象作用は判断の条件として要請された。あらゆる判断、それゆえ最も平凡な判断の根底にも、かの抽象作用が横たわっている。超越論的抽象能力、すなわちア・プリオリな概念の能力は、自己意識自体と同様に、あらゆる知性に必然的に存している（306ff.）」

私たちになぜア・プリオリな言語・記号能力が備わっているのかということは、私たちになぜア・プリオリな

「カテゴリー機能」が備わっているかということと同様に、経験的に説明することはできないであろう。だが私たちは、「直観」と「思惟」とは「異なる」ということは、論理的にも経験的にも論証できるのであり、この差異は忘れられてはならない。しかし、人間の経験においては大抵の場合、これらは綯り合わさって経験を成立させているために、この差異の隠蔽（忘却）が避けられないかたちで繰り返し生じてくる。このためにカントは「超越論的場所論」を設けたのだ。

ところで、先に見た、本質主義的「存在論」のもう一つの根本的傾向は、現象を超えたところに「現象」の「本質」を設定し、そこから「現象」を説明する点に見出せる。それゆえ、「現象」、「本質」という概念にも、考察が加えられることになる。

㈣「現象（phaenomenon）」と「本質（noumenon）」

「現象」と「本質」との関係についての理解にも、「直観」と「思惟」との混同が入り込んでいる。ヘーゲルが『論理学』で論じることになるこの関係の問題点は、カントによって経験の問題としてすでに論じられていた。これもまた、本格的な理性批判が遂行される、「超越論的弁証論」に入る前に、である。これら、「超越論的場所論」や、「現象」と「本質」との関係の問題点を論じることで、カントは第二部における、「幻影（仮象）」批判への準備を着々と進めていたことが分かる。

カントは、「現象（phaenomenon）」と「本質（noumenon）」とを「区別する根拠」を論じることで、人間的分別（悟性）の限界を改めて強調し、「本質（noumenon）」とは本来、有限な人間の経験にとっての、超えることのできない「限界概念」であることを明らかにする。

「一つの概念、矛盾を含まず、与えられた概念を限界づけるものとして、他の認識と関連していても、しかしそれの客観的実在性は決して認識されえないような概念、これを私は蓋然的（〔未決定〕problematisch）と呼ぶ。本質（Noumenon）という概念、すなわち、決して感官の対象としては思惟されず、（専ら純粋分別〈悟性〉によって）物自体として思惟されるべき物という概念、これは決して矛盾したものでない。なぜなら、感性について、それが直観の唯一可能なあり方だとは主張できないからだ〔人間にはそのようなことは分からず、それゆえ断言できない〕。さらにこの概念は、感性的直観を物自体にまで拡張しないために、つまり、感性的認識の客観的妥当性を制限するために必須のものである。なぜなら、感性的直観が届かない残りのものが本質（Noumenon）と呼ばれるのは、まさにそれによって、感性的認識が、分別（悟性）の思惟するすべてを超えて、自分の領域を拡張できない、ということを示すためなのだ。しかし、結局そのような本質の可能性はまったく理解することはできず、現象の領域外の範囲は、（われわれにとっては）空虚（leer）である。すなわち、われわれは、蓋然的〔未決定〕なかたちで、現象よりも広い範囲に及ぶ分別（悟性）をもつことはできる。しかしわれわれは、感性の領野の外部に対象が与えられ、分別（悟性）が感性を超えて実然的（〔断定的〕assertorisch）に使用されうるような、いかなる直観も、否、可能な直観の概念さえも、決してもってはいない。それゆえ、本質といった概念は、感性の越権を制限するための限界概念（Grenzbegriff）にすぎず、それゆえ消極的に使用される（von negtivem Gebrauche）にすぎないものである。しかしそれにもかかわらず、この概念は恣意的に捏造されたのではなく、感性の範囲外に積極的なものを設定することはできないというかたちで、感性を制限することと密接に関連している（A254f., B310f.）」

「本質」という概念は、私たちの「感性的認識」がそこまでは届きえない世界として、「ネガティヴなもの」として、設定されている、というわけだ。だからこれは、実際に存在するものとして「積極的（ポジティヴ）」に断言してはならない。「本質」概念は、私たちの認識の限界を反省させるという意味での、「限界概念」なのである。

これに対して、カントが警戒する、「感性の範囲外に積極的なものを設定する」立場、これが「知的直観」の立場だ。

「われわれが本質ということで、物についての自分たちの直観方式を度外視して、それは、われわれの感性的直観の客体ではない限りでの物だと理解するなら、このような物は消極的意味での本質である。しかしわれわれが本質ということで、それを非感性的直観の客体だと理解するときには、われわれは特殊な直観方式、すなわち知的直観方式（die intellektuelle [Anschauungsart]）を想定している。しかしこれはわれわれの直観ではないし、それについては可能性さえわれわれには理解できない。そしてこれが積極的意味での本質であろう（B307）」

「概念」と「物」とのすり替え、すなわち思惟に内在的な主観的規則を、あたかも思惟を超越した物の客観的原理（存在根拠、まさに「本質」）だと主張し、またそのように見せかけて物の成り立ちを説明する人間の傾向、これをカントは、人間が人間であるがゆえにもってしまう必然的な傾向と見なしている。実際、私たちの世界でも、意識的であれ、無意識的であれ、広い範囲に渡って「現象」と「本質」との取り違え、ありもしない、あるいは確認もできない観念を「本質」と見なして「現象」を語る思考が蔓延している。ここに経験の抑圧、経験への暴力が、いかにひどいかたちで、しかも絶えることなく生じているか、このことは繰り返し反省されねばならないのだ。

カントは、このような欺きを「超越論的幻影（仮象）（der transzendentale Schein）」と呼び、この「幻影」（「錯覚」）の必然性を、第二部「超越論的弁証論」において批判的に論じることになる。「分析論」はこのための、きわめて周到な理論武装だったわけである。

ところが第一章で見たように、カント以後のカント理解において、「分析論」は「知」の成立の基礎づけの理論、「自我」の存在論として受容されることで、『純粋理性批判』のこの前半部が、カント哲学受容を本質的に方向づけることになった。カント哲学は、「批判哲学」であるより、「認識論」、それも「超越論的認識論（transzendentale Erkenntnislehre, transcendental epistemology）」へと祭り上げられたのだ。ここに働いているのは、哲学を無意識に駆りたてる、言わば哲学の、あらゆる知の根拠を求める、「超越論的欲望（欲動）」だとさえ言える。主としてこの欲望の枠組みによって、カント哲学は読まれてきたように思える。そのときどきに新しい知の基礎づけが要請されるときに、カント哲学は参照すべき認識論として呼び出されるわけだ。ハイデガーの『カント書』もまた、この欲望の枠組みの中を動いている。アーペルの「意識哲学」としてのカント哲学批判もこの欲望の枠内にある。日本のカント哲学理解も、そのほとんどが同様ではないのか。西田哲学はその意味でも、近代日本哲学の結節点なのだ。西田が生涯をかけて展開したのは、まさに一切の経験の超越論的基礎づけであり、その文脈でカントも受容され、京都学派を通してわが国の哲学に枠組みを提供してきたからだ。

だがこのようなカント受容によって、カント哲学がその時代に果たした役割、その時代に有していた起爆力は抹消されたのではないのか。そしてこの起爆力こそ、今日もう一度理解し直す必要があるのではないのか。このことを念頭に置いて、私たちは『純粋理性批判』の後半部の検討に向かう。それは「批判哲学」の解きほぐしの試みになるだろう。

（1）このとき個々の芸術現象への細かな探究は重要ではなくなる。「芸術」は、人間の他の営みでは把握できない、絶対的真理を人間に示す証拠だという「本質論」が繰り返されればいいからだ。このようなシェリングにおける芸術の抽象的理解の問題点については、Welsch 1995。

(2)「なるほど、次のような普通の人間分別(悟性)の格率(Maximen des gemeinen Menschenverstandes)は、ここの、趣味批判の部分に属するものではないが、しかしそれらは、趣味批判の諸原則の説明には役立ちうる。それらは次のようなものである。1 自ら考えること(Selbstdenken)、2 あらゆる他人の立場に立って考えること(an der Stelle jedes anderen denken)、3 いかなるときも、自己自身に同意できるように考えること(jederzeit mit sich selbst einstimmig denken)。第一は、先入観から解放された考え方の格率(die Maxime der vorurteilsfreien [Denkungsart])であり、第二は、拡張される考え方の格率(die Maxime der erweiterten [Denkungsart])であり、第三は、首尾一貫した考え方の格率(die Maxime der konsequenten Denkungsart)である。……これらの格率の第一のものは、悟性(悟性)の格率(die Maxime des Verstandes)、第二のものは、判断力の格率(die Maxime der Urteilskraft)、第三は、分別理性の格率(die Maxime der Vernunft)と言ってよい(*KdU* §40, 158f.)」

(3)「迷信(Aberglaube)こそ、とりわけ先入観と呼ばれるに値する。というのも、迷信は盲目の状態にわれわれを移し入れ、しかも盲目状態を義務として要求しさえする。この盲目の状態こそ、他人に導かれたいという欲求、それとともに、受動的理性の状態を特にはっきり示すものなのだ。……第三の格率、つまり首尾一貫した考え方は、達成するのが最も困難であり、前の二つを結合することによって、そして、これらの格率の遵守が一層普通のことになって仕上がった後に、はじめて達成されうる(*KdU* §40, 159)」。第一章で見たヘーゲルの『精神現象学』における「信仰」という意識の「真理(真相)」は、まさにこの「迷信」の構造を明るみに出したものだと言える。ヘーゲルはまた、『エンチュクロペディー』において、この視点から「心の病」を論じていた(岩城一九九七)。

(4)なお「第二の格率」が「判断力」の格率であり、それが、「あらゆる他人の立場に立って考える」という格率であることは、「感性論(美学)」にとって重要であろう。カントに従えば、「趣味」は「直観的判断力」である。そうであるなら、「判断力」の一つである、「直感的(感性的)判断力」としての「趣味」には、最初から、前言語的次元で、他人の同意への期待、相互理解への信頼が含まれている、ということになる。そして実際、カントは『判断力批判』において、「直感的(感性的)判断力」としての「趣味」の、他人との共有可能性を理論化しようと努めることになる(この問題については、岩城二〇〇一d、第一章)。

（5）「芸術学」の「始祖」とされる、K・フィードラーは、カント哲学に倣って自らの「芸術活動の根源について」（1887）を書いた。それは、『純粋理性批判』第二版出版の一世紀後である。その冒頭において、フィードラーは、芸術活動の本質的な姿を明らかにするには、芸術作品の与える「作用」から出発するのではなく、この活動の生まれてくる、その場面まで遡ることが必要だと主張している。というのも、「作用」から出発する理論は、「作用」の内のどれが本来、当の芸術作品固有のものかを知っていなければならないが、これは、「芸術」とは何かという、これから問うべき答えを最初から決めてかかるという矛盾を犯すことになるからだ。「作用」を「出発点」にするのは「間違っている」。「諸々の精神的—身体的な表現作用（Manifestationen）、そこに向けて人間有機体が生成を喜びつつ上昇して行く、この豊かな表現作用の世界から、われわれがその広い展開の内で芸術活動と呼ぶような活動が分かれはじめる点、この点を認識することに成功したなら、この活動の内的世界に通じる唯一の入り口が実際に手に入れられることになる（Fiedler 1887,112f.）」。明らかにこの言葉は、カントの先の言葉（特に傍線の箇所）を想起しつつ書かれている。第一章参照。

（6）「超越論的感性論」が行うのは、私たちが「現象」を認識する際の、超越論的条件の解明である。「現象」認識の「超越論的条件」、それは「空間」「時間」である。だからここで展開されるのは「空間」「時間」論である。この点に関しては別の機会に論じたので、ここでは詳しい考察は省き、必要に応じて触れるにとどめる。詳しくは、岩城二〇〇一d、第一章参照。

（7）ヘーゲルは『精神現象学』で、「知覚」、「物」、「錯覚」の構造を論じた。これは「物自体」信仰の、すなわち「健全な分別」の信念の、解体作業なのだ（この点については、岩城二〇〇一b参照。「知覚」と「錯覚」については、岩城二〇〇一d、第一章も参照）。

（8）この点もフィードラーに受け継がれている。造形芸術家に対して現れるのは、現象であって、その背後に芸術の本質を求めることはできないということが繰り返し語られるからだ（この点については、岩城二〇〇一d、第三章第二節参照）。

（9）カントの「分別（悟性）」規則のシステムを「表象連関（Vorstellungszusammenhang）」という用語で捉え直したのは、二十世紀初頭のカント学者であり、また心理学者であったハンス・コルネリウス（Hans Cornerius 1863-1947）である。そしてこの「表象連関」を、芸術作品生成構造の具体的解明に適用したのが、彼に学んだG・ブリッチュという、無名の芸術理論家である。ついでながら、コルネリウスは、Th・アドルノの博士論文指導者（Doktorvater）でもあった。アドルノのコルネリウス受容については、西一九九八、ブリッチュ芸術理論については、岩城「芸術精神の現象学」（一）-（十）、『研究紀要』（京都大学文学研究科美学美術史学研究室編）、次いで『京都美学美術史学』（京都美学美術史学研究会編）一九九六-二〇〇五年参照。

（10）アーペルのカントを超えた哲学についての考え方は、およそ以下のような彼の発言から理解できよう。「世界の解明を〈前もって、そしてともに（vorgängig-mitgängig）〉導いている言語ゲームが、社会的な生活形式と〈織り合わされていること（Verwobenheit）〉、このことをわれわれがヴィトゲンシュタインとともに眼差しに入れることで、伝統的ないわゆる〈相互主観性〉の問題における、ヴィトゲンシュタインの洞察と、ハイデガーの洞察との収斂点に行き当たる。／ハイデガーはここにおいて、言わば、〈共存（Miteinandersein）〉という概念によって、伝統的な〈認識論〉の独我論的アプローチを、その底にもぐるかたちで攻撃している。認識主体から出発する哲学が、他者の存在、および外界の事物の存在を、〈私の意識の〉対象として構成しなければならないと信じるのに対して、ハイデガーは、現象学的―解釈学的視点を主張する。つまり、意味深く思念できる〔meinbar　私のものとする、私念する〕データとしての〈自我〉、〈汝〉、〈他者〉は、われわれの世界-内-存在の〈共存〉から〈同じ起源をもって〉構成されている、というわけである。さらにそれを超えて、世界が〈公に開き示されている状態（öffentliche Ausgelegtheit〔公に解釈されていること〕）〉においては、〈人〉という様態での――伝統的言語的に刻み込まれた――前もっての理解〔先入観〕が、個々人が思念できる〔Meinen〕ということに対してはいつもすでに前もって生じており、しかもそれが、日常の平均的な態度の内で、彼の自己理解を〈差し当たって〉、〈大抵〉導いている。後期ヴィトゲンシュタインは、方法上のこの独我論の克服を、私的言語の可能性への問いという懐疑的議論を通して、注目すべき仕方で行っている（Apel 1976, Bd. 1, 264f.）」

（11）カント哲学に基づいて芸術理論を展開した、「芸術学の始祖」フィードラーは、「能力派」だった（「能力派」と「意志派」については、岩城二〇〇一d、第三章「フィードラー」の節参照）。

（12）健全な人間が陥る〈心の病〉は、〈同一性〉の喪失や解体ではない。なぜなら、病める心は常に、病める「私」を意識しており、だからこそ病は深くなるのであり、そこでは〈われ思う〉という超越論的作用は常に稼動し、同一性は通常健常者と呼ばれている人間以上に意識されているからである。健全な人間が陥る〈心の病〉とは、同一性の固定化のゆえに一切が色褪せて見えるという、〈経験の新鮮さへの喜び〉の喪失に他ならない。この新鮮さの喪失によって、自我は固い既成の自己（特定の経験的自己）の枠組みに閉じ込められ、同一性の確認自体が不確かになってしまう。〈心の病〉においては、普通は意識に隠れたかたちで働き、その都度の自己確認を可能にしている「われ思う」という超越論的同一的自己意識の作用が、経験へと突出し、より正確に言えば、特定の経験的自己意識（自我の枠組み）が外的内的作用の中で間違って絶対化され、その都度の経験的自己意識の到達しえない高みに祭り上げられてしまい、そこから経験的自己を見下ろし、同一性の確認を強要するために、経験自体が押さえつけられ窒息し、新しい経験へと向かう気力を奪われてしまうのである（この点については、岩城一九九七）。

（13）先に触れた健全な人間の〈心の病〉も、「神」の視点からの経験的自己の抑圧であり、それゆえ心の病は、自然な病ではなく、〈文明病〉だと言わねばならない。なぜなら、その都度の経験的「自己」を、「神」のごとき視点に立った「自己」から判定し抑圧しうるには、まず「神」の視点という、人間を判定する尺度（言語規則）、さらにはこの規則と現象として現に存在する自己との比較の仕方（尺度の適用）、すなわち「判断力」が習得されていなければ不可能だからだ。先にシェリング論において指摘したように、文明化された世界における宗教心と、文明病としての〈心の病〉には、類似の構造、心のメカニズムが働いている。

（14）西田は第二期、『自覚における直観と反省』から『芸術と道徳』に至る時期には、フィヒテの『知識学』における「純粋能動性（reine Tätigkeit）」としての「超越論的自我」概念を受容し、それを「絶対自由の意志」と呼んだ。この、経験には見えない、経験的自我の底でそれを動かしている、「純粋能動性」の意志により、経験的自我は、「私」とともに、同時に「対象」を意識する。それは「純粋能動性」としての働き続ける「自我」が、「非我」に突き当たって抵抗を受け、その運動が自己へと戻される（「反省」が生じる）からだ、というわけである。『自覚における直観と反省』というタイトル自体にそれは示されている。「自覚（自己意識）」においては、「直観作用」とそれへの「反省作用」が織り合わさるように働いており、これによってその都度の対象意識と自己意識とが経験世界において生じる、という理解である。この視点から、西田は、「主体」意識の成立と「客体」意識の成立とは同時的に成立し、分けられないことを強調した。西田はまた、この「絶対自由の意志」としての「純粋能動性」を「無」とも呼んでいる。というのもそれは、経験的自我の意識には届かない、深い次元でこの意識を先行的に動かしている働きとして想定されているからだ。しかし、第三期になると、西田はこのフィヒテ的な「主意主義」の立場を自己批判して、「場所」の立場に移る。それは、このような「純粋能動性」としての「自我」についてなぜ語りうるのか、という問いがなお未解決のまま残されているからだ。このような「自我」を語りうるのは、さらにその底で、このような能動的自我をも対象として語りうるような、さらに深い自我が横たわっているに違いない。これが、一切の運動すべてがそこにおいて生じる、まさにそれを見守っている「場所」としての自我である。ここにおいて西田は、フィヒテの自我論からカントの「超越論的統覚」としての自我論へと戻ったわけである。「場所」の立場、これを西田は「絶対無」の立場と見なす。この「絶対無」から見るなら、第二期の「絶対自由の意志」は「相対無」になる。こうして西田哲学は、経験的自我の立場（「有」の世界）、「純粋能動性」としての自我という、「相対無」の世界、そして「場所」という「絶対無」の世界という三層構造として世界を捉えることになった。この西田の思想の変化は、カントの自我論と、カントを批判的に継承したフィヒテの自我論との差異を考えるためのヒントにもなろう。

さらにここで指摘しておかなければならないのは、西田のこのようなカント理解が、東洋思想、特に仏教思想に引き寄せられるかたちで成立している、ということだ。「場所」の立場に立つとは、まさに、経験的世界における主体―客体の対立関係（有限な自我としての「小我」の立場）を超えた、これら経験世界の一切が、そこにおいて成り立つ「大我」の立場、言語的説明を超えた、いわゆる「言語同断」の世界、「不立文字」の世界に身を置くということだからだ。これはまた「空」の立場とも言えるだろう。「絶対無」という西田の好む用語もまた禅の思想と結びついている。このように、西田の思想は、東西言語の磁場で動いておりこの磁場の中でその都度姿を取ってくる（この点については、西田の思想の変遷、カント理解も含め、岩城一九九八b参照）。西田のこのような仏教的カント理解は、以後京都を中心に、現代まで生き続ける一つのカント解釈の道を開いたと言えよう。この、東洋的な「場所」の立場に立つとき、哲学は、経験世界（「有」の世界）すべてを肯定する、「絶対肯定の哲学」、まさに「悟り」を説く、宗教的哲学（？）になろう。つまりそれは、一方で自己救済の説、解脱の説になるとともに、他者に対してはそれを勧める説法の趣を呈してくる。これが、京都学派の哲学が、今なお多くの人を惹きつける点である。

このような東洋的カント理解は、たとい魅力的な面をもつとしても、カント哲学からの逸脱であり、またカント哲学における重要で積極的な側面の抹消、あるいは、それの回避、意識的な無視になってしまうと言わなければならないだろう。すでに指摘したように、カント『純粋理性批判』の主題は、人間の経験の基礎づけでも、自我の基礎づけでもない。そうではなく、カントが目指すのは、私たちの経験世界においては、常に避けがたいかたちで、経験的なものと超経験的なものとの混同が生じること、このことに照準を合わせ、この混同の構造を批判的に抉り出し、それによって経験の限界を明らかにすることである。これによってカントが行うのは、私たち人間が陥りやすい人間的な経験に対する暴力を防ぐことである。カントは、あくまで経験世界（それが「有」の世界、「小我」の世界と言われようとも）にとどまって、そこで生じる「誤謬推理」に対する、具体的批判的思考を遂行しているのであり、決して「超越論的統覚」の立場にわが身を移して、世界を観想するような立場には立っていない。

「絶対無」の立場、「大我」や「空」の立場も、確かに、経験的世界を「有限な世界」として批判することはできる。だが、私たちが実際に生きている、この有限な世界における諸々の暴力に対しては、この立場は具体的にそれを解決する手立てをもてないだろう。一人一人の人間に、自分のあるべき「境地」を説くという点では、この哲学も積極的な側面をもつとしても、この立場は常に、そしてそれの思想の構造からしても、必然的に、具体的社会現象から一歩身を引くことになってしまう。この哲学が自ら反省すべき問題点はここにあるだろう（この点については、岩城二〇〇二b参照）。

いずれにしても、日本・東洋的、あるいは仏教的カント理解は、それがどのような用語を使うにせよ、「超越論的な立場」（「悟りの立場」、「高踏的な立場」）に立って、そこから「経験」を論じることになるのであり、このために、カントが批判した立場に近づくことになる。つまり、「経験的観念論（empirischer Idealismus）」、「超越（論）的実在論（transzendentaler Realismus）」の立場である。この立場では、経験的世界は観念的なもの、つまり、「夢」の世界、「仮象（単なる見かけ、錯覚）」の世界であり、「超越的世界」こそ、「真の実在的世界」だからだ。

だから私たちが行わなければならないのは、一つの思想が実際にある時期に、経験に対する暴力に反対したか賛成したかといった、事実問題（？）ではなく、その思想がどのような構造をもち、その構造のゆえにどのように経験に関わらざるをえなかったかという、思想構造の解明なのだ。

（15） Paetzold 1992, 12.

（16）この点に関しては別の箇所で詳しく論じた（岩城二〇〇一d、第二章）。それゆえここでは要点のみ示しておく。

（17）Bergson, H.: *Le Rire, Essai sur la signification du comique*（1924）. Paris 1978, p. 133.

（18）〔＊〕印を付した箇所の日本語訳は以下のようになっている。どれも分かりづらい。「しかし、それがどうしてであるかは、ここでは依然決定せられない」（高峯一愚訳『カント上　純粋理性批判』河出書房新社、一一八頁）、「だがどうしてなのかは、ここではまだ解決されない」（篠田英雄訳、岩波文庫『純粋理性批判』上、一八七頁）。「けれどもいかにそうなのかはここでは無規定のままである」（有福孝岳訳『純粋理性批判』上、岩波書店）。問題は、"hier"（「ここ」）をどう取るかだ。「ここ」とは「直観」である。「直観」は、多様なものを受け取る働きとして、カテゴリー作用の統一以前に働いていると見なさねばならないが、「ここ（＝直観）」においてはしかし、この受け取りがどのようなかたちでなされているかは「無規定な」（わからない）ままである、という意味だ。高峯、篠田訳では、「ここ」（テクストのこの箇所）ではまだ無規定にしておくが、後になったら「テクストの別の箇所」ではっきりする、というような意味をもってしまう。その点、有福訳がこの三つの内では多少原義に近い。

第三章　人間の本性的誤謬の構造

カント「超越論的弁証論」の解きほぐし

第一節　誤謬の不可避性

(一)「超越論的幻影」

これまでのことから分かること、それは、十八世紀末に公にされたカントの哲学思想においてすでに、人間の経験を経験を離れた世界から説明したり、また経験をそのような超越的世界に還元したりしようとする思考の根本的な矛盾の構造が明確に見抜かれており、厳しく批判されていた、ということ、またそのような批判の作業は、きわめて周到なかたちで理論的になされているということだ。このことから言えるのは、カント哲学によって、すでに「本質主義（essentialism）」は解体されている、ということだ。だから、カント哲学を本質主義的視点から理解しようとする試みは、それがカント哲学の肯定的理解であれ、否定的理解であれ、挫折している、ということになる。

カントは、「思惟」と「認識」との違いを、人間の経験の構造を推理することで明確にしようとした。それは、この二つの働きの取り違え、「錯覚」が常に繰り返して生じるからだ。カントは、このような欺きを「超越論的幻影（der transzendentale Schein）」と呼び、この「幻影」（「錯覚」）の生み出される必然性を、第二部「超越論的弁証論」の「序」で論じる（"Schein"はこれまで「仮象」と訳されてきた）。

カントによれば、人間の認識は、それの根本構造（超越論的構造）のゆえに、つまり経験に先行するかたちで経験をかたちづくる構造のゆえに、はじめから（超越論的に）誤謬の可能性につきまとわれている。このような欺きをカントは「幻影（Schein）」と呼ぶ。

「……現象（Erscheinung）と幻影（Schein）とは同一視されてはならない。なぜなら、真理や幻影は、直観される

〈感覚的に受け取られる〉限りでの対象の内にあるのではなく、思惟される限りでの対象の判断の内にあるからだ。だからなるほど次のように言うことは正しいであろう。感官は誤りを犯さない、と。しかしそれは感官が常に正しい判断をするからではなく、それはまったく判断をしないからである。したがって、真理も誤謬も、それとともに誤謬への誘惑としての幻影も、判断の内で、すなわち対象のわれわれの分別（悟性）への関係の内でのみ出会われる。分別（悟性）の法則と例外なく一致する認識には、誤謬はない。感官の表象〈感官に現れるもの〉にも誤謬はない（感官は判断をまったく含まないから）（A293f., B350）」

「幻影」（錯覚）が生じるのは、「判断」の場面においてである。つまり、問題が生じてくるのは、「直観」（「現象」を受容する働き）に「規則」を適用する場面、まさに「感性」（受容能力）と「分別（悟性）」（自発的能力）との出会う場面、ここにおいてである。

「現象」にただ曝されているだけの人間の感官には「幻影」は生じない。否、「幻影」など問題にもならない。人間はただ現象に巻き込まれているだけだからだ。それゆえ、第二章で指摘したように、「感官は嘘をつかない。嘘を置き入れるのは理性だ」というニーチェの理性批判（『偶像の黄昏』）は、ほとんど意味をなさない。「嘘」をつかないことは、「理性」に対する「感性」の優越を保証しうるものではないからだ。ここで再度ニーチェの批判（「感覚は嘘をつかない。嘘を置き入れるのは理性だ」）に対して、カント自身に反論させよう。

「感官には、真なる判断であれ誤った判断であれ、判断などない。われわれは、これら二つの認識源泉〈感性と分別（悟性）〉以外の認識源泉はもたないので、その結果、誤謬はただ、感性の分別（悟性）への気づかれることのない影響によって引き起こされる、ということになる。これによって判断の〈主観的〉根拠が客観的根拠と合流し、客観的根拠をそれの規定から逸脱させるということが起こってくる。*

＊　分別（悟性）に従う感性は、分別（悟性）が自らの機能を適用する客体として、実在的認識の源泉になる。しかし、感性が分別（悟性）の働き自体に影響し、分別（悟性）の判断の働きそのものを規定する限り、まさにこの感性は誤謬の根拠になる（A294, B350f.）」

「誤謬」の原因は「分別（悟性）」（ニーチェの場合「理性」）自体にあるのではなく、分別（悟性）の働き方、この規則機能に「感性」が「影響」を及ぼしてしまうことにある。例えば、私たちは、分別（悟性）の規則に対応する「現象」を「考える（思い浮かべる）」ことはできるが、しかし私たちには、それに対応する現象を実際に「見る」ことはできない場合がある。このときそのような物の実在を「見た」と主張する場合に誤謬が生じている。ここには「思惟」（頭で考えること）と「直観」（実際に見たり聞いたりすること）との混同、取り違えが生じており、「信仰（信念）」がいつの間にか「認識」にすり替えられている。しかもこのすり替えは人間に避けられない、誰もがいつも犯してしまう、人間の「本性（Natur）」のごときものであり、それゆえここに生じる「幻影」は「超越論的幻影」なのだ。

同時に、今挙げた箇所でカントが用いている「感性」は、単なる受容性としての「感性」ではなく、「知覚」、「情動」、「欲望」等々にも及ぶ、広い意味での感覚作用、感情作用と見なさねばならない。なぜならまったくの「受容性」としての「感性」は、分別（悟性）を欺いたり、それに「影響」与えたりすることなどできないからだ。実際カントは、「月」が昇りはじめたときには、昇りきったときよりも大きく見える、という例を挙げている（A297, B354）。ここで働いている「感性」は、もちろん「知覚」である。それ以上におそらく問題になってくるのは「感覚的欲望」だろう。これによって、「分別（悟性）」概念が無理やり現象理解のありもしない根拠にされ、経験しえない現象が、現実に存在するものとして捏造されてしまうことになろう。それがカントの批判する「手品」なのだ。

「われわれが問題にするのは超越論的幻影だけである。……超越論的幻影は、批判の警告一切に逆らって、完全にカテゴリーの経験的使用を超えたところにわれわれ自身を運び去り、われわれを純粋分別（悟性）の拡張という手品（Blendwerk der Erweiterung des reinen Verstandes＝目を晦ませるもの、詐欺）で釣る。われわれは、その適用が、生じうる経験の限界に完全にとどまるような原則、これを内在的原則（immanente〔Grundsätze〕）と呼び、この限界を飛び越えると称する原則を超越的原則（transzendente Grundsätze）と呼ぼうと思う（A295f., B352）」

「経験の限界」の内部で現象を規則づけている、すなわち人間的認識をかたちづくっている分別（悟性）の「原則」、これが「内在的」原則であり、これに対して、人間の経験を超えたものを説明しうると称する「原則」、これが「超越的」原則、すなわち、人間に内在的な原則を、人間的な認識の及ばないような対象に適用し、「分別（悟性）」を「拡張」すると称する原則である。普通人間には経験しえず、経験の背後で経験を可能にしている「原則」、これを思惟（想定）するのは「超越論的（transzendental「先験的」とも訳されてきた）」な思惟である。これに対して、経験を超えたものに、人間の「原則」を適用し、その実在を説明しうると考える思惟、これは「超越的（transzendent）」な思惟である。ここではカントはこの二つの用語を区別している。

ただし、テクスト全体においては、この区別は明確になされてはいない。テクストでは、ほとんどの場合、“transzendental”が用いられ、この用語が時として「超越論的」であるより、「超越的」という意味で理解した方が分かりやすい場合がある。二つを区別する以下の文章でも曖昧さは残っている。その箇所に傍線を引いておく。

「したがって超越論的（transzendental）と超越的（transzendent）とは同じではない。上に述べた純粋分別（悟性）の原則は、ただ経験的に使用されるべきものであって、超越論的に、つまり経験の限界を超えて使用されてはならない。ところでこの限界を取り去り、しかも〈それを超え出るように命じる〉原則は、超越的と呼ばれる。われわれの批判が、この思い上がった原則の幻影を暴露することに成功しえたなら、単に経験的に使用されるかの原則は、この超越的原則に対して、純粋分別（悟性）の内在的原則と呼ばれることができるであろう（A296, B352f.）」

カントは、人間経験を論じるに際しては、あくまで「内在」の立場にとどまることを求めている。このことは彼が、人間には「超越」への志向がきわめて根強いことを知っているからだ。しかしなぜ「超越的原則」が常に「使用」されてしまうのか。それは、すでに「超越論的場所論」で示されたように、「カテゴリー」と「現象」とが同じではないこと、換言すれば、人間の経験の「源泉」としての「分別（悟性）」、しかも「理性」によって経験から取り出され、言語・記号システムへと移された「分別（悟性）」のカテゴリー能力と、「感性」とは働きを異にし、しかもそれらの及ぶ範囲も異なるという点にある。この点を明らかにする上でも、「二元論」は有効なのだ。

カントは先にこの点に関して、「純粋分別の拡張（Erweiterung des reinen Verstandes）」という表現をしていた。「経験」の限界を超えた「分別（悟性）」のこの「拡張」は、確かに「手品（目晦ませ）」ではある。しかし、「理性」（言語・記号能力）を通して「純粋分別（悟性）」は「経験」を超えて拡張しうるからこそ、問題が出てくる、ということでもある。経験的概念（例えば言語）も同様である。すでに指摘したように、一つの言語は、たといそれが経験を「超越」するものを指示するとしても、諸々の言語規則の中では論理的整合性をもつし、そのような規則の連関の中で、「超越的なもの」を、私たちは「思惟」しうる。「思惟」は「言語」の関係（まさに「理性」システム）から成り立ちうるものであり、このときには感性的経験を無視できるからだ。カントは、「思惟」と「経験」との、この違いに目を留めており、この差異の抹消という、人間に生得的な「手品」を問題にしている。「超越論的幻影」の根強さに触れた以下の箇所には、今示した意味での「理性」という用語も出てくる。

「［論理的幻影＝誤謬は、規則の適用に注意することによって完全に訂正しうる。］これに対して超越論的幻影は、幻影であることがすでに暴露され、超越論的批判を通してそれが無効であることがはっきり見抜かれたとしても、それで終わるということはない（例えば、世界には、時間的に見てはじめがなければならないという命題における幻影）。この原因は次のようなものである。すなわち、（主観的には人間的な認識能力の一つと見なされる）われわれの理性の内には、理性使用の基本規則や格率が横たわっているが、これらは、客観的原則にそっくりの外観を有しており、そしてこのことによって、分別（悟性）によるわれわれの概念の、一定の結合の主観的必然性が、物自体の規定の客観的必然性と見なされることが生じるのである。これはまったく避けることのできない錯覚（Illusion）なのだ（A297, B353）」

私たちが心にとどめておかなければならないのは、「論理的幻影」は訂正できるが、「超越論的幻影は、幻影であることがすでに暴露され、超越論的批判を通してそれが無効であることがはっきり見抜かれたとしても、それで終わるということはない」というカントの言葉だ。

実際「論理的幻影」（誤謬）は客観的に訂正できる。日常的な場面でもこのような幻影はいつも生じ、しかしすぐ訂正できる。例えば、試験での、数学の答えの間違いや、歴史問題における年代の思い違い（錯覚）など。ところが、「超越論的幻影」は、「理性」（言語・記号能力）をもつがゆえに、人間が思わず犯してしまう「錯覚」であり、避けがたい錯覚という意味で、それは「超越論的錯覚」と呼ばれているのだ。この「錯覚」は、その過ちが見抜かれた後でも、繰り返し生じてくることをカントは知っている。そして実際そうである。今日でも、自己の自己に対する暴力、個人間の争い、そして様々な民族、宗教、国家の間に引き起こされる戦争に至るまで、人間に対するすべての暴力は、この「超越論的幻影」によって引き起こされている。

「暴力」とは、頭の中で思い描かれたにすぎない世界、それゆえ「理性」（言語・記号能力）が設定した世界を、無理やり経験世界に実現しようとする「欲望」からで生じてくるものであり、それは自分たちが現に生きている経験世界を無理やり捻じ曲げ、この原理に当てはまらない世界を破壊し、抹消しようとする行為なのだ。

ところで、カントは上の文章において、「錯覚」が生じる大きな理由として、「理性使用」の「基本法則」や「格率」は、「客観的原則にそっくりの外観」を有している、ということを指摘している。ここには、「理性」（言語・記号能力）によって作られる法則世界の特色が示されている。ここも嚙み砕いて理解しておかねばならない。

「理性」とは、人間の経験に「内在的に」働き、経験をかたちづくっている「分別（悟性）」の諸規則を自覚的に取り出し、システム化し、それを通して経験に反省を加え、また経験を訂正し、方向づけていく能力である。つまり「理性」の「法則」は、経験に内在する諸規則を言語・記号化したものであり、それは経験内在的に働く「分別（悟性）」規則を取り出し秩序づけることで成り立っている。言い換えれば、「理性法則」は経験を参照し分析することで作られている。だからこの法則は、「客観的原則にそっくりの外観」をもつことになるのだ。というのも、「客観的原則」とは、「感性」が受容したもの（「現象」）を、「分別（悟性）」が規則づける、この経験の現場において見出されるものだからである。この意味で、次のことが常に反省されねばならない。

「理性」（言語・記号能力）による「法則」設定と、この法則による現象世界（「自然」）の理解は、最初から「同語反復（Tautologie）」に陥りやすい性格を、その構造のゆえにもっている。

というのも、「理性」（言語・記号能力）の設定する「法則」は、「経験世界」の諸規則を反省し推理することを通して生み出されるものであり、これを再び経験世界の説明に当てはめて経験世界を説明するということは、過ぎ去った経験から取り出された規則を、現在や未来の経験に見出そうとすること、あるいは当てはめようとすることになるからだ。要するに、「理性」にとっては循環論法（Zirkelbeweis, Zirkelschluss, vicius circle）は根本的に避けられないわけだ。この点で、「存在論（Ontologie）」、つまり経験世界の存在の本質的法則を語ろうとする思考は、自ずと「同語反復的」になるだろう。カントは「理性」の本性的（超越論的）危うさを知っている。あらゆる分野の思考に、この危うさはつきまとっている。「思考」とは常に、「理性」（言語・記号能力）によって営まれるものだからである。〈人間の生き方〉、〈他人との付き合い方〉、〈指導者としての振る舞い方〉、〈病気の治し方〉、〈芸術と作家の人生〉等々をはじめとする、あらゆる分野に及ぶ実際には退屈な〈ノウハウ本〉や〈人生論〉に人気があるのは、それが「同語反復」に支えられ、それによって何らかのかたちで多くの人の経験のどこかの部分に訴えかけるからだ。

(二) 弁証論（Dialektik）

人間の認識は「二つの認識源泉」（「感性」と、「理性」に結びついた「分別（悟性）」）の関係への意識（「判断」）から成り立つので、これらの関係のずれや取り違えが常に生じる。私たちの経験においては、単に「直観」とそれを規則づける「分別（悟性）」が働いているだけではない。そこには、「分別（悟性）概念」を取り出しシステム化し、そこから経験の規則を推理する「理性」も入り込み、経験を方向づけている。つまり、すでに強調したように、私たちの経験には言語・記号能力が浸透し、私たちの「判断」を導いている。だから、どのような言語・記号的枠組みから経験世界が見られるかによって、経験世界は異なる姿を現す。このような、言語・記号の介入した経験のあり方、そこでの「判断」のあり方、これが、そのまま「弁証論（Dialektik）」と呼ばれる。「弁証論」とは、「言語・記号」によって経験を理解し説明すること、このまさに、私たちが日常生活においても行っていることそのものにおいて働いている物事の捉え方なのだ。私たちは常に、特定の「言語・記号」の枠組み（「理性法則」）に従って経験世界とその真理を理解している。このような、言語・記号の浸透した私たちの経験のあり方自体が「弁証論的」なのだ。

だから「弁証論」においてこそ、「超越論的幻影」が生じてくる、ということになる。つまり「弁証論」とは、一般に理解されているような、「命題（Thesis）」、「反対命題（Antithesis）」、「総合（Synthesis）」（正－反－合）といった単純な理論的枠組みではない。もう一度繰り返すなら、「弁証論」とは、私たちが現象を認識するときに、否応なしに働いてしまう、「現象」への「カテゴリー」、「原則」の適用であり、それによる現象の原因の理解（「推理」）、あるいは誤解（「誤謬推理」）なのだ。「理性」による、「原則」の「現象」へのこの適用には、誤謬がいつもついて回る。したがって、第二部の「超越論的弁証論」とは、このような「弁証論」が経験世界で起こる、その「超越論的」構造を解明する理論だ、ということになる。これこそが、『純粋理性批判』の本来の主題なのである。(1)

「弁証論」についてカントは語っている。

「……誤った推論を解消するに当たって、論理的弁証論はただ、原則に従う際の過ちや、原則を真似る際の、取ってつけたような幻影を問題にするだけであるが、それに代わってわれわれが問題にしているのは、それ自体主観〔内在〕的原則に基づき、しかもそれをこっそり客観的原則とすり替える、自ずと生じてくる（natürlich）避けがたい錯覚である。つまり、純粋理性の自然で避けがたい弁証論（Dialektik）が存在することになる。これは、例えば知識不足によって無能な人間が自ら巻き込まれるような弁証論や、何らかのかたちでのソフィストが、理性的人間を混乱させるために、人為的に捏造した弁証論ではない。そうではなく、この弁証論は、人間理性に阻止しえないかたちで付随し、われわれがそれの手品を見破った後でさえ、人間理性に対して手品を使って見せ（vorgaukeln）、理性を絶えず一時的な錯誤へと突き落とすことを止めることはないであろう。このため、いつもこの錯誤が取り除かれる必要が出てくる（A298, B354f.）」

ここでカントが問題にしている「弁証論」は、哲学者がいつでも使える論法などではない。それは、私たち人間すべてにおいて働いてしまっている、「理性」（言語・記号使用能力）による現象への原則の適用作用であり、それによる現象理解そのものである。だから、そこにおける「幻影」（欺き）に私たちはいつも囚われ、誤った経験を正当化しようとしてしまうし、また誤ったかたちで経験を方向づけてしまうのだ。だから欺きの意味での「幻影」批判は繰り返し行われねばならない、というのである。

手もちの規則を「現象」に投入し、「現象」の「本質」を把握したと主張する同語反復的思惟の「手品」、これをヘーゲルも『精神現象学』の「序」において、暗にシェリングの同一哲学を指しつつ、「認識における空虚な素朴さ」と批判し、このような思惟の働きを「種の見抜かれた手品の反復（Wiederholung einer eingesehenen Taschenspielkunst）」と呼んでアイロニカルに批判した（W3, 50. 岩城一九九五a）。

カントが「手品（目晦まし）」と呼び、ヘーゲルが「種の見抜かれた手品」と揶揄する思惟のあり方から、今日の思惟も決して自由になってはいない。むしろ、すべてが規則づけられ、規則によって説明されるようになればなるほど、この「手品（目晦まし）」も多くの種を仕入れ、巧妙になるのであり、規則によって物事を理解することに慣れ親しんだ人間を虜にする。規則のシステムを言語・記号（理性）を通して伝授する大学は、「手品」の技法を伝授し、次々に手品師を世に送り出す機関であるとともに、手品に籠絡されやすい人間を大量に育て世に出している可能性が大なのだ。

「弁証論」は、あらゆる人間に行き渡って、人間の経験を方向づけている。「理性的存在（＝言語・記号的存在）」であるために、人間の感性的経験、感性的認識には、常に「言語・記号」という規則が浸透し、人間に内在的な、ほとんど自動的に働く「原理」になっており、この原理に動かされるかたちで、人間は世界を理解している。しかも、この原理が人間という、特殊な主観の原理であるにもかかわらず、人間は、それがあたかも主体を離れても存立する、客体の客観的原理であるかのように思い込む。こうして、主体を離れた「物」等々の「存在」が確信され、「断言」されることになる。このような「弁証論」による思い込みが、私たちの経験の実情なのであり、だから、私たちの経験には、常に新に批判的考察が加えられねばならないのだ。

だが、このように言うからといって、理性（言語・記号能力）に汚染されない、あるいはそのような能力には届かない、純粋感覚、純粋感情、純粋経験、あるいは根源的欲望等々を求めたりもち出したりしても無駄である。そのようなものもまた、「理性（言語・記号）」によってはじめて「想定」されるものであって、それの「真理性」は、人間の経験を推理する際の、理性（言語・記号）の整合性にかかっており、それへの細やかな反省を抜きにした思考は、粗雑な、それゆえかなり危うい信念の表白、ときとして暴力的な恫喝、あるいはセンチメンタルなありもしないものへの憧憬に終わってしまうだろう。実際、「理性（言語・記号能力）」とは直接関わらないかたちで生活している生き物にとっては、「理性」を超えたものがあるかどうかといったようなこと、要するにそのようなものを考え出しては世界に介入する生き物である人間がいるかいないかといったようなことは、どうでもいいことなのだ。

(三) 再確認——理性(Vernunft)機能

すでに触れたように、人間は、カテゴリー機能(「分別(悟性)概念」)が単に自動的に働く存在ではなく、このカテゴリーを経験から取り出して反省し、統一する存在でもある。「カテゴリー」をより高次の原理へと結びつけてゆく「推理」能力、これが「理性(Vernunft)」と呼ばれる。「理性」によって人間は、自分の経験を、経験を超えた視点から反省し、また整え、方向づけることができる。しかし同時に、経験を超えうる「理性」を有するからこそ、「理性」には、人間を特有の迷蒙へと誘い込む傾向が本性的に(natürlich)に属している。ここでカントが問題にするのは、人間的理性に本質的につきまとう、本性的(超越論的)誤謬の構造であり、それの論理的起源である。これを解明することは、伝統的な神学や形而上学の解体を意味する。これによって人間は、伝統的な神学的思惟の束縛から原理的には解放される筈である。しかし、「理性」の本性のゆえに、より正確には、人間が感性的・理性的存在であるがゆえに、人間は、繰り返し姿を変えて現れる、理性の犯す誤謬に誘い込まれる。現在の私たちも、そこから自由になっているとは決して言えない。それゆえカントの理論は、私たち自身の思惟のあり方に反省を加える上でも、もう一度ゆっくり解きほぐす必要があるのだ。カントの思想をいかに解釈するかということは、単なる専門分野としてのカント哲学における解釈論争(言語ゲーム)を超えた、人間理解の問題に関わっている。この点で、『純粋理性批判』の後半部がもう一度詳しく吟味されねばならない。

カントは「理性」を次のように特徴づけている。

「分別(悟性)は、規則によって現象を統一する能力と言えよう。そうであれば理性は、分別(悟性)の諸規則を諸々の原理の下に統一する能力である。つまり理性は、まず経験に、あるいは何らかの対象に関係するのでは決してなく、それが関係するのは分別(悟性)である。それは、概念によって、分別(悟性)の多様な認識にア・

プリオリな統一性を与えるためである。この統一は理性の統一（Vernunfteinheit）と言えよう。そしてこの統一は、分別（悟性）によってなされうるのとは、まったく別種のものである（A302, B359）」

「分別（悟性 Verstand）」が、「規則の能力（Vermögen der Regeln）」であるのに対して、「理性（Vernunft）」は、「原理の能力（Vermögen der Prinzipien）」である（A299, B356）。

私たちはすでに、「分別（悟性）概念」（カテゴリー）と「言語・記号」との差異と関係について論じてきたので、この文章については、理解は容易であろう。カントは「理性」を「言語・記号」の代わりに「概念」（複数形のBegriffe）による能力だと語っている。

もう一度確認しておこう。「分別（悟性）」による「認識」と「理性」による「推理（Schluss）」とは区別されねばならない。「理性」は「間接的な」認識能力である。しかし、人間の経験においては、「感性」と「分別（悟性）」の場合と同様、「分別（悟性）」と「理性」も、普通は意識されることなく、縒り合わされて働いている。私たちは、「感性」、「分別（悟性）」、「理性」のそれぞれの機能（働き）の差異を、それらが混じりあって働いているために、「習慣」によって忘却するのであり、またそれゆえに日常生活では、私たちは、本来「推理」の世界ではじめて成り立つ事柄を、あたかも直接「認識」できると思い込む。カントはこのことにも触れている。

「直接認識されるものと、推理されるにすぎないものとの間には区別がつけられる。三直線に囲まれた図形には三つの角がある。これは直接認識される。しかしこの三つの角を合わせれば二直角に等しいということは、推理されるしかない。われわれは、推理することを常に必要とし、また結局このために推理することが完全に習慣になる（gewohnt）であろうから、われわれはついには、この区別にもはや気づかなくなり、感官のいわゆる欺きの場合のように、単に推理したにすぎないものなのに、それを、しばしば直接知覚されたものと見なす（A303, B359）」

三角形の内角の和が二直角になるということ、これは、角度という言語・記号を設定し、また習得した者、つまり言語・記号の約束事を理解した者でなければ自明なことではない。われわれは「直観」の「規則」を「直観」から分離し、そのものとして分析し、結合することができ、これによって「直観」の場におけるのとは異なる活動をする。例えば数という記号の関係からなる結果は、数の関係として、習得され記憶されることで、あたかも直接知覚されるかのごとく、瞬間的に判断されるものとなる。2×2＝4等々の九九の暗記を考えればよい。

言語使用も同様である。私たちは、慣れ親しんだ言葉を用いる場合には、その働きがどのような「原理」によって可能になっているかなど、一々考えたりはしない。だが、その言葉が他人にも受け入れられるのは、その言葉が言語として機能しうる、その言葉が属す言語の一般的原理に従っているからだ。「理性」とはそのような「原理」を思惟する能力である。ただこのような、本来「理性」による「推理」によって得られる「原理」も、「習慣」によって、あたかも「直接」「認識」できるかのようになること、このことをカントは、上の言葉で指摘しているのだ。

別の箇所でも指摘したように（岩城二〇〇一d、第一章）、ヘーゲルは、『エンチュクロペディー』において、「像の記憶」と「記号の記憶」とを分け、前者を「想起（Erinnerung）」、後者を「記憶（Gedächtnis）」と呼んだ。「記憶（Gedächtnis）」とは、直観されたものではなく、まさに思惟（denken）されたもの、言語をも含む「記号規則」の、「意志」的な記憶である。しかし「意志」によって覚え込まれた「記号」も、「習慣」によって「第二の自然」になり、このとき、この「記憶」は直接「知覚」のように働くことになる。習得された語の場合、文字形象（例えば、"mountain"や"Berg"や〝ヤマ〟）の知覚の瞬間に、記憶された意味とイメージ（〝山〟）とが直接意識に現れるわけだ。「推理」能力としての「理性」と、「分別（悟性）」による「認識」との違いは、「分別（悟性）」がその都度「現象」に「規則」を適用するのに対して、「理性推理」は、経験を超えた「無制約なもの」へと向かい、この「無制約なもの」へと「条件づけられたもの」（その都度の認識）を秩序づけてゆくことを「本性」としている、という点にある。カントの言葉では次のようになる。

「第一に、理性推理は、（分別（悟性）が自らのカテゴリーによって行うように）直観に関係して、直観を規則づけるのではなく、諸概念と判断とに関係する。それゆえ、純粋理性も対象に関係するが、しかしこれらの対象、およびその直観に直接関係するのではなく、分別（悟性）とそれの判断に関係するにすぎない。分別（悟性）とその判断がまず感官とそれの直観に向かい、これらに対象を規定する。それゆえ理性の統一は、生じうる経験の統一ではなく、分別（悟性）の統一としてのこの経験の統一とは、本質的に異なる。生じるものはすべて原因をもつということは、理性によって認識され、指定される原則ではない。この原則は、経験の統一を可能にするが、理性からは何も借りてこない。理性は、起こりうる経験へのこのような関係をもたず、単なる概念から、そのような総合的統一を命ずることはできないであろう。／第二に、理性は、その論理的使用において、自らの判断（結論）の普遍的条件を求める。そして理性推理は、それ自体一つの判断、この判断の条件を、普遍的規則（大前提Obersatz）へと包摂することによる判断に他ならない。ところでこの規則は、さらに理性の同じ試みに曝され、これを通して条件の条件が（三段論法Prosyllogismusを介して）、できる限り求められねばならないので、明らかになるのは、理性一般の（論理的使用における）固有の原則とは、分別（悟性）の条件づけられた認識に対して、無制約なもの（das Unbedingte）を見出すことであり、それによって分別（悟性）の統一が完成されるということ、このことである。／ところで、この論理的格率が純粋理性の原理になりうるのは、次のことを想定することによる以外にない。すなわち、条件づけられたものが与えられたなら、互いに従属する条件の、それ自体無制約な全系列もともに与えられている（すなわち対象とそれの結合の内に含まれている）ということを、である（A306f., B363f.）」

「分別（悟性）」と「理性」との違いと、それらの関係とを整理しておこう。

「理性」は、本来的に超越的作用である。それは「経験」に直接関わるのではなく、経験に不可欠の「直観」から離れて、「経験」の「規則」に関わり、その規則の「原理」を把握しようとする。つまり「理性」は、経験には到達しえない、経験の規則の「全系列」を求める。「経験には到達しえない」というのは、「経験」がなしうることは、その都度眼前に「与えられたもの（条件づけられたもの）」を判断することであり、その原因を探るにしても、「条件づけられたもの」に即して次々に原因を尋ねるしかないのであり、「条件づけられたもの」、すなわち「現象」に出会えないところで経験は終わるからだ。何度か指摘してきたように、常に私たちを取り巻いている「多様なもの」（「現象」）を分節し、一つのかたちをもった「客体」として切り取り、意識の前景にもたらす（このとき同時に他の現象を意識の背景へと排除する）働き、この身体内在的な規則づけの機能が「分別（悟性）」という「カテゴリー」機能である。

しかも、このような、「カテゴリー」の身体内在的機能の次元（「経験」の次元）においても、「原因」の「推理」は行われている。例えば、動物は、ある特定の音や臭いや温度（結果）の「知覚」から、獲物（臭いや温度の「原因」）を推理（察知）する。カントは「理性推理」とは異なる「直接的推理（consequentia immediata）」に言及し、それを「分別推理」と名づけている（Vgl. A303, B360）。「分別推理」は、生き物すべてにおいても常に、身体に密着したかたちで働いている「推理」だと言えるだろう。

ヘーゲルも類似の理解を示している。ヘーゲルは、『論理学』において、「理性」の「論理学」に対して、「分別（悟性）」のカテゴリーが「自然的論理学」と呼ばれてきたことも指摘し、ここでのカテゴリーの「使用」は「無意識」だと語っている（W5, 24）。

要するに、人間においても、先に触れたように、「習慣」により「推理」は直接の感覚的反応のごときものになる、ということだ。だが「理性」は、それを純粋に取り出すなら、「カテゴリー」を身体から離して、それ自体として対象化し、それのシステム全体を推理する能力だ。

カントは、「超越論的方法論」において、「理念」に関わる「理性」の学として「数学」と「哲学」とを挙げ、その差異を明らかにしているが、このいずれの学問も、純粋に「カテゴリー」を「対象」にすることでは共通する。

「哲学的認識とは、概念による理性認識であり、数学的認識は、概念の構成による理性認識である（A713, B741）」

「哲学的認識」にとっても「数学的認識」にとっても、純粋な「理性」（言語・記号）の整合性が課題である。だからここで生じる「認識」は、論理的整合性の認識であり、一般的な「認識」におけるような、「現象」の「認識（認知）」ではない。「哲学的認識」および「数学的認識」と、「経験的認識」（「感性的認識」）とは次元を異にする。この点をまず理解しておかなければならない。

だから、「数学」における「数」や「図形」は、それが実際に目に見える形で感覚的な数字や図形で表され、「直観」されるとしても、これらの数字や図形、例えば点や線は、あくまで言語・記号としての「カテゴリー」（観念）の純粋な代理物としての「直観」である。否、純粋な代理物（「記号」）として「直観」を用いることで、「数学」は成り立っている。だから、数学においては、点や線の「質」は問われない。紙に描かれた点や線はそれがどのようなものでも、太くても細くても、同じ点であり、また線なのだ（幾何学における「点」や「線」と「イメージ」としてのそれらとの差異については、岩城二〇〇一d第一章）。

ところで、同じ「理性」（言語・記号）の世界で成り立つにもかかわらず、「哲学的認識」と「数学的認識」には決定的な差異があり、この二つの認識は混同されてはならない。カントが今引用している箇所で力説するのは、この差異である。この差異を簡潔に言い表せばこうなる。

> 「哲学的定義は、分析すること（Zergliederung）で、分析的（analytisch）に実現されるにすぎない（しかもこの分析の完全性は、反論できないような確実なものではない）。これに対して数学的定義は、総合的（synthetisch）に実現される（A730, B758）」

「数学」は、一つの「定義」から出発して、その定義には含まれていなかった新しい定義を次々に加えて、数学的世界を拡張していく。それゆえ数学における「理性」は「総合的」なのだ。これに対して、「哲学的定義」とは、「現象」の「分析」によって見出されていく「法則」の確認であり、それによる現象の「説明」である。だから、「分析」がより細やかになれば「法則」は新たに発見されることになる。絶対的に確実な法則（「反論できないような確実な法則」）などないし、また勝手に理性が推理した法則を現象に押しつけることはできない。だからこうなる。

「数学的定義は概念自体を作るが、これに対して哲学的定義は、概念を説明するにすぎない（*ibid.*）」

「数学」にとっては、「定義」が出発点であるのに対し、「哲学」にとっては「定義」は最終結果なのだ。

「一言で言えば、哲学においては、精確で明晰な定義とは、そこから仕事がはじまらねばならないものであるより、そこで仕事が終わらねばならないものなのだ。* これに対して、数学においては、われわれは、それを通してはじめて概念が与えられる定義の前には、いかなる概念ももっていないのであり、だから数学は、いつも定義からはじめなければならないし、またはじめることができる。

＊ 哲学には誤りのある定義、特に、なるほど実際定義の要素を含みはするが、なお完全なかたちでは含んでいないような定義が多く存在する。……数学においては、定義は存在のために（ad esse）必要であり、哲学においてはよりよき存在のために（ad melius esse）必要なのだ。定義に至ることは素晴らしいことだが、しかししばしばきわめて困難なことである。法学者たちは、今なお、法に関する彼らの概念のための定義を捜し求めている（A731, B759）」

カントは、哲学的営みを、現象（経験）の分析を通して、より説得力ある法則を見出し、それを通して現象を「理解」し「説明」する、絶えず更新される理性的営みと見なしている。「哲学」は「数学」のような、新しい世界を構成していく営みではなく、与えられた世界を精緻に分析してゆく営み、しかも決してこれでよしといった最終的な解答のない、分析の繰り返しなのだ。だから「哲学者」は「数学者」的な世界構成に向かってはならないし、またそのようなことはできない。カントが「哲学」と「数学」とを比較するこの箇所で言いたいのは、このことである。

したがって、「数学」と「哲学」について語っているこの箇所は、これらがともに「純粋論理の学」であるが、その違いは、前者が「総合」、後者が「分析」を自らの課題にするといった、相互の共通性と差異を示すために、つまり「数学」と「哲学」との比較のために置かれたにすぎないと考えるべきではない。ここでも、カントが行っているのは、これら二つの、一見近い関係にある学問を突き合わせることで、哲学の越権に対して警告をすることなのだ。「哲学」は「数学」のように「世界構成」を望んではならない、という警告である。

この点でもヘーゲルはカントを継承している。しかもヘーゲルは、カントが上の箇所で言おうとした「哲学」の限界を、より直截に、そしてまた文学的表現をも導入して強調している。『法哲学』の「序」の末尾、よく引き合いに出される「ミネルヴァの梟」の箇所である。それより少し前の箇所からも引いておこう。

「この書〔『法哲学』〕は、哲学的な書なので、一つの国家を、それがどうあるべきかというかたちで構成しようとすることから、最も遠く離れていなければならない。つまり、この書の基礎である教えることは、国家がどうあるべきかを国家に教えるのではなく、むしろ、国家、つまりこの人倫的な宇宙はどう認識されるべきかを教えることに向けられているのだ。

ここがロドスだ。ここで飛べ。（W7, 26）」

哲学の仕事は、未来の「構成」ではなく、過去および現在の「分析」である。このことを主張する上の箇所に、『イソップ寓話集』、「ほら吹き」の章の、「ロドス」の箇所が導入されている。これによってヘーゲルの言いたいことは、イソップに親しんだ当時の聴講者には理解しやすいものになるとともに、哲学を世界「構成」と見なす立場への、ヘーゲルのシニカルでユーモアに満ちた批判も精彩を帯びてくる。『イソップ』のこの章はこうなっている。

「国ではいつも、もっと男らしくやれ、とケチをつけられていた五種競技の選手が、ある時海外遠征に出て、暫くぶりで戻ってくると、大言壮語して、あちこちの国で勇名をはせたが、殊にロドス島では、オリンピア競技祭の優勝者でさえ届かぬ程のジャンプをしてやった、と語った。もしもロドス島へ出かけることがあれば、競技場に居合わせた人が証人になってくれよう、とつけ加えると、その場の一人が遮って言うには、

〈おい、そこの兄さん、それが本当なら、証人はいらない。ここがロドス島だ、さあ跳んでみろ〉

事実による証明が手近にある時は、言葉は要らない、ということをこの話は解き明かしている（中務哲郎訳『イソップ寓話集』「二三二　法螺吹」岩波文庫、一九九九年）」

「哲学」が守るべきことは、日常生活で人々が守るべきことと同じであり、言ったことと行ったこととは、高邁な哲学の場合にも、一致しなければならないのだ。

『イソップ寓話』を導入しながら行っている、「構成的」哲学へのヘーゲルの批判には、直接の相手がいる。フィヒテである。上の文の少し前の箇所に、フィヒテの政治論の「構成」主義への批判が出ており(25)、その文脈で、自分の『法哲学』の立場が主張されているのである。すでに本書の「序」で確認したように、「構成」はシェリングの立場でもある。だから、カントが警告を発した哲学による世界「構成」を、フィヒテとシェリングとは、カント哲学を発展させるという意図で行おうとしたが、ヘーゲルはこれを再び批判して、カントの立場をより分かりやすく哲学の取るべき立場として採用した、ということになる。カントから、フィヒテ、シェリングを通ってヘーゲルへの道は、これら四人のみに注目しても、決して一直線の発展図式に収まるものではなく、誤解や批判をも含む、

ジグザクの往還運動になるのだ。

先の文に続くヘーゲルの言葉は、以下のようになる。

「存在するもの〔何があるか〕を把握するのが哲学の課題である。なぜなら存在するものとは理性〔的なもの〕だからだ。個人に関して、個人は誰も、いずれにしても自分の属す時代の子であるように、哲学もまた、思想においてて自らの時代を捉えたものである。何らかの哲学が自分の現在の世界を超えていると妄想するのは、個人が自分の時代を超えている、つまりロドス〔という現場〕を超えて飛び出していると妄想するのと同じように、馬鹿げている。もし個人の理論が実際に自分の時代を超え、世界をあるべきかたちに建てるとすれば、このような世界はなるほど存在はするが、しかしそれは思い込みの内で、――つまり任意に何でも思い描くことのできるふわふわの領域で――存在するにすぎないのだ（W7, 25）」

このような文脈で「ミネルヴァの梟」、つまり「哲学」の課題は語られた。

「さらに世界はどうあるべきかと説くことについて一言いえば、哲学はいつも、このためには来るのが遅すぎる。現実がその形成過程を完成し、仕上げられた後になってはじめて、哲学は世界の思想というかたちで現れる。この、概念が教えるのは、必然的に次のような歴史〔物語〕である。すなわち、現実が成熟したときはじめて、理想が実在するものに対して現れ、この理想は、世界をその実質の点で把握し、知的な国のかたちで建てるものだ、ということである。哲学が自らの〔思想という〕灰色を、〔すでに終わった〕灰色〔の世界〕に塗るとき、生命の姿はもう老いているのであり、灰色で灰色を塗ることによっては生命の姿は若返ることはなく、それはただ認識されるだけなのだ。ミネルヴァの梟は、黄昏がはじまるときにやっと飛翔を開始するのだ（28）」

だからヘーゲルは、しばしば批判されるように、自分の哲学で歴史は終わったと言ってるのではない。そうではなく、哲学はいつも、すでに終わった世界についての思考であって、世界を「構成」する営みではないと言っているのだ。その点で、ヘーゲルはカントを継承しているのである（2）。

ところでカントは、「理性」を「言語・記号能力」として説明することはなく、あくまで「概念」の能力として語っている。これに対して、ヘーゲルは、「言語」（記号）が「理性」固有のものであることを、カント以上に強く意識していた。彼は、「思弁的」思惟の遂行に際しては、「概念」を「表象」的に理解してはならないと語っている（Vgl. W8, 43f.）。それは、普通の思惟においては、「概念」は常に「表象的」に、すなわち何らかの「形象（イメージ）」を思い浮かべつつ用いられており、このときには「概念」は「純粋」に働くのではなく、「経験」的に働いてしまっているからである。「概念」はしかし「純粋」に働きうる。なぜなら、私たちは何か別のものを「表象」せずに、「概念」（記号・言語）だけを「純粋」に「表象」し、また記憶しうるからだ（Vgl. W10, §458ff.）。「論理学」とはまさに、「純粋言語」としての「理性」の学なのである。ヘーゲルは『論理学』で語っている。

「人間は言語を、理性特有の表示手段としてもっているので、それより不完全な叙述方式を捜し回ってそれで苦労しようとするのは無益な思いつきというものだ（W6, 295）」。

「理性」を純粋な言語・記号において働く能力と見なすとき、カントにおける「分別（悟性）」と「理性」との区別が鮮明になってくる。

「……理性は分別（悟性）の使用にのみ関係するが、……それは、分別（悟性）に、それが捉えられない〔概念化できない〕、ある統一への方向を指定するためである。この統一は、それぞれの対象に関して、すべての分別（悟性）の働きを絶対的な全体へとまとめ上げることを目指す。したがって、純粋分別（悟性）概念の使用が、単に生じうる経験に制限されるため、その本性からして常に内在的（immanent）でなければならないのに、純粋理性概念の客観的使用は、常に超越的（transzendent）である（A326f., B383. vgl. auch A308, B365）」

今、私たちは理解しておかなければならない。カントの思惟も「循環」の中を動いており、また「循環」の中を動くことで成り立っている、ということを、である。しかも、先に指摘したように、これは、私たちの「思惟」（物事を考える働き）すべてにあてはまることだ。

「超越論的分析論」で示された、純粋な「受容性」としての「直観」と、多様を一つのまとまったかたちとして規則づける「分別（悟性）」とを語りうるのは、カントが「理性」（言語・記号による推理）の立場に立って、それらの特殊なあり方を「推理」しているからだ。「直観」そのものには、自分がどのような状態なのかは意識もできず、言葉で表すこともできない。というより、そのような無意識の「受容性」が「直観」と呼ばれているものだ。また「分別（悟性）」にしても、自分が多様なものを、その都度規則づけていることは意識できても、その規則づけがどのような統一的システムに従って働いているかは意識できないし、語ることもできない。そこでは白いものは白いものとして、黒は黒として判断されるだけである。そこに、例えば色彩の「統一」（システム）を「想定」し、このシステムに則っているからこそ、白は白、黒は黒として認知されるのだと言うことができるのは「理性」だ。その意味で、カントの思惟は言語に媒介されており、言語の生み出す循環運動に従っている。カント自身、「理性（言語・記号）の機能体」なのだ。

しかしだからといって、カントはすべてが言語に回収できるとは言っていない。つまりカントは言語をそのまま現象世界に当てはめているのではない。もしそうならカントの思惟は「同語反復的思惟」、その意味での悪しき循環に陥るだろう。むしろカントが行っているのは、言語（理性）では把握しえない働きもまた、人間経験には関わっているということ、そして言語的推理さえ、この、前言語的働きを「想定」しなければ、その可能性が考えられないということ、このことを言語によって明らかにすることなのだ。

言語的推理作用としての「理性」により、私たちは経験において現に働いている諸規則の全体的連関に思いを馳せるようになる。カントは「全体」を志向する「理性の原則」を、次のように言い表している。

「条件づけられたものが与えられていれば、諸条件の全体、それゆえ絶対に無制約なもの（das schlechthin Unbedingte）も与えられている。これによってのみ条件づけられたものは可能になったのだ（A409, B436）」

これは「理性」の立場に立つとき、はじめて言えることである。そして実際、この立場に立つので、人間は、出来事に対する、飽くことのない原因探究を重ねてきた。人間は「本性的に」、いかなる人間であれ、言語・記号を使用する限りは、「理性的存在」なのだ。「理性」はそれゆえ、決して特別に選ばれた人間の占有物ではない。それはあらゆる人間に働いているのであり、だからまた、とんでもない「誤謬推理」、人間への「暴力」や世界の「破壊」がいつも生じてしまうのだ。

人間は、自己の経験を、「諸条件の総体」を考慮しつつ整えてゆく。たといこの「総体」がそのまま「認識」できるものではなく、またこの「総体」は、経験ごとに姿を変えて想定されるとしても、人間は、過去を振り返り、また未来を予想しつつ、この「総体」に常に思いを馳せる。それは「言語・記号」という特殊な感性的なものが、「感性」(経験)を超えたものを指示しうる秩序を有しているからである。この秩序に乗ることで、人間理性の本性は「総体」を志向し「構築的」になる。

「純粋分別(悟性)概念」が「カテゴリー」と呼ばれたが、これに対して「純粋理性概念」は、「超越論的理念(transzendentale Ideen)」と呼ばれる(A311, B368)。「理性概念」は、「経験」を超えたものを指示するからである。すなわち「超越論的理念」とは、「思惟」することはできるが、必ずしも経験的に「実在」するものではない諸々の「観念」のことだ(「理念」は複数形になっている)。

「超越論的理念(die transzendentalen Ideen)とは本来、無制約なものにまで拡張されたカテゴリー(zum Unbedingten erweiterte Kategorien)に他ならないであろう(A409, B436)」

「理性概念(理念)」は、経験「内在」的な「カテゴリー」を超える。それゆえ、

「われわれは、理念に対応する客体に関しては、蓋然的〔未決定の〕概念を(einen problematischen Begriff)もつとしても、いかなる知識ももちえない(A339, B397)」

この、「蓋然的(未決定の)概念」としての「理念」、これが私たち人間の思考を導き、「経験」を方向づけている。

しかし、このまだ「未決定な概念」としての「理念」が、経験の確証なしに、「実際に経験世界に存在する」と断言されたり、「実際に経験した」と断言されたりするときに、問題が生じてくる。だから、このときの思惟の構造が捉えられ批判されねばならないのだ。カントは「理念」を三つのクラスに分けている。

> 「ところで、すべての純粋概念は、一般に表象〔=意識の前にもたらされたもの〕の総合的統一に関わるが、しかし純粋理性概念（超越論的理念）は、すべての条件一般の無制約な総合的統一〔経験に内在する「純粋概念」（=カテゴリー）のシステムの、言語・記号システムへの変換〕に関わる。このため、すべての超越論的理念は、三つのクラスに配されるであろう。その内の第一のクラスは、思惟する主体の絶対的（無制約な）統一を、第二のクラスは、現象の諸条件の系列の絶対的統一を、第三のクラスは、思惟一般のすべての対象の条件の、絶対的統一を含む。／思惟する主体は、心理学（Psychologie）の対象であり、現象の総括（世界）は、宇宙論（Kosmologie）の対象であり、思惟されうるものすべての可能性の、最上位の条件を含むもの（すべての実在中の実在〔=本質〕das Wesen aller Wesen）は、神学（Theologie）の対象である。それゆえ、純粋理性は、超越論的な心の理論（Seelenlehre）（合理的心理学 psychologia rationalis）と、超越論的世界科学（Weltwissenschaft）（合理的宇宙論 cosmologia rationalis）に対して、そして最後に超越論的な神の認識（超越論的神学 Theologia transzendentalis）に対しても、理念を供給する（A334f., B391f.）」

こうして、「理念」の関わる三つの世界、「合理的心理学」、「合理的宇宙論」、「超越論的神学」における「理性」の働きは、実際に「合理的」なのか否か、これが批判的に吟味されることになる。「心理学」、「宇宙論」、「神学」が、「理性的」、「超越論的」なのは、これらは現象世界そのものに関わるものではなく、現象世界の「原理」を探究、「推理」するものであり、そこには「原理」を探究し推理する「理性」（言語・記号能力）が必ず介入する。そこで働く「誤謬推理」、誤った「原理」を現象にもち込む「理性」、これが批判されることになる。

これらは、第二部門「超越論的論理学」、すなわち『純粋理性批判』の本論となる部門の核心となる、第二部「超越論的弁証論（Die transzendentale Dialektik）」、まさに、「理性」（言語・記号能力）によって「想定」（推理）される存在が「実在」として主張されることから生じる諸問題を批判的に検討する箇所、そこにおいて、三つの主節に配分されている。付された目次によって、これら三節の位置をまず確認しておこう（下線を施した箇所）。

Zweiter Teil. Die transzendentale Logik（超越論的論理学）

Erste Abteilung. Die transzendentale Analytik（超越論的分析論）

……

Zweite Abteilung. Die transzendentale Dialektik（超越論的弁証論）

Einleitung（導入）

Erstes Buch. Von den Begriffen der reinen Vernunft（純粋理性の諸概念について）

Zweites Buch. Von den dialektischen Schlussen der reinen Vernunft（純粋理性の弁証論的推理について）

1. Hauptst. <u>Von den Paralogismen der reinen Vernunft</u>（純粋理性の誤謬推理について）

2. Hauptst. <u>Die Antinomie der reinen Vernunft</u>（純粋理性の二律背反）

3. Hauptst. <u>Das Ideal der reinen Vernunft</u>（純粋理性の理想）

最初の節で批判されるのが、「心」という概念（言語）の実体化である。「心」という概念（言語）は、「身体」という物質的存在に付された名称（言語）との関係において意味をもつ。一つの言語は、このように言語システムにおいて意味を受け取り、ある事柄を指示することができる。この点では「心」という概念（言語）それ自体には矛盾はない。だが、このような言語の関係の内で意味を得る一つの言語、このような言語によって指し示されるもの（対象）が、この言語システムにおける関係を抜きにしても、あるいはそのような関係以前に、すでにそれ自体で「存在」しているとは限らない。「誤謬推理」が生じるのは、言語システム内で成り立つものが、そのままシステムの外で、それだけで存在すると主張される、そのときである。

第二節の「純粋理性の二律背反」が端的に生じるのは、「合理的宇宙論」においてである。そこで論じられるのは、「宇宙」には絶対的始源があるか否かであり、このような「始源」は有限な人間には認識しえないので、それの「存在」を主張する側（「独断論」）と、「非存在」を主張する側との間には、一方の立場に立てば他方は成り立たないという、「二律背反」が必然的に生じることになる。

同時にまた、このような「二律背反」は、「心」の理論においても、「神学」においても生じうるだろう。「心」を「非物質的なもの」と主張する側に対して、「心」を「物質的なもの」に還元できるとする側との間の「二律背反」、また「神」に関しては、その「存在」と「非存在」とをめぐる「二律背反」がこれである。これら二つの陣営は、ともに人間には認識しえないもの、それゆえ証明しえないものを、「真理」主張の際の根拠にするので、どちらも相手を完全には論破できないことになる。これが「二律背反」である。

ところで、第三節が「純粋理性の理想」となっているのは、「理性」（言語・記号能力）においては、絶対的で最高の存在は「想定」することができるので、このような「理念的存在」を思い浮かべ、それを「理想」と呼ぶことはできるからだ。問題が生じるのは、このような、思い描かれた「理想」が、実際に「存在」し、私たち有限な存在に「認識」できると断言されるときである。

以上のことを念頭に置きつつ、テクスト順序に従って、カントの批判を解きほぐしていこう。これによって分かるのは、カント哲学は認識の一般論に収まるものではなく、きわめて具体的に事象に関わる批判哲学だった、ということなのだ。

第二節　カント「批判哲学」の具体性

(一)「合理的心理学」批判

「合理的心理学」とは、「われ思う」という、経験的要素を含まない「統覚」の存在を前提し、そこから「心」の特性を「推理」する心理学を指す（Vgl. A343, B401）。この心理学は、「統覚」という経験不可能な超越的概念（理念）を実在する「心」と見なす点で、「誤謬推理（der logische Paralogismus）」を犯している。

この心理学が「合理的（理性的）」と呼ばれるのは、私たちの日常経験では分けることのできない心―身関係が、ここでは「理性」（言語・記号）能力によって分けられ、「心」そのものが、「理性（言語）」によって説明可能な対象とされるからだ。先に指摘したように、「心」は「身体」という言語との関係において成り立つ概念なので、言語システムにおいては、「心」は「身体」（物体）とは異なるものとして無理なく設定（想定）できる。このようなかたちで想定される「心」が、言語システム（「理性」）を離れても、経験世界において「存在」し、説明できると言われるとき、「誤謬推理」が生じてくる。このような誤謬推理に陥った「合理心理学」の主張を、カントは以下のような表にして示している。

「

1　心は実体（Substanz）である［実体として存在する］

2　その質の点で単純である。

3　それが存在する様々な時間の点で数的に同一的である。つまり、単一（Einheit）である（数多性 Vielheit ではない）。

4　空間中の可能な対象への関係の内にある。

純粋な心の教説（心理学 Seelenlehre）のすべての概念は、これらの要素から、専らそれらを合成することによって出てくる。他の原理はまったく認知しない（［　］内はカントによる補遺。A342, B402）」

この「誤謬推理」は人間理性が、理性を働かすがゆえに犯してしまう、それゆえに理性にとって「本性的」な、その意味で「超越論的」なものである。実際今日でも、あたかも「心」がそれ自体で存在するかのように、「心」の問題は語られ続けている。かつて「神学者」、「聖職者」がもっていた「心」の問題に関する権威は、今では広い意味での「心の教説」に移ったかのようだ。それだけ「心」の実体化は、私たちが「経験」について考える際の、「自然な」（本性的な）枠組みになってしまっている。

カントは、上の表に従って、「合理的心理学」の「推理」する「心」を次のように描き出している。この場合も「関係」「質」、「量」、「様相」のカテゴリーに照らして、その特徴はまとめられる。その箇所を、注釈を加えつつの要約しておこう（［　］内は注釈）。

1から「実体」としての「心」には、「非物質性（Immaterialität）」という観念が与えられる。この「実体」は、「単に内感の対象」であるから〔「心」は「身体」という、目に見え、触ることのできる有限な物質的存在、すなわち「外感の対象」とは異なるものとして言語的に設定されているから〕。

2から、「心」には、「不朽性（Inkorruptibilität）」という概念が与えられる。「心」は「単純な実体」であるから〔「心」は「身体」という諸々の物質の集合体、このいつかは朽ち果てるものとは異なるものとして言語的に設定されているから〕。

3から、「心」の「人格性（Personalität）」という概念が出てくる。それは、経験時間に左右されない「同一」的な「知的実体」であるから〔「心」は「身体」という時間的に変化する有限な物質的現実存在とは異なるものとして言語的に設定されているから〕。

これら三つが「合成」されると、「霊性（Spiritualität）」の概念が出てくる〔「霊性」は「物質性」という言語と対をなすものとして設定される言語だから〕。

4からは、「空間」における「諸物体〔身体 Körper〕との交通（Kommerzium 相互作用）」という概念が「心」に与えられる〔「心」は「身体」とは異なるものとして設定されるために、次にはそれの「身体」との「関係」（「交通」）を言語で考える必要が出てくるから〕。

「これによって純粋心理学は、この思惟する実体〔心〕を、物質における生命の原理として表象する。すなわち、この実体を心（魂 anima）として、生気性（Animalität）の根拠として表象する〔思い描く〕。この生気性は、霊性に限定されれば、不死性（Immortalität）となる」（A345, B403）

明らかに「合理的心理学」は、神学的心理学である。この心理学は、「超越論的統覚」という、無規定な概念を超越的なものとして実体化することで人間を説明する。「われ思う」という、私たちの経験にいつも随伴する意識、すでに見たように、経験からはじめて炙り出されてくる私の「同一性」が、経験の「根拠」として実体化されるのだ。

このような「推理」が容易に起こるのは明らかだろう。なぜなら、私たちの経験には、いつも私の意識（「われ思う」）が随伴しているので、この「私の意識」をすべての心理現象の「根拠」だと「推理」するのは、言わば自然なことだからだ。こうして「心」の理論は世に受け入れやすい理論（「常識」）として流通することになる。

ここに生じているのは、経験的自我を離れた「心」の実体化である。心は身体の死後も存在し続けるという信念が、そのまま真理として主張されることになるわけだ。カントが「人格性」によって念頭に置いているのは、キリスト教神学の「ペルソナ（persona）」に由来する、心の「同一性」である。カントは、このような神学的伝統を継承している心理学を批判することを通して、意識的無意識的に神学的伝統の名残をとどめながらも人間を論ずると称する、学問の根本的誤謬を明らかにしようとしている。

ここで一旦歩みを止めて考えておくべきことがある。

「心」は「身体」という、一つの物質存在に対して立てられた概念（言語）である。だから、このような言語関係を離れた、あるいは言語関係の外部に、「心」それ自体が「ある」とは言えない。このことは、理論的には理解できるだろう。ところが、私たちは今でも、例えば親しかった人や、愛した人の、あるいは逆に憎むべき人間の「心」を、彼らの身体が滅した後でも、しばしば思い浮かべる。その意味で、「心」は肉体の死後も生き続け、そして語られ続ける。これはどういうことなのだろうか。このとき生き続けている「心」とは、一体何なのだろうか。

私たちが思い浮かべ、また語るのは、彼／彼女によってなされたこと（Tat）であり、また行動によって生み出されたもの（Werk 広い意味での作品）である。私たちは、なされたこと、作られたものを通して、それを作った「主体」を思い浮かべている。なされたこと、作られたものが、なした人、作った人を作っているのだ。心は、なされたことを通して、その都度浮き上がってくるのであって、このような行動を抜きにした「心」など存在しない。

この点で、「行動」、「作品」、そして特に「表現行為」が重要な意味をもってくる。表現が何らかのかたちで残されること、そして他者に受け取られること、このことによって、「心」は死後も生き続けることになる。カントもまた、没後二百年経った今、『純粋理性批判』という作品（表現されたもの）を通して、今ここに生き返っているのだ。もちろん、恐らく、カント自身が思いもしなかったパースペクティヴの下で理解し直される、というかたちで。表現行為によって生み出されたもの、それが他者に受容され理解され、そしてさらに表現されること、このことが、「心」が死後も生き続けるということの真相ではないのか。それゆえ私たちは、人間の社会との関係を、生きているそのときだけに限定することはできない。なされたこと、作られたもの（作品）は受容されるごとに、社会に働きかけていくからだ。とりわけアートの社会的、文化的、倫理的作用は、このようなものである。それは長い目で見た作用力、それも感情の奥にまで浸透し、人々の物事の見方を構成し方向づける作用力として理解しなければならないだろう。

ここからも分かるのは、「心」は私たちの経験を離れたところにあるものとして実体化できない、ということだ。「合理的心理学」の「誤謬」について、カントは語っている。

「ところでここ（上述の心の諸概念）には、超越論的心理学の四つの誤謬推理が関係している。この心理学は、誤って、われわれ思惟する存在の本性についての、純粋理性の学と見なされている。しかし、われわれがこの心理学の根底に置くことのできるのは、自我という、単純で、それ自体単独では、内容的にまったく空虚な観念でしかない。このような観念は概念だとは言えず、すべての概念に随伴する単なる意識〔連想されたもの〕にすぎない。思惟する自我〔超越的実体としての自我〕、あるいは彼〔そのような自我としての絶対的主体、つまり神〕、あるいはそれ（物）〔あらゆる「現象」の絶対的根拠としての「物自体」〕によって表象される〔思い浮かべられる〕のは、思考の超越論的主語＝xでしかない。この主語は、それの述語である思考によってのみ認識されるのであり、われわれは、この主語については、それが述語から切り離されたなら、何も理解できない。だからわれわれは、その回りを常に堂々巡りするしかない（um welches wir uns daher in einem beständigen Zirkel herumdrehen）〔そこでは同語反復しか起こらない〕（A345f., B403f.）」

「われ思う」というあらゆる経験的意識に「随伴」する「超越論的自己意識」は、「超越論的主語＝xでしかない」というカントの言葉、この言葉の意味がはっきり理解されねばならない。xとは「経験の諸内容」、無限にあらゆるものが代入可能なものである。「私」という「主語（y）」は一切のx（述語＝経験）を受け入れる、絶対に開かれた、それでいて「私」であり続ける、述語化できない主語としてのyなのだ。もし述語化されたとしたら、そのときには、「超越論的自己意識」は「経験的自己意識」、つまり特定のxになって凝固してしまうだろう。カントが、「超越論的統覚」論を第一部にもってきたこと、そしてそれを経験的自我と区別するよう繰り返し強調していたことの意味は、今ここではっきりする。カントはこの点に触れている。

「私は、私の現実存在を考える際に、自分を判断の主語のためにしか使用できない。これは同一命題であり、この命題は、私の存在の仕方について何も開示しない（B412注）」

「合理的心理学」は、この「超越論的統覚（自己意識）」という述語化できないものを「実体」という「述語」で推理し、「心」を説明しようとしてしまった。ところが「実体」とは、一つの「カテゴリー」、すなわち「分別（悟性）概念」である。

これに対して、「超越論的統覚」とは、まさにこの「分別（悟性）」の「カテゴリー」、「現象（多様なもの）」を、かたちをもったものとして切り整え、私たちのその都度の経験を可能にしている「規則」（「機能」）の動的システムそのもの、その意味での「統一体」として「想定」されねばならないし、また同時に「想定」しかできないものである。それは、決して「カテゴリー」で「認識」することはできないものなのだ。この取り違え、「カテゴリー」化できない、言わば前カテゴリー的想定によって成り立つにすぎないものを「カテゴリー」化し、「実体化」していること、ここに「合理的心理学」の「誤謬推理」の根本構造がある。カントはこのことを第二版で明確に示している。難解だが、きわめて重要な箇所である。

「……まったくの誤解が合理的心理学の起源である。諸カテゴリーの根底にある意識の統一、この統一が、ここでは客体としての主観の直観作用と見なされ、この主体の直観作用に実体のカテゴリーが適用されている。しかし、意識の統一とは、思惟作用（Denken）における統一でしかなく、それだけではいかなる客体も与えられない。だから、常に、与えられた直観を前提する実体のカテゴリー、これは、思惟作用という統一体には適用されえないし、それゆえこの主語〔主体〕は決して認識されえない。したがって、諸カテゴリーの主語〔主体〕は、自らがこれら諸カテゴリーを思惟するということを通して、自分自身について、カテゴリーの一客体として、概念を手に入れることなどできない。なぜなら、諸カテゴリーを思惟するには、カテゴリーの主語〔主体〕は、自らの純粋自己意識を基礎にしていなければならない。ところがこの純粋自己意識が説明されておかなければならない、というわけである（B421f.）」

「カテゴリー」が「自我」というシステムを前提することではじめてカテゴリーとして機能すると考えられるのに、このカテゴリーの前提となるシステム（「自我」）をカテゴリーで説明するというのは、完全な矛盾を犯していることになるのだ。

「自我」としての「主体（主語）」は無規定である。「自我（主語）」が「自我（主語）」として成り立つのは、その都度の「述語」、すなわち「経験」によってであり、主語が経験を規定するのではない。先に見たように、西田も後期「場所」の論理で「述語」性を強調することで、「主観主義」を超えるが、カントは「自我」の無規定性をあくまで人間的経験の、それゆえ人間的自我の成り立ちの特質として捉えていた（西田については、岩城一九九八b）。

カントの考え方を分かりやすくまとめるなら、次のようになろう。

「自我」（主観）の「同一性」と言われるとき、それが意味するのは、その都度の経験に対して「私」は常に無規定な、これから「述語」（x）によって限定される「主語」（y）だということだけであり、不変の自我（主体）が厳然と「実体」として存在する、ということではない。つまり「自我」（主観）は、「実体」として「客観」化しうるものではない。それゆえ「自我」の同一性を幾ら分析しても、「人格」の同一性は出てこない（Vgl. B407ff.）。

「合理的心理学」においては、「われ思う」という単なる「思惟作用」が、「直観作用」と混同され、思惟作用そのものとしての「自我」が「直観」の主体として実体化されている。[3]

「合理的心理学」が「同語反復」的思惟であることは、構造的にも避けられないこと、このことはもはや改めて示す必要もないであろう。「合理的心理学」は、「カテゴリー」化できないものを「心」と呼んでおきながら、それを無意識に「カテゴリー」で「推理」し、この、言語システムの中で推理されたにすぎないものを、「実体」として存在概念に変造しているわけだ。ここに生じているのは、「仮説概念」の「経験概念」との取り違え、「分析判断」と「総合判断」との混同、前者による後者の説明なのだ。

ただこのような「合理的心理学」にも、一つだけ注目しておいてよい側面はある。それは、「心（Seele）」の存在への注目である。これによって、人間の「心」が、すべて物理的「物体」、その意味での「身体」に還元できるものではないこと、このことは確保できるからだ。つまり、「合理的心理学」は「唯物論的心理学」への反論にはなりうるだろう。

こうしてみると、上に指摘しておいたように、「合理的心理学」と「唯物論的心理学」とは「アンティノミー（二律背反）」の関係にあることになろう。一方は、「心」は「身体（物体）」には還元できず、そこから説明し尽くせるものではない、と言うだろうし、他方は、「身体（物体）」を離れた「心」などない、と主張するだろうから。

この「二律背反」に対してカントはどのような立場に立つのか。このことはすでに明らかだろう。私たちは、経験的存在として、常に感性的身体的存在であり、だから、多様な現象を受容できる。だが、私たちは同時に、私たちの身体経験に即しながら、しかし私たちに内在的に働く特殊な諸カテゴリーに担われることで、経験の「統一体」であり続けている。この統一体としての私は、決して物理的に証明できるものではない。なぜなら、そのような証明、つまり「カテゴリー」による証明が成り立つ、それを可能にする「超越論的背景」として「想定」されているのが「超越論的統覚」だからだ。これが今、「心」として実体化されてしまっているのだ。

しかし実際には、このようなかたちで「想定」できる「私」という「心」は、私の「感性的身体的存在」がなくなれば、同時に消えてしまう。だから、このような「心」を、身体的存在を超えた永遠の「存在」として「実体化」することはできない。そのような「魂の不死性」は、「想定」はでき、またそれを「想定」することで、私たちの有限な経験を反省し方向づけることはできる。しかしその場合「想定」される「魂の不死性」は、あくまで行動に一つの指針を与える「理念」であって、それを「実在」と見なすことはできない。だから、「心」の問題において、「実践理性」の問題と、「認識論」の問題とを取り違えてはならない。これがカントの言いたいことなのだ。

この視点からカントは、メンデルスゾーンの、「魂の不死性」を証明しようとした心理学（1767）を批判している（B413ff.）。実際メンデルスゾーンは、ライプニッツ‐ヴォルフ派の「合理主義哲学」の伝統を継承しつつ、まさに「合理的心理学」を展開したからだ。

メンデルゾーンは、この書において、プラトンの対話篇を模しながら、「心」の理論を対話形式で展開している。そこにおいて試みられているのは、神学的な視点からの、「身体」の死を超えた「魂の不死」の論証である。(4)

ところで、「合理的心理学」の出発点に「単一」な「実体」としての「心」が前提されること、ここに「合理主義」の特徴が出ている。まさに「モナド」としての「心」である。このような、「身体」から独立の「単一体」としての「心」が前提されるために、必然的にそれら「単一な実体」の「交通」がやむをえず要請されるわけだ。実際に私たちの経験世界では、「心」と、諸々の「心ではないもの」、その意味での自分の「身体」をも含む、「物質的存在」としての他者との「交通」が、否応なしに行われているように思えるからだ。

だが実際には、「心」は、「感性的身体的経験」から、身体には還元できないものとして、反省されることで想定されるのであり、また「心」が想定されるがゆえに、それには還元できないものとして「身体（物体）」が同時に想定される。つまり、「心」と「身体」とは、一つにはできないもの、一方が他方に還元できないものとして、しかし同時に、切り離せないもの、どちらを欠いても成り立たないものとして、設定された「概念」（言語的存在）なのである。

カントの立場から「心理学」の可能性を考えるなら、その「心理学」は、一方で「超越論的統覚」としての「自己意識」を経験的自我（その都度の「心」）が成り立つ絶対的背景として想定しつつ、他方で、その都度の感性的身体的経験に即して姿を取る「心」に具体的な反省を加える「心理学」だということになろう。この心理学においては、「超越論的統覚」としての「自己意識」を前提することで、いかなる経験的な「心」も絶対化されたり、絶対的な基準とされたりすることは不可能となる。また同時に、「超越論的自己意識」が経験の「背景」として想定されることで、この自己意識が実体化されることもなくなるのであり、経験の開かれたあり方が確保されることになる。すなわち、「心」—「身」関係を分離することなく、感性的身体的経験に即してその都度かたちづくられる「心」の具体的批判的な理論こそが、「心理学」の仕事になるのである。「批判的理論」だと言うのは、私たちはいつも、理性的推理によって「心」の実在についての「誤謬推理」に陥り、そこから「心」を理解し、また心を導いたり、コントロールしようとしたりしまうからである。

カントは「合理的心理学」批判を次の言葉で結んでいる。

「心の身体（物体 Körper）との相互関係（Gemeinschaft）を説明するという課題は、ここで話題になっている心理学に元々属すものではない。というのもこの心理学（合理的心理学）は、この相互関係の外部（死後）にも、心の人格性があることを証明しようという意図をもっているからだ。それゆえこの心理学は、本来の意味で超越的である。たといこの心理学が経験の客体に関わるとしても、それは、この客体が経験の対象であることをやめた限りでのことである。それでも、このことに対しても、われわれの学説に従えば十分な答えが与えられる。この課題が引き起こした難点は、周知のように、内感（心）の対象と、外感の対象とが同じ種類のものでないことが前提されている点にある。なぜなら、内感にとっては時間だけが、対象の直観の形式的条件に属すのだが、外感にとっては空間も属すからだ。しかし、対象のこの二つのあり方は、この点で内的〔本質的〕に区別されるのではなく、一方の対象〔外感の対象、つまり身体〕［PhB版の注：eines, Erdmann：einer］が他方の対象〔心〕に対して外的に現象する限りでのみ、互いに区別される。それゆえ、物自体としての物質の現象の根底にある〔と思われている、「内感」との相互関係から分離されたかたちで想定されている物（物質）自体としての身体という〕ものは、恐らく〔同じように相互関係から分離されたかたちで想定される心自体と〕そう異なるあり方のものではないだろうということ〔いずれも相互関係を度外視することで成り立つにすぎないものであること〕、このことが考慮されるなら、この難点は解消する（B427f.）」

カントがここで言っているのは、経験の現場では「内感」と「外感」（「時間」と「空間」）とは本来的には分けられないということ、「時間」は「空間」における現象認識に即して現れ（感じられ）、逆に「空間」は時間的運動に即してイメージの背景として生成する、ということだ。だから空間内に場を占める「身体」という物質は、「内感」（心の働き、時間性）に即して「直観」され、また「心」は「身体」を介しての現象経験に即して、「内部」のものとして思い描かれる。したがって、このダイナミックな関係を度外視して、「外感」のみを取り出すなら、「物自体」としての「身体（物体）」が思考の上で出てくるし、同時に「内感」のみを取り出すなら、「魂自体」としての「心自体」が出てくるわけである。だが、それらはともに、心身の相互関係の捨象の結果としては同じもの、つまり「抽象物」、その意味で虚構の存在にすぎない。これから見るであろう箇所でカントが用い、さらに後になってヘーゲルが別の文脈で採用する言葉で言えば、〈心そのもの〉や、〈身体そのもの〉とは、「思考物（Gedankendinge）」、その意味で「フィクション」にすぎない。

事実ヘーゲルも、「心」という概念は、「身体」という概念との関係の中で成り立つものであり、この（言語）関係を離れた実体ではないことを指摘している（岩城一九九七）。この点でヘーゲルはカントを継承している。両者にとって重要なのは、「心」は「身体」との言語関係において、要するに「理性」によって、「設定」されるものであり、そのような関係の外部に存在すると見なすことはできない、ということだ。だから両者の立場と「心身一元論」とを同一視することはできない。「心身一元論」の立場では、心―身の実在的相互関係が想定されている。「心身一如」、「物我一如」がこの立場の目指すものであり、この立場にとっての「真理」である。だがカント、ヘーゲルからすれば、こういった「真理」観を成り立たせる先行的（超越論的）枠組みを可能にしているものこそ、「理性」（言語・記号能力）だということになる。「理性」が働かなければ、「心―身」の分離も、また相互関係も意識に上ることはないし、真理として掲げられることもないだろう。だから、「心身一如」という「真理」の真相（真理の真理、真理を暗黙の内に支えているもの）は、「理性」（言語・記号能力）なのだ。

(二) 「合理的宇宙論」批判

「合理的宇宙論」も、「理性」（言語・記号能力）の本性に動かされて人間が陥る「誤謬推理」である。

感性的存在としての人間には、常に「条件づけられたもの」が与えられている。理性的存在としての人間には、この条件づけられたものの条件（条件の条件）の系列を無限にたどって、無制約なものへと向かうことが課されている。この課題の遂行の過程で誤謬が紛れ込む。それがすでに見た「超越論的幻影」である。

「宇宙」の「はじまり」を巡る議論にもこの「幻影」はつきまとっている。今、人間の眼前に与えられているものは、常に「条件づけられたもの」（何らかの原因によって生じたもの）である。この原因をたどれば、「無制約な原因」（それ以上遡ることのできない絶対的原因、つまりすべての原因の根源的原因）に到達できる、とも考えられるし、また無限に原因をたどる運動（無限背進）になる、とも思われる。

実際私たち人間は、いつも究極の原因を突き止めたいという衝動に動かされている。この衝動は、私たちが「理性」（言語・記号能力）をもつことからくる、言わば理性的衝動なのであり、単なる本能的直接的衝動、その意味での自然衝動ではない。この衝動は、経験を超えたものへと思いを馳せることができる、「理性（言語・記号能力）」の本性からくる衝動、その意味での自然衝動、言わば第二の自然の衝動なのだ。言語・記号能力が働かなければ、このような経験を超えた物事を思い浮かべることなどない。日常意識にも「理性」は働いている。意識は常にこのような理性衝動に動かされており、こうして例えば、河川の「源流」探し、それを突き止めたいという欲求が生じてくる。だが、実際には河の源流は唯一つではないだろう。というのも、一つの河には、多くの川（支流）から水が流れ込んでいるのであり、また支流のそれぞれにも、多くの小川の水が流れ込んでいるからだ。「源泉」は「存在」ではなく「理念」なのだ。そしてまた決して到達できない「理念」として思い描かれるにすぎないものであるために、それだけますます人々の「源流探し」の衝動や願望を煽るのだ。

いずれにせよ、究極の「原因」があるのかないのか、この点に関して、いずれが絶対に真実なのかは人間には「認識」できない。このため、理性のこの「二律背反」も、果てしなき議論になる。カントが行うのは、いずれの主張も、それが実体論的になされるなら「誤謬」であり、しかし見方を変えればいずれも矛盾なく成り立つということ、このことの論証である。

1　すべての現象の与えられた全体の合成（Zusammensetzung）の絶対的完全性

「多様なものの総合において、必然的に系列をなす宇宙論的理念を取り出すなら、カテゴリーの四つの綱目からして、四つ以上の宇宙論的理念は存在しない。

2　現象において与えられた全体の分割（Teilung）の絶対的完全性

3　現象の発生（Entstehung）の絶対的完全性

4　現象における可変的なものの存在（Dasein）の従属性（Abhängigkeit）の絶対的完全性

（A415, B442）」

1〜4は、それぞれ、「量」、「質」、「関係」、「様態」に該当する。この四つの理念を巡って「宇宙論論争」は繰り広げられる。すなわち、1「宇宙」の絶対的限界および絶対的端緒の有無、2「宇宙」の絶対的に分割不可能な原素の有無、3「宇宙」の生成の原因の「絶対的自由」の有無（「絶対的自由」であるのは、究極の原因は、一切の因果関係の連鎖に属さないと見なされるからだ）、4「宇宙」における、すべてを従属させている絶対的な存在の有無を巡る論争である。

カントが先の「合理的心理学」の場合と同様、ここでも四つの理念を上のように並べたのは、それらは様々に組み合わせられることで、巧妙な「手品（目晦まし）」となるからに他ならない。

カントはこの論争の「二律背反」を「定立（Thesis）」と「反定立（Antithesis）」として表にしている。それは、上の綱目の順序に従ったものだ。要点のみ取り出しておく。

「

純粋理性の二律背反（Antinomie）

超越論的理念の第一の対立

定　立

世界は、時間的にはじまりをもち、空間的にも境界に囲まれている。

反定立

世界にははじまりも、空間における限界もなく、時間に関しても空間に関しても無限である。

超越論的理念の第二の対立

定　立

世界におけるそれぞれの合成された実体は単純な部分からなり、どこにおいても現実に存在するのは、単純なものか、あるいはこの単純なものから合成されたもの以外にない。

反定立

世界の中の合成されたものはどれも単純な部分からなるのではない。世界の中には、単純なものなどどこにも現実に存在しない。

超越論的理念の第三の対立

定　立

自然法則に従う因果性は、そこから世界の現象がすべて導き出されうる唯一のものではない。現象の説明のためには、さらに自由による因果性が必ず想定されねばならない。

反定立

自由など存在せず、世界にあるすべてはあくまで自然法則に従って生じる。

超越論的理念の第四の対立

定　立

世界には、それの部分としてか、あるいはそれの原因として、絶対に必然的な実在（本質）が属す。

反定立

世界の内にも、世界の外にも、それの原因としての絶対に必然的な実在（本質）など、どこにも現実に存在しはしない。

（A426ff., B454ff.）」

カントは、これら四組の二律背反における、「定立」と「反定立」とを比較し、双方の主張の特色を取り出す。カントは、定立を「純粋理性の独断論（der Dogmatismus der reinen Vernunft）」、反定立を「純粋経験論（der reine Empirismus）」と呼んでいる（A466, B494）。

その内「純粋理性の独断論」（「定立」）の特色は、第一に「実践的関心」に支えられているという点にある。「世界のはじまり」、「自我の単純性」、「自由」、「根源的存在者」の想定は、「道徳と宗教との礎石」だからであり、これを否定する「反定立」は、これらすべての「支え」を奪い取るように見える（*ibid.*）。

第二に、「定立」には、「理性の思弁的関心」が「表白されている」。これによってすべてがア・プリオリに説明可能とされるからである。これに対して「反定立」に従うなら、どこにも究極の解答は見出せない。すなわち私たちは、まったくの相対主義にとどまることになるだろう。

第三に、「定立」は、「通俗性（＝人気がある Popularität）という長所」をもつ。ここにもカントのシニカルな笑いが見て取れる。「独断論（定立）」は、「常識（der gemeine Verstand）」が喜んで受け入れる説だというわけだ。カントによれば、「常識」というのは、絶対に確実なものに足場を求め、物事の根拠を厳密に探究していくような面倒な努力を好まない。常識は、そのようなことをするよりも、「結果へと下ってゆく習慣がある」（A467, 495）。「常識」は、現在の知の枠組みを自明のものとして固く守ることで成り立っている。だから「常識」は、自分の現在の枠組みがどのような条件で成り立っているかという、その原因を探究し、自らの現在の信念の相対性を反省することはない。「常識」が「常識」であるのは、既成の枠組みから将来の「結果」へと下りてゆく点にある。要するに「常識」の特徴は、現在の枠組みに基づいて、未知の将来をすべて理解しようとする点にあるわけだ。しかし、すでに明らかなように、カントにとり、未来は経験のたびに姿を取ってくるものであり、前もって決定できない。経験は「総合判断」であって「分析判断」ではないからだ。それゆえ、「常識」の立場とは、「同語反復」の立場、過去の枠組みを新しい経験に投げ入れて、それを経験の本質として取り出してくる立場に他ならない。「常識」が最も嫌い、そして恐れること、それは身についた経験の枠組みの批判であり変換である。「常識」は、自分の枠組みの自明性の構造が、他人によって暴かれ批判され、壊されることに耐えることができない。

だから、「世界のはじまり」も「世界の創造者」も否定する「単なる経験論」（「反定立」）は、第一に、「道徳と宗教から一切の力と影響とを奪うように見える」。しかし第二に経験論は、人間の「分別（悟性）」が経験の場にとどまり、経験の法則を、経験の連鎖をたどりつつ絶えず探究するよう求め、原因を現象の彼方に求めることはないので、人間の「認識を無限に拡張しうる」（A468ff., B496ff.）。この点では経験論には、独断論の「手品」に手を出さないという長所がある。しかし同時にカントは、経験論自体の陥る「独断論」にも注意を向けている。

「しかし、（しばしば生じるように）経験論が、諸理念に関して、自ら独断的になり、自分の直観的認識の領域を超えるものを不遜にも否定するなら、経験論自身、ここでは一層非難すべき身のほど知らずの過ちを犯すことになる。なぜなら、これによって理性の実践的関心に対して、取り返しのつかない不利益が引き起こされることになるからである（A471, B499）」

「経験論」の「独断論」への転倒が語られている。「経験論」は、人間の経験の解明において、経験世界にとどまるべきことを主張する点では正当である。しかし、経験を超えたものは人間には知りえないからといって、そのようなものは「存在しない」と断言するとすれば、これは、経験論を主張しながら、同時に経験を超えたものの非存在を断言していることになる。このとき「経験論」は「独断論」に陥っている。ここでは、「経験論」は、自己矛盾を犯し、謙遜が傲慢にすり替えられる。まさしく「ニヒリズム」の立場、「相対主義」の立場がこれである。カントはしたがって、「ニヒリズム」、「相対主義」への経験論の退化に警告を発していることになる。

カントにとっては、人間は経験を超えたもの（「理念」）を「思惟」しうるし、この理念へと向かって絶えず経験を「訂正」し「拡張」してゆくことが、人間の人間性の姿である。カントの認識論は、実践論（行為論）と一体になっている。人間の認識の限界を見極めることは、人間の実践的能力の可能性と限界とを明らかにすることと切り離しえぬ関係にある。未来は決定されているのではなく、「理念」を想定しつつ進んでいく経験の中で、その都度姿を現す、前もって決定できない世界なのだ。

「経験論」の特色の第三は、すでに示されたことだが（A467, B495）、それが「あらゆる通俗性にまったく逆らう」ということにある（A472, B500）。

この特色も両義的である。一方で経験論は、先に見たように、経験を超えたものの「実在」を主張する「独断論」と、それを喜ぶ「常識」に対する批判になる。しかし他方で「人気がない」ということは、経験論の孕む問題点への人々の健全な反応でもある。なぜなら人間は、常により高いものを思惟し、この「理念」から自己の経験を反省し、整え、行動の指針を手に入れているからだ。経験論の立場に固執するなら、人間の行為の「自由」も、「理性の統一」への信念も奪われ、すべては、それゆえ人間も、条件づけられたものの必然的連鎖にすぎなくなってしまう。「独断論」が「無制約なもの」の支配という「宿命論」を人間に押しつけるとすれば、「経験論」は自然法則の必然性にすべてが還元されるという、「宿命論（Fatalismus）」、「決定論（Determinismus）」を人間に押しつけることになるわけだ。だから、「独断論」が「自由」を認め、「理性」の統一を主張する限り、「独断論」の「人気」は、人々の判断の健全さを示すものなのである。

「人間理性は、その本性からして構築的（architektonisch）である。すなわち人間理性は、すべての認識を一つの可能なシステムに属するものと見なし、したがって今行っている認識を、何らかのシステムの内で、他の認識と連関させることを、少なくとも不可能にしないような原理のみを容認する。……反定立は、第一のものや、建築の基礎に必ず役立つ端緒をまったく容認しないので、それの前提によっては、認識の完全な建物はまったく不可能である。それゆえ、（経験的でなく、ア・プリオリな純粋理性の統一を要求する）理性の構築的関心は、定立の主張を自ずと推薦することになる（A474, B502）」

カントは、二つの両立しない主張を、「定立」と「反定立」として並べ、双方に論争させることによって、すなわち双方の論争の内側に入り込み、論争を演じることをとおして、双方の矛盾を開き示している。そこから明らかになること、それは、人間という理性的存在は、「無制約なもの」へと向かう「人間的理性」の「本性」に突き動かされることで、「無制約なもの」についてのまったく対立する誤謬へと陥り、この誤謬（「超越論的幻影」）という、真相では支えのない足場を巡って果てしなき戦いを続けているということである。この点では、現在もこの不毛な論争は、あらゆる分野で続いている、と言わなければならないだろう。いずれの側に立っても、「宇宙論」の主張する「独断論的解決は、不確かであるばかりか不可能である（A484, B512）」。「独断論」のみでなく、「経験論」もまた、「独断論」に退化するわけだ。それらはともに、「言語・記号的存在であるがゆえに、その意味での「理性的存在」であるがゆえに、人間が罹る病なのだ。「言語・記号能力」が働くからこそ、「人間」は経験を超えた世界における「絶対的始源」を思い浮かべたり、また、「因果関係の絶対的連鎖」を思い浮かべたりする。しかしいずれの場合でも、それらは経験の現場にフィードバックされない限りは、「理念」にとどまるものであって、「存在」を主張できるものではない。だからこのような経験を抑圧する「主張」は、絶えず批判されねばならない。

「すべての課題を解決し、すべての問いに答えようと思うのは、恥知らずの大法螺吹き（eine unverschämte Großsprecherei）、それゆえ常軌を逸した自惚れ（ein so ausweifender Eigendünkel）であり、人はこれによってすぐに一切の信用を失わざるをえないであろう（A476, B504）」

「純粋理性の二律背反」第五節、「四つの超越論的理念すべてによる、宇宙論的問いの懐疑論的呈示」において、カントはユーモアを交えて批判的理性の役割を「下剤」に譬えている。

「……冷静な批判は、真の下剤（Katarktikon［Kathartikon］）であり、妄想を、その追随者である、生半可な物識りともども、うまく通じをつけて排出してしまうであろう（A486, B514）」

ている。

カントは、第六節「宇宙論的弁証論の解決の鍵としての超越論的観念論」において、先に第一版で示した「超越論的観念論（A370f.）」としての自己の立場を、改めて示し、必ず「二律背反」に陥る「超越論的実在論」に対置している。

「われわれは超越論的感性論で十分に証明しておいたが、空間や時間の内で直観されるものはすべて、それゆえわれわれに生じうる経験の対象はすべて、現象、すなわち単なる表象〔意識の前にもたらされたもの〕に他ならず、すべての対象は、表象されるや否や、延長をもつ存在、あるいは諸変化の系列というかたちで現実に存在するのであり、われわれの思考の外部にそれ自体で根拠づけられた現実存在をもつのではない。私は、この学説を超越論的観念論（der transzendentale Idealismus）と呼ぶ。[*] 超越論的意味での実在論者は、われわれの感性のこれらの変様を、それ自体で自存する物にし、それゆえ単なる表象〔blosse Vorstellungen＝単に意識に対して現れているもの〕を事柄自体（Sachen selbst）にしてしまう。

＊ 私は、他のところでは、ときとして超越論的観念論を、形式的観念論（der formale Idealismus）とも呼んで、実質的観念論（der materiale Idealismus）、つまり外的な物の現実存在自体を疑ったり否定したりする一般的観念論から区別しておいた。上に挙げた言い方〔「超越論的観念論」と「超越論的実在論」〕よりも、この言い方〔「形式的観念論」と「実質的観念論」〕を用いる方が、すべての誤解を防ぐには、多くの場合得策であるように見える（A491, B519）」〔この注は第一版にはない〕

第二版で付された「注（＊）」においてカントが語っていることと同じ意味のことは、以前に見た第一版の箇所でも示されていた。すでに指摘したように、「超越論的観念論」（「形式的観念論」）は、「経験的実在論」と矛盾なく結びつく。これに対して、「超越論的実在論」と「経験的観念論（「実質的観念論」）」とが結びつく。こちらの方の結びつきも、その立場に固執する者からすればまったく矛盾はない。しかしこの立場自体が矛盾から成り立っている。私はこれら四つの立場については、『感性論』で整理しておいたが（岩城二〇〇一d、八八頁以下）、ここで今一度、私たちの経験に即して、上の立場の差異を理解し、カント自身の立場を確認しておこう。

「超越論的観念論（der transzendentale Idealismus）」（「形式的観念論」）——人間の経験は、多様なもの（現象）を、その都度一つのまとまったものとして識別すること（現象からかたちを切り取ること）によって、そしてまた、他の識別されたものとの差異の認知によって成り立っている——〈「多様なもの（現象）」の切り取り（分節）〉と〈分節されたもの相互の差異化〉。しかも、識別（意識）は、識別されないもの（無意識）との関係によってはじめて生じる。すなわち、一つのものが意識の前景に出てくるときには、他は必然的に意識の背景（意識されないもの）になる。しかし背景は常に前景に寄り添っており、いずれも他方を欠いては成り立たない——〈前景—背景構造の必然性〉。さらに人間は、自己の経験を、〈経験を超えた目標〉へ向けて整え、またこの目標から反省することで訂正しつつ経験を拡げてゆく——〈経験の「理念」へ向けての構築〉。いずれの場合も、経験は、人間に備わった「自発的（他律的でない）」能力によって成り立っている。

このように、一見直接的に見える人間の経験は、普通経験には隠されたかたちで働いている、現象を分節し、差異化し、構造化し、総合する分別（悟性）規則、すなわち「カテゴリー」と「理念」（言語・記号を介して思い描かれる、言語・記号システム自体においては矛盾のない「観念」や「想念」）とに媒介されることによって成立している。これらの規則は、目に見えるものとして取り出すことはできず、それ自体は経験しえないので、「観念的なもの」と言わざるをえない。しかしそれは、物事の識別によって成り立つその都度の経験を可能にしている、先行的（超越論的）条件として考えざるをえない（想定せざるをえない）。

「**経験的実在論**（der empirische Realismus）」――経験は、多様なもの（現象）が与えられることによってはじめて成り立つ。主体は、「多様なもの」（感性的現象）を特定のかたちをもったものとして、その都度主観的に経験する以外にないとしても、そのかたちさえ、主体が先行的に現象に曝されていること（主体には、現象が先行的に与えられていること）によってはじめて成り立つ。経験の次元にとどまる限り、現象は経験の先行的条件として実在しており、主体は現象に対して、可能性としては無限に開かれていると考えざるをえない。すなわち、主体とは、例えば彼／彼女が目を開き、また眼差しの方向を変えるごとに、そして身を移すにつれて、多様な現象がいつも、どこにいても、否応なしに入ってくる絶対的「受容性」に他ならない。

「**超越論的実在論**（der transzendentale Realismus）」――有限な人間の経験は、それゆえこの経験が出会うその都度の現象は、常に条件づけられている。これら条件づけられたものは、条件の連鎖の中にあり、この連鎖を可能にする絶対的条件（「無制約なもの」）、現象の絶対的本質との連関において、はじめて条件づけられたもの、「現象」、という意味を受け取ることができる。だから、経験を超えたこの無制約なもの（世界の創造者としての神、宇宙の絶対的始源、現象の本質としての物自体等）の実在、すなわち経験を超えた、超越的実在は、経験の超越論的根拠として絶対的に承認されねばならない。

「**経験的観念論**（der empirische Idealismus）」（「実質的観念論」）――絶えず変化する有限な人間の経験には、それゆえ人間によって経験される感性的現象には、何も客観的に確実なものはなく、そこには常に主観的で偶然なものが入り込んでいる。このように現象とは相対的で移ろいやすい夢のごときものであり、有限な人間の立場にとどまる限り、私たちは、このような偶然な現象を超えた確実な物の存在を手に入れることは決してできない。

以上の概観から次のような結論が導き出せる。

すなわち、「超越論的観念論」は、人間的経験の成り立ちの「観念性」を推理し、経験がそれに先行する、それゆえ経験しえぬ、「超越論的」規則に担われて成り立っていることを想定し、この想定された規則をできるだけ整合的に理論化する。しかしだからといって、この立場は、「現象」は実在せず、現象は主体の観念的な規則によって自由に生み出される観念の影にすぎないと言うのではない。この立場は、「多様なもの」（現象）が与えられてはじめて「規則」は働くということ、つまり現象の実質性、これを否定しはしないからだ。

それゆえ「超越論的観念論」は「経験的実在論」と矛盾しない。後者はなるほど、経験に対する現象の先行的実在性を強調し、主体の「受容性」に注目する。しかし、この受容性は、主体の、現象を秩序づける規則（能力）を否定するものではない。ただ、主体が意志によって現象を自由に作り変えうるとしても、やはり経験の次元では、主体は身体的存在（一つの現象）として、この作り変えられた「現象」に先行的に曝され巻き込まれつつ、新たな経験を手に入れるしかない（例えば、「理性」〔言語・記号〕システム、つまり科学技術等に従って作り変えられた世界に生じてくる、大気汚染等の公害、これらは再び「現象」として実在し、私たちを巻き込む）。

いずれにしても、「経験」の次元からすれば、現象の実在を離れた経験などありえないし、経験はいつも現象に囲まれている。「超越論」の次元からすれば、現象は人間において先行的に働く「規則」に従って経験されるしかない。人間は、人間的にしか現象を経験できない。これがカントの立場だ。

これに対して、「超越論的実在論」は、人間の経験を「超越」する「実体」を、人間経験に先行する絶対的原理（超越論的条件）と見なし、そこから人間経験を説明しようとする。このため、必然的に人間の個々の経験は、いかなるものも、常にこの超越的「実体」の影にすぎないものとなり、それ自体の「実在性」は否定されてしまう。それゆえ「超越論的実在論」は必然的に「経験的観念論」になるのであり、人間経験の蔑視になる。

カントが批判する「独断論」とは、このような、人間自身によって続けられてきた人間蔑視、経験の抑圧の伝統である。「独断論」は、人間を特定の経験に固執させず、経験を相対化してみせる点では積極的な効力を発揮する。東西の偉大な思想、プラトンの「イデア」論も、老荘の「道」の思想も、そのような実践哲学的「理念」を呈示している。しかしいずれの場合にも、経験の相対化のために、自然現象への精緻な問いを無益なものとしてしまう古い形而上学につながってしまう（プラトンについては、vgl. A472, B500）。

これに対してイギリス経験論に触れたカントは、もはや経験を上空から眺めることの許されなくなった世界で思惟を展開している。そしてそれはまた、私たちの世界でもある。

「……経験の対象は、決してそれ自体で与えられているのではなく、経験の中で与えられるすぎないのであり、それらは、経験の外では、決して存在しない。月に住人がいるかもしれないということ、このことは、人間がかつて誰一人として、彼らを認知したことがないとしても、確かに容認されねばならない。しかしこのことが意味するのは、ただ、われわれは、経験の起こりうる進歩の中で、彼らに会えるかもしれない、ということだけである。なぜなら、一つのコンテクストにおいて、経験的な進歩の法則に従った知覚とともにあるものは、すべて現実的に存在するからだ。つまり彼らは、私の現実意識と経験的に関係する場合には、現実的に存在する。たとい、だからといって彼らが、自体的に、つまり、経験のこの進歩の外部で現実的に存在するのではないとしても。／われわれに現実に与えられるのは、知覚と、この知覚から他の可能な知覚への経験的進歩だけなのだ（A493, B521）」

先に指摘したように、明らかにカントは「科学論」を展開している。「理念」として言語・記号で想定される対象は、「知覚」されたときにはじめて、その「現実性」、「現実存在」が確かめられるのであり、「自体的に存在していた」ということは、この経験の後からはじめて言えることなのだ。そして科学（言語・記号能力としての「理性」に方向づけられて現象を理解する営み）の「進展」につれて「知覚」も「進展」するのであり、この「コンテクスト」において「知覚」されるものは、その時々の知覚のあり方に従って、その都度異なる「実在性」を手に入れる。カントは「知覚」が更新されること、そしてこの知覚更新のコンテクストに即して、物事の「実在性」も変化することを指摘しているのだ。

「自体存在」の「現実性」は、「想定」はできても、「経験」されない限りは「実在性」をもたない。それゆえ「自体存在」の「現実性」は、経験の分析の結果でしかない。第七節で、「理性の宇宙論的自己矛盾の批判的判決」が下される。それはあるべき科学への「要請」である。

> 「……次の命題は、明晰で、疑いなく確実である。条件づけられたものが与えられれば、まさにこのことによって、それに対するすべての条件の系列における背進（Regressus）がわれわれには課されている（aufgegeben）。……この命題は、分析的であり、超越論的批判へのすべての恐怖を超えている。これは理性の論理的要請〔公準（Postulat）〕である。すなわち、概念とそれの条件との結合を、分別（悟性）によって追跡し、可能な限り続けよ、という要請である。この結合は、すでに概念自体に属するものだからだ（A497f., B526）」

「理性」の本性はあくまで擁護される。これまで詳しく見てきたように、問題はその「使用」、つまり「判断力」の働き方である。「純粋理性」の陥ってきた「二律背反」は、「幻影」の正体が分かれば一挙に解消する。実際カントの論述を詳しくたどってきたので、私たちには、「理性」の本性に動かされて人間が必然的に陥る矛盾の構造は明らかになっている。「二律背反」のいずれにも荷担しないとき、そしてそのときにのみ、「二律背反」の真っ直中で矛盾は解消する。ここでも「実在」の相対性、可変性が強調されている。

「したがって私はこうも言わねばならない。与えられた現象における諸部分の数量は、それ自体として有限なのでも無限なのでもない。なぜなら、現象は、決してそれ自体として現実に存在するものではないし、諸部分は、分解しつつ総合する背進（Regressus der dekomponierenden Synthesis）によって、そしてこの背進において、はじめて与えられるのであり、いかなる背進も、有限としても無限としても、決して絶対的に完全には与えられない、と。……／それゆえこうして、宇宙論的理念における、純粋理性の二律背反は除去される。この二律背反は、単に弁証論的であり、幻影の抗争にすぎないこと、このことが示されることによってである。この幻影は、物自体の条件と見なされるにすぎない絶対的総体性の理念が、諸現象に適用されることから生じてくるが、現象は、ただ表象の内で、そして、それらが系列を作る場合には、ただ連続的背進の内で現実に存在するにすぎず、それ以外には決して現実に存在しないのである（A505f., B533f.）」

「理念」と経験的「実在」との混同、あるいはそれらの間の差異の意図的隠蔽（「手品」）が「幻影」を作り上げている。「理念」は経験を「構成する原理」ではなく、それの方向を定めるための「調整原理」なのである。第八節「宇宙論的諸理念に関する純粋理性の調整原理」においてこのことが示される。ここには、カントの「科学」についての基本的な考え方が明瞭に出ている。科学においては「理性」（言語・記号）による「推理」は必ず働く。この「推理」能力としての「理性」がどのように働くかが、科学的認識の正当性の試金石になるのだ。少し長いが、その箇所を取り出しておこう。

「感覚世界における諸条件の系列の最大限のものは、総体性という宇宙論的原則によって、物それ自体として与えられる（gegeben）ことはできない〔そのようなものは感覚的に経験できない〕。そうではなく、この最大限のものは、諸条件の背進において、ただ課されている（aufgegeben）にすぎない。だから、このように訂正された意味でなら、純粋理性の思考された原則は、なるほど、今なお、客体における総体性を現実的なものとして思惟する公理（Axiom）としてではないが、分別（悟性）にとって、それゆえ主観にとって、与えられ条件づけられたものに対する諸条件の系列における背進を、理念の完全性に合わせるように行い、進めてゆくための問題（Problem〔未決定の課題〕）として、十分妥当性を保つ。……純粋理性の原則は、経験や、感官の対象の経験的認識の可能性の原理ではなく、それゆえ分別（悟性）の原則ではない。あらゆる経験は、（与えられた直観に合致するかたちで）それぞれの限界に囲まれているからだ。また純粋理性の原則は、すべての起こりうる経験を超えて感性界の概念を拡張するための、理性の構成的〔本質的〕原理（konstitutives Prinzip）ではなく、経験の可能な限りの進展と拡張との原則であり、この原則からすれば、いかなる経験的限界も絶対的限界と見なされてはならない。それゆえ、純粋理性の原則とは、規則（Regel）として、背進においてわれわれから生じてくるべきもの〔＝無制約なもの〕を要請する理性の原理であり、この原理は、あらゆる背進の前に、客体の内にそれ自体で与えられているものを先取的に認識する（antizipiert）原理ではない。したがって、私はそれを、理性の調整原理（ein regulatives Prinzip〔経験を方向づけ整える原理〕）と呼ぶ。ところでこれに対して、客体（諸現象）の内に自体的に与えられているものとしての、諸条件の系列の絶対的総体という原則は、構成的、宇宙論的原理かも知れない。私はまさにこの区別によって、この〔構成的〕原理の無効性を示し、そうすることによって、さもなくば避けがたいかたちで生じるように、（超越論的置き換え〔transzendentale Subreption＝先行的に働いてしまう「取り違え」〕によって）単に規則として役立つにすぎない理念に、客観的実在性を帰してしまうこと、このことを阻止しようと思ったのである。／ところで、純粋理性のこの規則の意味を適切に規定するために、何よりもまず述べておかなければならないのは、この規則が語りうるのは、客体が何であるかということではなく、客体の完全な概念に到達するには、経験的背進はどのように行われるべきかということ、このことである（A508f., B536f.）」

こうして第九節（「すべての宇宙論的理念に関する理性の調整的原理の経験的使用について」）において、「宇宙論的理念」の矛盾は解決される。すなわち「宇超論的理念」の「実在性」が解体される。

四つの「二律背反」を振り返ってみよう。そうすると、「正命題」、「反対命題」のどちらも、経験できないものを、経験の真理として主張していることが分かる。解決は簡単である。この主張のどちらをも「理念」として考慮に入れながら、経験をより細やかに探究していけばいいからだ。科学はいつもこのような、「理性」と「感性的認識」とを照らし合わせつつ、試行錯誤の中で進んできたし、これからもそうするしかないだろう。したがってカントが語っていることは、きわめて普通のことなのだ。だが、このきわめて普通の、あるべき知のあり方こそが、いつも忘れられるのである。

カントは、「理念」（言語・記号）で思い描かれたもの、この、まだ感性的認識によって確かめられていないものを、「思考物（Gedankendinge）」と呼んでいる（A543, B571 und A566, B594）。そしてこれがそのまま「実在」だと主張されるなら、それは「頭（Hirn）」の中で「紡ぎ出され物（Gespinst）」、つまり「幻想（Hirngespinst）」でしかない（A566, B594）。「物自体」とは、「思考物」、つまり「フィクション」なのだ(5)。

人間は、自己が二元的存在であること、自分が感性的であると同時に知性的な存在であり、いずれからも離れえない存在であることを受け入れたとき、「宇宙」の「絶対的全体性」、「可分性」、「絶対的はじまり」、「自由」と

「必然性」、「必然的実在」等々を巡る不毛な論争は解消する。そのときには、それまで価値を有していた事柄もともに力を失わざるをえない。〈美的価値〉もこの運命を免れることはできないだろう。『純粋理性批判』における「宇宙論的理念」の「実在性」の矛盾した構造についてのカントの議論は、『判断力批判』における、「崇高性（Erhabenheit）」を感得する人間の、矛盾した感情の構造についての彼の議論と関係している。

「崇高性」の感情が生じるのは、多様な現象をまとめ認識へともたらす感性的能力としての「構想力（Einbildungskraft）」が、現象の圧倒的な量や力を前にして、この現象をまとめ、一つの安定したイメージとして意識する、すなわち「総括」する力を奪われるときである。このような自然現象を前にして、人間は自らの存在が押しつぶされるような「恐怖」（「不快」）を覚えると同時に、しかしこの圧倒的な自然に対して「驚嘆」や「尊敬」という「快」をも覚える。この矛盾した快感情が、「感性」的存在であると同時に「理性」的存在であるという、人間存在の両義性を開示する。

感性的存在としての自己を押しつぶすような自然現象に、それにもかかわらず人間が「快」を覚えるのは、同時に彼がこの圧倒的な自然現象の背後に、それを生み出す根拠を予感し、この「超感性的なもの」への自己の感受性を自覚するからである。

「超感性的なもの」、それは「理性理念」（言語・記号によって思い描かれ、また予想されるもの）に他ならない。圧倒的現象は、人間にその背後で働いているような「理性理念」を思い起こさせる。ところで、圧倒的な自然現象は、この理念との「関係（Relation）」から見られるとき、そしてそのときにのみ、「崇高」な現象となる。もし私が実際に現象に巻き込まれ、「関係」を見出す距離を奪われていたなら、私はただ「恐怖」に囚われて身を縮め、目を閉ざして、この恐るべき現象が去るのを祈るか、あるいはそこから逃げ出そうと無益にもがくしかない。私たちがある程度「安全なところにいる」とき、自然の圧倒的な「眺め」は「崇高」になる（Vgl. *KdU* 104）。このときはじめて、現象とその根拠との「関係」が、「眺め」において、前景化してくる。

「崇高なものは、ただこの関係においてのみ成立する。この関係において、自然の表象における感性的なものが、ある可能な超感性的なもののために使用しうると判定される（*KdU* 114）」

このような「崇高」感情の構造を明らかにする箇所に、カントは「宇宙論」で用いた「置き換え（Subreption）」という用語が出てくる。

「……自然における崇高なものへの感情は、われわれ自身の規定〔自分が「理性」的存在だという規定〕への尊敬である。われわれはこの尊敬を、ある置き換え（Subreption）（われわれ主体における人間性の理念に対する尊敬の代わりに、客体への尊敬と取り違えること〈Verwechselung〉）によって、自然の客体に対して示す。この客体が、われわれの認識能力のもつ理性の規定は、感性の最大の能力さえも超えていることを、言わば直観〔感覚的に見えるように〕させるわけだ（*ibid.* 97）」

「崇高」感情は「置き換え」によって、しかもこの「置き換え」を忘れることによって、それゆえ「取り違え（Verwechselung）」によって生じる。ちょうど「宇宙論」が「理念」を自然の根拠に「置き換え」て自然を語るように、崇高感情も「理念」を「自然」の「根拠」と「取り違え」、自然現象という「客体」を「崇高」と見なす。するとこの「置き換え」の構造（「手品」の種）を知ってしまった人間からは、自然の「崇高」は消えてゆくことになる。「啓蒙された」世界では、それゆえ「崇高」は失われてゆく運命にあると言わねばならない。「崇高」という直感的カテゴリーは、歴史的なカテゴリーとなる。概念の歴史性を重んずるヘーゲルの「美学」においては、「崇高」には、古代オリエントの「自然宗教」の世界（「象徴的芸術形式」）に、その場所が指定されている。ヘーゲルにとっては、「運命」への信仰に支えられてはじめて生きたものになる「悲劇」のアクチュアリティも、歴史性を免れることはできない。ヘーゲルのオリジナリティが疑われているホトー版テクストのみか、近年公刊された、一八二〇／二一年ベルリン講義の聴講者によるノートからも、このようなヘーゲルの把握は跡づけられる。「悲劇」は過去のものなのだ。

「悲劇から喜劇に移ってゆく際に、私たちが見出すのは、おしなべてこの二つの混合物である演劇（das Schauspiel Drama）です。これは悲劇と喜劇との混合であり、近代の悲劇はそのようなドラマです。対象となるのは主観的性格で、ここでは状況や特殊な関心や、諸々の情熱の偶然性から劇ははじまります。……道徳的な心根が、特に近代ドラマに取り入れられる状況です。……しかしそのようなドラマは、〔古代ギリシアの悲劇におけるような〕本来のパトスをもっていません。主題が心根に移し入れられて演じられますので、すべては動揺する状態に置かれることになるでしょう。人物はまったく現存しなくなっています。……感動を与えることが、近代悲劇の主な関心事なのです（『筆記録』1820／21, 328f.）」

「思弁的美学」の展開というコンテクストを考慮した場合、ヘーゲルによるカント哲学の受容は、全体的に見て、カントの批判哲学の歴史哲学的再構成、その意味で批判的再構成と見なしうる。中でも『純粋理性批判』で展開される、「純粋理性の二律背反」論は、ヘーゲルによって最も重要な思想として受容され、彼の思惟の基本的視点を形成している。カントが明らかにした「独断論」と「経験論」との対立と、双方の矛盾とは、ヘーゲルにおいて近代における「信仰と知」の問題として歴史哲学的に捉え直される。一八〇二年の『信仰と知』、一八〇七年の『精神現象学』「自己に疎遠になった精神、教養」の箇所は、近代における「啓蒙」と「信仰」との対立と双方の矛盾を歴史的に必然的な意識形態として描き出しており、ヘーゲルの思索における最も精彩ある部分を形成している。

それのみでなく、カントが示した「定立」と「反定立」との二律背反の解体と、それによって可能になる人間的な「理性」は、「定立（Thesis）」・「反定立（Antithesis）」・「総合（Synthesis）」という「弁証法」的思考の枠組みとして以後の思想に受け継がれてゆく。シェリングがこの枠組みから思惟を「形式的」に展開し、それにヘーゲルが批判を加えたことはすでに触れた。カントに即して理解するなら、この図式は、経験を上から眺めるための固定した枠組みではない。カントの理論を受容することで「定立」―「反定立」に対して「総合」が立てられるとしても、カントにおいて「総合」が本来意味するのは、「経験の絶えざる拡張」という「理念」である。人間の経験は「総合」において完結し閉ざされるのではなく、逆に開かれる。このような「総合」を、「完結」したもの、「同一的なもの」として受け取り、この「定立」―「反定立」―「総合」の枠組みに経験を当てはめようとする思惟は、カント哲学の誤解であり、形骸化なのだ。

それゆえ概念のこの三幅対を、すべてを説明しうる方法として採用し真理を語る哲学は、カントが批判した「独断論」に舞い戻っていることになる。ヘーゲルもそのように理解され、またそのことで批判されてもきた。ヘーゲル理解における「二律背反」が生じたわけだ。これは今日なお、一般的なヘーゲル哲学についての理解の枠組みとなっている。私たちは、この論争の無益さを明らかにすることで、はじめてヘーゲルに関しても、生産的な解釈の可能性を開きうるだろう。解釈もまた理性的人間の経験、それゆえ「総合」だからである。

ヘーゲルがカントの「二律背反」論を重視し、カントと同様にこの「二律背反」の真っ直中に「真理」があると見なしたこと、このことは一八〇一年の『差異論文』にすでに示されている。

「……普通の反省〔常識〕は、二律背反の内に矛盾しか見ない。理性のみが、この絶対的な矛盾の内に真理を見るのであり、この真理によって、双方は設定されるとともに否定され、いずれも存在せず、そして同時に存在することになる（W2, 115）」

ヘーゲルの『法哲学』における、「理性的なものは現実的であり、現実的なものは理性的である」というテーゼは、R・ハイムの批判以来、しばしば「政治的保守主義」者、「国家哲学者」の発言として批判されてきた。ヘーゲルのこのような表現は、当時の体制への追随を示す証拠だというわけだ（Haym 1974, 365ff., Nietsche VIII-2, 9-178, Habermas 87）。しかし、私たちが今示したように、ヘーゲルの思惟とカントの「二律背反」論との連関を考慮するときには、このテーゼへの批判者の方が、「理性」、「現実」のいずれかに固執する、理性の「誤謬」を犯している疑いが強くなる。「人間は晩年に近づくと保守的になる」といった、何の根拠もない月並みの尺度を、哲学的テクストの解釈に導入することは明らかに邪道であり、思考力の弱さを示すものでしかない。そのような理解は、まさに「独断論」以外の何物でもないだろう。

「現実」、ヘーゲルの『法哲学』の文脈で言うなら、現実の「国家」や社会は、常に「理性」（私たちの理解に従えば、「言語・記号のシステム」）によって成り立っており、その点で、いつもそれなりの共通の理解に支えられている。その意味で、「現実」は「理性的」である。また、「理性」（言語・記号システム）こそが、人間的現実（社会）の枠組みを形成するので、「理性的なもの」は「現実的なもの」なのだ。もちろん、理性（言語・記号）が欲望充足のために利用されることで、現実が捻じ曲げられ、暴力がまかり通ることもしばしばである。この場合にもまた、「理性」はそのような現実に、「理性」によって立ち向かうしかない。実際カントが行っているのは、そのような、「理性」の犯す「誤謬推理」への批判であり、ヘーゲルもすでに見たように、様々なレベルで働く「誤謬推理」の「弁証論」の構造を、カント以上に社会的、歴史的文脈を考慮しつつ抉り出そうとしているのである。

ヘーゲルは、論理的展開を、歴史的連関を考慮しつつ論じる。この点で彼の思惟は三つの『批判』におけるカントの思惟とは少し異なる。しかしカントの「純粋理性の二律背反」論も、歴史哲学として書かれたものではないとしても、まったく非歴史的な認識論だとは決して言えない。そこで問題になっているのは、過去の、またカントの時代になお力を有していた、知の特定の形態だからである。『判断力批判』の「崇高」論も、『純粋理性批判』の「宇宙論」との密接な連関を考慮に入れるなら、単なる非歴史的な直感的（美的）カテゴリー論だとは言えなくなる。カントが『判断力批判』で展開していることも、単に非歴史的な自然美論だと見なすことはできない。なるほど「崇高」は、主に「自然」現象を例に挙げて論じられている。しかし「宇宙論」批判や「神学」批判との関連を考慮するとき、「崇高」感情は、特定の「理性」の形態においてはじめて成立することが明らかになる。「崇高」は、「自然」（現象）の奥に「理性」の存在を予感し、それに「尊敬」の念を覚えるような、「自然理性」の世界において成立する感情なのだ。

今日再び人間の倫理性の回復という問題との関係で浮上してきた「崇高論」を批判的に考察する上で、カントの『純粋理性批判』と『判断力批判』における「崇高」論との連関、そしてヘーゲルの「崇高」の歴史化、「信仰と知」の関係論は、一つの視点を提供するように思える。「崇高」感情は、いつでもどこでも生じうる感情ではないし、スローガンによって呼び出されるものでもない。この感情は、「現象」（「自然」）の彼方にこれを生み出す「理念」の「実在」を思い浮かべる（「自然」という現象の背後に「理念」を「置き入れ」、そしてこの「置き入れ」を忘れるような）理性、すなわち「自然理性」において成り立つからだ。

カントもまた、「直感的反省的判断力の説明の総注」において、それまで論じてきた「崇高」以上に崇高な世界として、ユダヤの「旧約」の世界を挙げている（岩城二〇〇一d、第二章）。

それゆえ、「崇高」を唱える現代の作家（例えば、バーネット・ニューマン）が制作した作品が、そのまま「崇高」になるわけではなく、崇高は、受容者の歴史的に規定された心性にかかっている、と言わなければならない。原理的には、啓蒙された今日の「理性」も、ときとして「理性」の本性に動かされて、再び「自然理性」になることはありうるし、また強い宗教的拘束力によって「自然理性」がなお生きている世界もあろう。それゆえ人間が今日でも「崇高」感情に与る可能性はなお残っている。しかしそのときには、私たちは同時に、かの「誤謬推理」を真理と取り違え、人に押しつける危険に接してもいるわけである。

有限な人間の「経験」は、常に「受動的」であると同時に「自発的」でもある。すなわち、「超越論的」に（分かりやすく言えば「最初から」）両義的（zweideutig）である。それゆえ、人間の「経験」のこの本来的に両義的なあり方を、「受動性」、あるいは「自発性」のいずれかの側に一義的（eindeutig）に（つまり単純に）還元しないような思惟、このような思惟によってはじめて、文字通り人間的な経験の構造は、具体的に明らかになる。カントが『純粋理性批判』において、まさに「理性批判」を通して、呈示しようとするのは、このような、人間存在の両義性を抹消しない思惟が、近代の人間にとって必須の課題であり、またそれは可能だということである。

私たちが、人間存在の超越論的両義性を受け入れるなら、人間がア・プリオリに自然の「必然性」に従属する存在なのか、あるいは「自由」な存在なのかといった論争も、きわめて粗雑で単純な論争にすぎないことが分かる。私たちがなすべきは、この不毛な論争に勝利することでなく、「必然」と「自由」とのいずれか一方に固定されている論争の視点（物事の見方）から解放されることなのだ。

人間存在の両義性を受け入れれば、「必然性」と「自由」とは、何の矛盾もなく両立しうる。カントは、「自然の必然性の一般法則と一つになった、自由による因果性の可能性」と題する節の冒頭で、それを語っている。

「私は、感官の対象における、それ自体は現象ではないものを、叡知的（intelligibel）と呼ぶ。それによって、感覚世界においては現象と見なされねばならないものが、それ自体において、感性的直観の対象ではないような能力をもち、しかもそれを通して、現象の原因でありうる場合〔すなわち人間の場合〕、このような存在の因果性は、二つの側面で考察されうる。すなわちそのような存在〔人間〕は、物それ自体としての因果的行動（Handlung）からすれば、叡知的（intelligibel）と、また感覚世界における現象としての因果性の結果（Wirkung）からすれば、感性的（sensibel）と見なされうる。それゆえわれわれは、そのような主体の能力から、それの因果性の経験的概念とともに、因果性の知的概念をも手に入れるであろう。この両概念は、同じ結果においてともに生じる（A538, B566）」

「必然性」と「自由」とを巡る不毛な論争は、「叡知的」なものの因果性と、「感性的」なものの因果性との混同や、混同のために可能に見える一方の他方への還元に由来する。ここでも「場違い」が生じている。「経験的概念」と「知的概念」についての「場所論」からすれば、「自由」と「必然（自然）」とは、同じ事柄（「結果」）を異なる「場（Topos）」から見たときの、見え方の違いでしかない。

この点では、日常的な経験も科学的探究も変わることはない。原因を叡知的に、つまり「理性」（言語・記号能力）によって合理的に想定しておかなければ、現象の原因を求める分析は進まないし、行われたとしても、分析は行き当たりばったり（偶然）で恣意的なものに終わるしかない。同時にまた、厳密な現象分析による因果関係の必然性の探究がなければ、想定された叡智的「原因」は空想や妄想でしかなくなるだろう。「自由」と「必然」とは表裏一体の関係にある。カントはこのことを明快に語っている。

「だから自由と自然〔の必然性〕とは、同じ働きにおいて、その働きが叡知的原因と比較されるか、あるいは感性的原因と比較されるかに応じて、それぞれその性格の完全な意味において、同時に、しかも何の対立もなく出会われうるであろう（A541, B569）」

今や「二律背反」は完全に解体されている。

「われわれが示したのは、自由においては、自然の必然性の場合とはまったく別種の条件への関係が可能であり、自然の必然性の法則は、自由を触発することはなく、それゆえ双方は互いに独立で、相互に妨げられることなく生じうる、ということなのだ（A557, B585）」

人間の「経験」においては、「自然（必然性）」の原理と「自由」の原理とは両立しうる。これがまず理解されねばならない。身体的存在としての人間は、「現象」の一部として「感覚世界」に属し、自然の因果関係に従属する。しかし同時に人間は、「叡知的」、「意志」的存在として、自己の行動を自由に開始し、その結果の原因にもなる。だから人間は、このような結果の原因を「自然の必然性」に帰して責任を逃れることはできない。人間の両義性を受け入れることは、「自由」に対して責任を負うことでもある。これをカントは強調している（Vgl. A554f., B582f.）。ここでも「認識論」は「行為論」と一つになっている。

「人間は、感覚世界の諸々の現象の内の一つであり、その限りで、因果性が経験的法則に従わねばならないような、自然の諸々の原因の一つでもある。それゆえ人間は、そのような現象として、他のすべての自然物と同様に、経験的性格をもたざるをえない。……しかし、普通、自然全体をただ感官によって識別するにすぎない人間が、単なる統覚によっても自己自身を認識する。しかも、感官の印象には加えられえない行動や内的使命において認識する。人間は、彼自身確かに一方では現象であるが、しかし他方では、つまりある能力に関しては、単なる叡知的対象である。なぜなら、人間の行動は、決して感性の受容性と見なすことはできないからである。われわれはこの能力を分別（悟性）、そして理性と呼ぶ。特に後者〔理性〕は、本来的に、特権的な仕方で、すべての、経験に条件づけられた能力から完全に区別される。というのも理性は、ただ理念に従って自分の対象を考慮し、それに従って分別（悟性）を限定するからであり、次いで分別（悟性）が、自分の（しかも純粋な）概念を、経験的に使用するのである（A546f., B574f.）」

「自然」と「自由」という両原理は、人間的経験において両立しうる。しかしまたこの両原理は、同時に分離しえないかたちで結びつき、相互作用の関係にあるということ、このことを理解することが一層重要となる。私は、すでにこのことを、「序」において、「想像力」における「身体」と「言語」との相互関係について論じた箇所で、またヘーゲルの「心」の理論に言及した箇所でも、「言語」と「身体」との関係に即してなるべく具体的に論じようと試みた。

人間は、「自然」の一現象として「自然の必然性」の連鎖の中にある。同時に人間は、「自由」な存在、「理性推理」を働かす存在として、自然の「必然性」から「法則」を取り出し、それらを「理念」へ向けて統一し、この統一的法則に従って「行動」し、自己の「世界」を形成する。しかし「行動」や、行動の結果としての「世界」は、再び「感性的世界」、それも今度は人間によってもたらされた「感性的世界」として、「自然」（「現象」）となり、感性的存在としての人間はこの現象に否応なしに曝され、巻き込まれる。この相互作用の中で、自然とともに、「現象」としての人間も、それゆえ彼の身体性も変化してゆく。しかしまた、「理性」的存在としての人間は、この新たな現象の「原因」をも、「理念」を想定しつつ、「理念」の視点から「反省」し、「理念」を展望しつつ作り変えてゆくし、またそうせざるをえない。

科学的探究の場合も同様である。すなわち、私たちがある「現象」に出会ったとき、この現象を生み出した、見えない「働き」を想定する。このとき、そこでは、現象の「原因」である、経験できない「働き」が「想定」（推理）されている。このような理性（言語・記号）で「推理」される「因果性」が、「叡知的」因果性である。同時に私たちは、この同じ「現象」を、ある働きの「結果」として現に認知し、それに基づいて、その原因となる「現象」を、経験的に詳細に探究してもいく。このときに発見される「現象」の「原因」として見出された「現象」は、実際に経験的に確かめられるのだから「感性的」である。こうして、感性的に確かめられるかたちで、「因果関係」は探究されている。だから科学的探究の場合にも、同じ一つの事柄において、二つの因果性が両立する、というより、このような二つの因果性への視点の補完関係によって、私たち人間の経験は深められ、また広げられている。

「人間」は、「理性」的存在、言語・記号が身体の奥まで浸透し、また常に言語・記号に囲まれ、それに動かされつつ生きている存在である。そうであるがゆえに人間は、理性の「本性」に動かされて「誤謬推理」に絶えず囚われる。これをカントは具体的に明らかにしようとしている。このとき同時に考えなければならないのは、人間が「誤謬推理」に囚われ、これに固執するのは、「自然」（「必然」）と「理性」（「自由」）とが、有限な人間においては両立するとともに、離れがたい仕方で相互に浸透している、ということである。両原理は、浸透し合うがゆえに、混同が生じ、またそれとともに、一方の他方への還元が夢想されてきた。

「神」の「実在」を信じ、それを証明しようとする「超越論的神学」（合理神学）もまた、「誤謬推理」の所産である。

(三) 「超越論的神学」批判

伝統的な神学に批判が加えられる章は、先に触れたように、「純粋理性の理想」となっている。それは、「神」が、常に欠陥をもつ有限な存在としての人間に対して、完全無欠な存在として、「理性」(言語・記号能力)によって設定された存在、思い描かれた完全な存在だからだ。これが「理想」である。

(a)「理 想」

「理想」をカントは次のように規定している。

「……私の理解では、理想(Ideal)とは、単に具体的であるだけでなく、個別的であるような理念、すなわち、理念によってのみ規定可能な、さもなくば、規定された事物である。／完璧な人間性〔という理想〕(Menschlichkeit in ihrer ganzen Vollkommenheit)は、単にこの性質に属すすべての本質的特徴という、それについてのわれわれの概念となっているものを、人間性の諸目的に完全に一致するまで拡張するだけではない。この目的が完璧な人間性というわれわれの理念ではあろうが。それだけではなく、完璧な人間性〔という理想〕は、この概念の外に、この理念の一般的規定に属すものすべてをも含んでいる。なぜなら、相対立する述語すべての内で、ただ一つの述語が最も完全な人間性という理念にふさわしいものでありうるからだ(A568, B596)」

「理想」とは「個別的理念」、つまり「思い描かれたあるべきもの」、「完璧なもの」である。この「完璧」なもの(etwas in seiner ganzen Vollkommenheit まったき完全性の内にあるもの)は、幾ら言い表そう(規定しよう)としても、「完璧」という述語でしか言い尽くせないので、つまり、どんな言葉でも規定し尽せないからこそ、「完璧」なのだ。

これが「理想」の特性でもある。「理想」とは、「これ」として取り出し認知することはできないが、しかし、その存在を思い描くことはできる、そのような完全なものなのだ。

このような「理想」という「完全なもの」は、私たち人間が言語・記号的存在であることによってに生じてくる、「必然的表象（必然的に思い描かれるもの）」である。私たちは、言語・記号的存在（「理性的存在」）であるために、自分たちの「有限性」を反省し自覚する。このような自分たちの自覚によって、有限な現象に左右されない、完璧な存在ははじめて、しかも必然的に「推理」され「思い描かれる」ことになる。現に生きている世界に何の反省も加えられないなら、「理想」など思い描かれることはない。それゆえ、「理想」は、「認識論的なもの」であるより、「実践的なもの」である。プラトンの「イデア」も実践的意味を強く含む。

「われわれにとって理想であるもの、これはプラトンにとっては、神的分別（悟性）という理念（eine Idee des göttlichen Verstandes）、つまり、この神的分別（悟性）の直観〔知的直観〕に現れる個別的対象、あらゆる種類のありうる存在の内で最も完全なもの、現象におけるすべての模像（Nachbilder）の究極の根拠（Urgrund）であった（A568, B596）」

この「根拠」は、「認識」すべき対象であるより、それを目指して進むべき行為の目標として想定されるものである。そしてこの「根拠」から見るなら、私たちの行動は、それの「模像」である。なぜなら私たちは、この思い描かれた「根拠」へのシミュレーションによって、自分たちの行動を整えているからだ。

人間にとっての「理想」の必然性と、それの実践的意味をカントは指摘している。

「しかしそれほど高く登らなくても、われわれは、人間理性が理念だけでなく、プラトン的、創造的な力ではないとしても、（調整的原理としての）実践的な力をもち、一定の行動の完全性の可能性の根底にある理想をも含むこと、このことを認めなければならない。道徳の諸概念は、完全に純粋な理性概念ではない。というのも、道徳的概念の根底には、ある経験的なもの（快、不快）があるからだ。……徳、それとともに人間の知恵は、完全に純粋な場合には、理念である。しかし（ストア派の）賢者は一つの理想である。すなわち、この賢者は、思考の内にのみ存在するが、しかし知恵の理念と完全に一致する、一人の人間である。理念が規則を与えるように、この場合の理想は模像（Nachbild）を一般的に規定するときの、最初の像（Urbild 原像）として役立つ。われわれは、このような、われわれにおける神的人間の態度の他に、われわれの行動の基準をもたない。たといこの基準に決して到達できなくても、われわれはそれと自分とを比較し、判定し、そしてそうすることで自分たちを訂正する。これらの理想には客観的実在（現実存在）は認められないかもしれないが、だからといってこれらの理想は、妄想（Hirngespinste 頭で紡ぎ出したもの）と見なされるべきではない。そうではなく、それらは理性の不可欠の基準となる。理性は、そのあり方の点で完璧なものの概念を必要とするのであり、それに従って不完全さの程度と欠如とを評価し測定するのだ（A679, B597）」

「超越論的神学」の批判に当てられた、「誤謬推理」批判の第三章のタイトルが、「純粋理性の理想」となっていること、このことの理由をまず十分に理解しておかなければならない。

これまで見てきた、「心」や「宇宙」は、人間が理性的（言語・記号的）存在であるがゆえに、自ずと思い浮かべ、想定する対象である。人間は「理性」によって、自らの経験と、この経験に現れてくる現象から、その規則を取り出し、それを通して、経験を反省する。そこから、「心」や「宇宙」という世界が、理性（言語・記号）のシステムにおいて設定されてくる。このことは、理性にとって、自ずと行われる、「自然な」、その意味で「超越論的な」営みである。

「理想」も同様である。自己の有限性、決して拭い去ることのできない自己の不十分さ、欠点への、人間の自己への反省が、必然的に人間に「理想」を求めさせる。だから、「心」や「宇宙」と同じように、「理想」を設定することは、理性にとって「超越論的」なこと、理性がある限り必ず生じてくることであって、それ自体には問題はない。というより、理性が、「心」や「宇宙」や「理想」を立てることは、人間が人間として生きる上で、欠かせないことである。

だから、「心」や「宇宙」とともに、「理想」を思い描かない者は「人間らしくない」、あるいは、「精神的に貧しい人間だ」、といったセンチメンタルで感情的な理解では不十分である。これらの世界は、「理性的存在」である人間には、否応なしに生じてくる世界だということ、このことを理解しておく必要がある。だからこそ、そこに生じてくる「誤謬推理」もまた、避けがたいものとなるのだ。

もう一度確認しておこう。人間が「理性」をもつということ、このことがそのまま問題なのではない。それは人間にとっては「超越論的」なことなのだ。たとい何らかの理由で、「理性」（言語・記号能力）がうまく働かない場合でも、人間はすでに言語・記号の中で生き、それに導かれている。

だから、「理性」がどのように用いられ、経験世界に適用されるか、この「理性使用」のあり方が問題となるのだ。つまり問題が起こってくるのは、理性の法則が、現象理解に適用される場面、すなわち「判断力」が働く場面である。

カントは、今たどっている、『純粋理性批判』第二部、「超越論的弁証論」の最後に置かれた、「超越論的弁証論への付録」において、この点について明言している。

「われわれの諸能力の本性に基づくすべてのものは、目的に合っていなければならないし、もしわれわれが一定の誤解を防ぎ、それら能力の本来の方向を見出しさえすれば、すべてはわれわれの諸能力の正しい使用と一致するに違いない。だから、超越論的諸理念は、正しく、それゆえ内在的に使用されると思われる。ただ、それらの意味が誤解され、現実の物の概念と見なされる場合には、それらは、超越的に使用され、またこのために人を欺くものになるであろうが。なぜなら、すべての生じうる経験に関して、〔経験を〕飛び越えるもの（überfliegend）（超越的）になったり、地に着いたもの（einheimisch）（内在的）になったりしうるのは、理念それ自体ではなく、それらの使用の方だからである。そしてこのことは、それらが自称それらに合った対象にそのまま向けられるか、あるいは、単に、分別（悟性）が関わる諸対象に関する、分別〔悟性〕の使用一般に関係するのかに応じて変わる。そして置き換え（Subreption）の過ちはすべて、いつも判断力の欠如に帰されるのであり、分別（悟性）や理性に帰されはしない（A642f., B670f.）」

ここから分かるのは、カントは「分別（悟性）」や「理性」と、その「使用」とを分けている、ということだ。「使用」に関わるのは、「判断力」という、「分別（悟性）」にも「理性」にも還元できない特殊能力であり、だから、「理性批判」とともに「判断力批判」も必要になる。これが第三の批判書（『判断力批判』）に残されている課題である。だから、『純粋理性批判』が「批判的知識論（科学論）」であり、『実践理性批判』が「批判的行為論（倫理学）」であるのに対して、『判断力批判』が「美（それとともに芸術）の理論」だという理解、しかも上の二つの批判が第三批判において、特に「芸術」を通して媒介されるという理解は成り立たない。そのような理解は、すでに指摘したように、“Kunst”を「芸術」として理解し、この「芸術」と「美」とを哲学の中心に据えた、カントより後の、「ロマン主義的哲学」によって広められたものにすぎない（岩城二〇〇二a）。だが、カントにとっては、第三批判は、特殊能力としての「判断力」一般の批判なので、「直感的判断」はその一部であり、全体ではない。「判断力」という、私たち人間が現象を理解するときに働く、規則適用能力、これがどのような構造になっており、またどのような普遍性をもつのか、そしてそれの誤った適用はどのようなものか、これを明らかにするのが、『判断力批判』の課題になるのだ。「理論理性」に関しても「実践理性」に関しても、それの「適用」においては「判断力」が鍵を握っている。その意味で「判断力」は二つの領域の正当性を支えるものなのだ。

（b）「神」概念

いずれにしても、「理想」を思い浮かべることは、「理性」的存在である人間にとり、「超越論的なこと」（＝本能的なこと）であり、同時に「理想」は決して経験的に実在するものではないので、人間にとり常に「超越的」である。この二つの意味を込めて、カントは「理想」を「超越論的原型」（prototypon transcendentale）とも呼んでいる（A571, B599ff.）。それは、人間が自分の行動をそれに合わせて整えるための、「原型（プロトタイプ）」だからである。

ところで、カントによれば、「理想」として思い描かれる「完璧な人間」は、それのあり方を推理してゆくと、一切の可能な実在すべてを含む実在、つまり「最も実在的な実在（ens realissimum）」と規定される（A576, B604）。またこの「最も実在的な実在」は、それがどの視点から見られるかによって、異なる名称を与えられる。

「理性の理想の、理性の内にだけ存する対象は、根源的実在（Urwesen）（ens originarium）と呼ばれ、この実在が自己を超えるものを何ももたない限り、この実在は最高実在（das höchste Wesen）（ens summum）と呼ばれ、また、すべてのものが、条件づけられたものとして、この実在に従属する限り、それはすべての実在中の実在〔本質〕（das Wesen aller Wesen）（ens entium）と呼ばれる。しかしこれらすべては、ある現実的対象の、他のものへの関係を意味するのではなく、理念の諸概念への関係〔言語システムにおける関係〕を意味するのであり、それほどすぐれた特権をもつ実在の存在については、われわれには知られないままである（A578f., B606f.）」

このような「完璧な実在」という「理想」に対して与えられる名称、これが「神」である。

「ところでわれわれが、この〔根源的実在という〕われわれの理念を実体化（hypostasieren）することで、さらに追究していくと、われわれはこの根源的実在を、最高の実在性という単なる概念によって、唯一の、単純な、すべてに満ち足りた、永遠の実在等々と規定するだろう。一言で言えば、それをわれわれは、すべての述語を通して、無条件に完全なかたちで規定できるだろう。そのような実在の概念が、超越論的分別（悟性）において思考される神（Gott）の概念である。それゆえ、純粋理性の理想は、超越論的神学の対象になるのである（A580, B608）」

ここでも大切なのは、「神」という「理念」は、有限な存在としての「人間」との言語関係において設定されたものだ、ということだ。ところがこの言語システム内で可能な「実在」が、現実においても「存在」すると思われてしまうのである。現象に特定の言語を投入し、その言語の枠組みから現象の実在根拠を説明する「弁証論」がここで働いているわけだ。

「神」の存在を巡る論争、ここにおいてこそ、最も人間生活に深く介入するかたちで、過去から現在に至るまで、「誤謬推理」が働き続け、人間への暴力が繰り返し「神」の名の下に正当化されてきた。「神」と「宗教」の世界こそ、「概念」と「実在」との「超越論的置き換え（取り違え）（transzendentale Subreption）」が最も日常的に自動的に生じてしまう世界なのであり、それゆえ批判的検討が是非とも必要な世界なのだ。「神」は次のようなかたちで思い描かれていく。

「最も実在的な存在というこの理想（dieses Ideal des allerrealsten Wesens）は、単なる観念（Vorstellung）であるにもかかわらず、最初に実在化され、つまり、客体にされ、続いて実体化され（hypostasiert）、最後に、統一の完成へ向けての理性の自然な進展を通して、擬人化され（personifiziert）さえする（B611の注）」

「神」は単なる「観念」にすぎないのに、まずその観念に対応する「実在」が思い描かれ、次いで「実体」として固定される。実際、「神」が祈りの対象として実体化され、固定したかたちで思い描かれなければ、「宗教的共同体」の世界は中心を失い成り立たなくなるだろう。たとい「神」が、人間には感覚的に確かめることができない、それゆえ「超感覚的な存在」として設定されたとしても、それはそのようなものとして「存在」し、人間に働きかけてくる「主体」と見なされざるをえないだろう。いずれにせよ、このような「中心」がなければ宗教は成り立たない。しかも「神」は擬人化される。なぜなら、「神」とは、人間の「不完全さ」への反省、この「不完全さ」との関係の内で、「完璧な人間」として思い浮かべられるものであり、それゆえ神の形象（イメージ）は、自ずと人間の形象（イメージ）との関係の中で思い描かれることになるからである。「神」の像のみでなく、「神の世界」全体が、「人間の世界」を参照しつつ作られるわけだ。

「序」で呈示しておいたように、ヘーゲルは、『精神現象学』「信仰と純粋洞見」の箇所で信仰の世界が「同語反復」の構造をもっていることを、鋭く洞察していた。カントもまた、「神学」は「同語反復的思惟」に支えられていることを見抜いている。

「諸君が、あくまでその可能性の点で思惟しようとする物の概念の内に、いかなる秘密の名の下にであれ、物の現実存在の概念をもち込むなら、諸君はそのときすでに矛盾を犯している。これが諸君に許されるなら、諸君は幻影に従って戯れを手に入れたのであり、実際には何も語らなかったのである。なぜなら諸君は、まったくの同語反復を犯したのだから（A597, B625）」

上の言葉の少し前に置かれた「注」は、次の言葉で締めくくられている。「……概念の（論理的）可能性から、すぐに物の（実在的）可能性を推理しないこと……」。

「第一章」で見たヘーゲルによる宗教の把握は、「神学」における「同語反復」についての、このようなカントの洞察を受け取っていたに違いない。ヘーゲルはこの洞察を、啓蒙の時代に出てくる、「信仰」と「知」との抗争（まさに「二律背反」）という、歴史的文脈に移して具体的に論じたのだ。

さらにまた、ヘーゲルが「美学講義」における、「芸術」の一般的規定について語る箇所で、「芸術」、「宗教」、「哲学」の関係を示すときにも、カントの「神」概念が深いところでヘーゲルの思考を導いていたと見ることができる。

カントは、今私たちが見たように、「超越論的哲学」の視点から、「神」とは、「理性」（「概念」による推理能力＝言語・記号能力）の設定（想定）する概念的存在（「理念」）が、「実在」と見なされることで生じてくる一つの観念であることを明らかにしている。要するに「宗教」とは、言語・記号システムにおいて「思い描かれる実在（vorgestelltes Wesen）」への信仰によって成り立つ。

ヘーゲルはこの把握を受け取っている。だから、「芸術」は「直観」（感性的認識作用）に対して存在するが、「宗教」は「表象（Vorstellung）」、まさに「最高の実在」を心に「思い描く」ことによって成り立つものとされるのだ。これに対して「哲学」は「概念」を場とする。ということは、「哲学」は、「芸術」が「直観的に立て」、「宗教」が「表象」において対象化するものは、実は「理念」、すなわち「理性」（言語・記号能力）によって想定された言語・記号的システムにおいて成り立つ一つの存在にすぎないことを明らかにする営みだ、ということになる。「哲学」は「メタ美学」、「メタ宗教」なのであり、この意味で、「芸術」、「宗教」よりも「高次」なのだ。

この「高次」の視点からすれば、「キリスト教」さえ、限定された言語の枠組みから成り立っている一つの表象にすぎなくなるだろう。

カント、ヘーゲルは、なお、キリスト教的世界に生き、その世界で一般的であるような用語に従って自らの思考を言語化している。だが、「理性」を「概念的」（言語・記号的）「推理」能力として理解する彼らの思考は、すでにキリスト教的宗教の枠組み、「表象」の立場を突破し、相対化していること、このことが理解されねばならない。

カントが「超越論的神学」の矛盾の構造を批判できるのは、「神学」が、真相では「理性」（言語・記号能力）によって成り立っているものであること、このことをカントが見抜いていなければ不可能なことなのだ。

（c）「超越論的神学」批判

ところで、カントによれば、人間は「神」をどのように理解し証明しようとするのか、「神」への人間の関わり方、「神」の理解の仕方によって、「神学」は三つの姿を取って現れる。

「思弁的理性による神の存在証明は三通りしかありえない。／この意図のもとに歩まれるであろうすべての道は、一定の経験と、それを通して認識される、われわれの感性界の特殊な性質からはじめて、そこから、因果性の法則に従って、世界の外の最高原因に至るまで登って行くか、あるいは、単に無規定な経験を、つまり何らかの存在を経験的に根底に置くか、あるいは、最後に、すべての経験を度外視し、単なる概念から、最高原因の存在を、完全にア・プリオリに推論するかのいずれかである。最初の証明は、自然神学的（physikotheologisch）証明、第二は宇宙論的（kosmologisch）証明、第三は存在論的（ontologisch）証明である（A590f., B618f.）」

これら三つの神学のあり方は、「神」観念（「表象」）の歴史的な展開を考慮しつつ提示されている。最初の神学は、人間を超えた個々の特殊な自然の力への崇拝からはじまるだろう。実際各地の宗教の起源は、河や山などの自然の驚異とその力への素朴な信仰からはじまる。「自然神学」が宗教の最初の姿なのだ。次いで、そのような自然現象の「根拠」への思いが、より抽象的な法則を信じる「神学」を生むだろう。ここに「宇宙論的神学」、「宇宙神話」が誕生する。最後に最も思弁的な宗教、これら一切の本質を思弁的に想定し、そこから唯一神の存在を説く、「存在論的神学」が出てくるわけである。

このような三つの姿を取って現れる「神学」における、「神の存在証明」は、そのそれぞれが、「誤謬推理」に基づくものであること、このことが明らかにされる。ただしカントは、歴史的順序には従わず、それを逆にして、神の「存在論的」証明の「不可能性」からはじめると断っている（A591, B619）。その理由は、「存在論的証明」こそが、これら三つの「神学」における「誤謬推理」の根本構造を端的に示すものだからだ。つまり、これら三つの「神学」の根底にあるのは、「最高実在」という「理念」をそのまま「実在」として設定する「存在論」である。「自然神学」や「宇宙論的神学」は、言わばそういった「実在」をそのまま「自然」や「宇宙」の背後の本質として、ほとんど本能的に表象して（＝思い描いて）いる（＝取り違えている）のであり、その意味では、無意識的存在論だと言えるだろう。

（c－1）　神の存在論的証明

「最高の実在という概念は、多くの点で非常に有益な理念ではある。しかしこの理念は、それが理念でしかないがゆえに、それだけでは、現実に存在するものに関するわれわれの認識を拡張することはまったくできない。……総合的認識の可能性の目印は、常に経験の内に求められるしかなく、しかし理念の対象は経験には属さない。このため有名なライプニッツは、自らが期待したこと、つまり、このように崇高な理想的実在のア・プリオリな存在可能性を見通そうとすることを果たせなかった。／だから、ある最高の存在についての、概念による、非常に有名な存在論的（デカルト的）証明は、多くの労苦を費やしたが無益だった。人間は、単なる理念から見識を豊かにすることはできない。それは、ちょうど商人が、自分の状態をよくするために、自分の現金在高に幾つかゼロを加えようとも、財産を豊かにできないのと同じことである（A602, B630）」

ここでもカントのシニカルな精神が発揮されている。「理念」（観念）をそのまま「実在」だと思うことは、預金残高に自分でゼロを幾つか書き加えて、裕福になったと思うのと同じことだ、というわけである。ライプニッツの「宇宙論的証明」が、この視点から取り上げられる。それは、ライプニッツの「世界の偶然性からの証明」に対する批判である。

（c－2）　神の宇宙論的証明

「この推論は、因果性の、自称の超越論的自然法則に基づく。つまり、すべての偶然なものは、それの原因をもつ。この原因がさらに偶然なら、それは同じく原因をもたねばならない。従属しあう原因の系列が、完全に必然的な原因で終わらなければならなくなるまで。このような必然的原因がなければ、この系列は完成しないだろう、というわけだ（A605, B633の注）」

先に見た、「合理的宇宙論」における「独断論」の「誤謬推理」が、今ライプニッツの「超越論的神学」における「誤謬推理」として改めて批判されている。そして実際、「合理的宇宙論」と「超越論的神学」、そして「合理的心理学」は、密接に関係しているのであり、この支え合いによって、人々を「誤謬推理」に巻き込んでいく。ここで生じているのは、本来「理念」として人間の経験を方向づけ、また反省させるもの、その意味で人間の経験を「調整する（regulieren）」理念と、人間の経験の本質を実質的に「構成する（konstituieren）」理念との「取り違え」である。

「最高の実在という理想は、この考察に従えば、世界の内にあるすべての結合を、あたかも完全に満ち足りた必然的原因から発するかのごとくに見なす、理性の調整原理（ein regulatives Prinzip der Vernunft）に他ならない。そのようにするのは、この理想に、世界の説明における、体系的で、普遍的法則に従った必然的統一の規則の基礎を置くためである。この最高の実在という理想は、それ自体で必然的な現実存在を主張するものではない。しかし、同時に、超越論的置き換え（Subreption）〔人間が最初から取り違えをする可能性をもつこと〕によって、避けがたいかたちで、この形式的原理を構成的なものと思い、この統一を実体的に思い浮かべてしまうのだ。なぜなら、空間が単に感性の原理にすぎないにもかかわらず、あくまで空間の様々な限定である形態すべてをはじめて可能にするために、空間はまったく必然的でそれ自体で成り立つもの、自体的にア・プリオリに与えられた対象と見なされてしまうが、これと同じように、次のこともまったく自然に生じてしまう。つまり、われわれが、最も実在的な実在という理念を、最上位の原因として基礎に置かない限り、自然の体系的統一は、いかなる仕方でも、われわれの理性の経験的使用の原理のために立てられない。だがこのことによって、この理念が現実の対象と思われ、またさらに、この対象が最上位の条件であるために、必然的と思われ、それとともに調整原理が構成原理に変えられてしまうのだ。私が今、世界に関して、まったく（無条件に）必然的なこの最上位の実在を、それ自体単独の物と見なすなら、この必然性はまったく理解できず、それは、理性の内で、ただ思考の形式的条件として出会われるにすぎなかったのであり、存在の実質的実体的条件として出会われるものではなかったはずである。このことによって、上のようなすり替えがどのようなものかが明らかになる（A619f., B647f.）」

「調整理念」と「構成理念」との「取り違え」、「誤謬推理」の全域で生じているのは、この「取り違え」なのだ。「理念」を、経験を「調整するもの」として維持すること、このことによって、経験は特定の枠組みに固定されることなく、常に更新され開かれてゆくものとして理解されるようになる。「理念」はいつも、遠くから私たちに、よりよき可能性に向かって歩むように呼びかけるからだ。これに対して、「理念」が「構成的」に使用されるなら、それはもはや「理念」ではなく「既成概念」になる。このときには、既成概念の固い規則の枠が、人間の「本質を構成する」ものとして、経験にあてがわれ、経験を抑圧することになる。ただ、ヘーゲルも指摘していたように、この世界に夢中になっている者にのみ、この枠組みは心地よいものになるだろう。だがその「心地よさ」は、排除と抑圧の論理によって成り立っているにすぎない。

（c-3）　神の自然神学的証明

「神学」の原初的形態である「自然神学」も、同じ「誤謬推理」に囚われている。カントは、このような「自然神学」における「神の存在証明の不可能性」を強調するが、今日においても、「自然神学（Physikotheologie）」の根強さは、同語反復に支えられることで、ますます強化されてゆくだろう。カントは、「自然神学」が人を誘い込むメカニズムを抉り出している。

「現前する世界は、われわれに多様性、秩序、合目的性、美の測りがたい舞台を、人がこれらを空間の無限性の内に追跡するにせよ、あるいは空間の限りなき分割の内に追跡するにせよ、開くので、われわれの脆弱な分別（悟性）がそれについて手に入れうる知識に従っても、かくも多くの見渡しがたいほど大きな奇跡については、すべての言葉がその重みを、すべての数が測定する力を、そしてわれわれの思想さえすべての限界を見失い、そのために、全体についてのわれわれの判断は消え、言葉にならないが、しかしますます雄弁になる驚嘆へと変わってしまう。……〔自然における『最高最上位の実在 das äusserste und oberste Wesen』の〕この証明は、当然いつも敬意をもって呼ばれる。これは、最古の、最も明晰な、そして常識〔gemeine Menschenvernunft〕に最も適した証明である。この証明は自然研究を活気づけ、またそれ自体が自然研究から自分の存在と、それを通して常に新たな力とを手に入れる（A623, B651）」

私たちを取り囲む「自然」の営みの不思議さとそれへの賛嘆、人間がその限界を確かめようとすればするほど広がってゆく宇宙の壮大さ、その究極の構成要素を探究しようとすればするほどさらに微細なものが現れてくる物理的世界の不思議、さらには仕事から離れて静かに「自然」を前にしたときに生じてくる畏敬の感情、このような諸々の自然感情にも「理性」（言語・記号）が浸透している。

自然現象に出会って、その奥にそれを生み出している感覚を超えた力や法則を思い浮かべることは、「理性」がなければ起こらないからだ。このような、「自然」の内に自然の「意志」を推理する「自然的理性」においても、否定的側面と積極的側面とが表裏一体になっている。カントは「自然的理性」のこの両義性を捉えている。

一方で、「自然的理性」は、恐らく今日の「エコロジー的理性」も、人間自身の自然支配（「技術」）の経験から出発する。この「理性」は、自分の経験から、「無制約な技術」の「理念」を表象し、この「理念」を自然の内に投入し、しかもそれを忘れて、自然を「超人間的技術」の所産として崇める。これは、明らかに「同語反復」であり、この同語反復の内に科学的成果が組み入れられるにつれて、人間を超えた自然の力は一層もっともらしいものになる。なぜなら、自然という「超人間的技術」の構造は、人間の技術の経験からそっくり移されたものだからだ。また「技術」の「自然」への投入によって、自分が自然に加えた暴力の方は都合よく隠蔽されることになる。この「超人間的技術」の前では、人間の技術など取るに足らないものとなるからである。だから、「自然的理性」は、自らが擁護しようとする当の自然を破壊することによって成り立っている、大都市の建造物の中で、自然破壊によって手に入れられた紙やその他の道具を大量に利用しつつ、自然保護を叫ぶことができる。このとき保護されるべき自然も、大抵人間にとっては無害な自然である。

このような「自然的理性」は、自ずとセンチメンタルな感情に浸される。この理性は、それが自然の内に自分を、それも現実では実現不可能な、妨げられることなく働く自分の自由（＝「暴力」性）を見るからだ。人間の行動の「人為性」を批判し、「自然らしさ」を唱える思想は、このような一方では表面上センチメンタルな、そして他方で、その真相では、かなり粗雑で暴力的な「自然的理性」に動かされている。

「自然的理性」の思惟は、自然を重視する点で一見謙虚な態度に見える。しかしこの思惟は、妨げられることなく働く超越的な技術としての自然の自由（暴力性）を実体化し、それを後ろ楯にすることで、「現象」を軽視する。

このためにこの立場の人間理解や芸術批評は、必然的に暴力的で粗雑なもの、そしてそれゆえに厳密な原因探究を嫌う「常識」を引きつけるものになる。(6) 少しでも厳密に原因を探究するなら、破壊の責任は自然を叫ぶ当の自分自身に必然的に跳ね返ってくるであろう。

カントは、経験を超えた目的を想像し、このような「理念」が自然の中に不変的に実在すると見なす「理性」は、現象に即した原因の探究を軽視し妨げる、「怠惰な理性（faule Vernunft）」であり、またこのような「理念」を「構成的」に使用し、「目的を自然に暴力的独裁的に押しつける」「理性」を、「転倒した理性（verkehrte Vernunft）」と呼んでいる。

「自然」の営みを、人間の「技術」と類比的に捉え、その仕組みを探究する人間の知、これは、『判断力批判』後半部で吟味される「目的論的判断力」の仕事である。「目的論的判断力」は、人間の「技術」概念を「理念」としながら「自然」を理解し、自然の営みの法則をできるだけ整合的に解き明かそうとする。ところが、「自然神学」は、このような「理念」を、自然の内に最初から存在する客観的なものとして実体化してしまっている。ここでは、「理念」を想定しながら自然法則を細やかに探究する態度は捨てられ、人間の「技術」観念が、そのまま自然に投げ入れられて、自然が語られる。

「ここから出てくるのは、証明に際しての誤った循環論法である。というのも、本来証明されていなければならないものが前提されているからである（A693, B721）」

「怠惰な理性」の構造については、別の箇所でも、それが自然研究にとって大きな障害になることが指摘されている。

「超自然的根拠」がもち出されるのは、自然を説明する根拠が見出せなくなったときであり、細やかな自然研究を放棄した「超自然的根拠」の安易な使用によって、理性の進展は「遮断」されてしまう。それ以上にカントが問題にするのは次の点である。

「（このような「超越論的仮説」による「超自然的根拠」の使用が許されないのは）このような免許証は、結局理性から、理性固有の地盤を耕すことで得たすべての実りを、つまり経験のすべての実りを奪い去るに違いないからだ。なぜなら、自然の説明がそこかしこで難しくなると、われわれは常に、自分たちのかの研究を免除してくれる超越的説明根拠を手元に置くからである（A773, B801）」

これは人間の「自然」に対する「暴力」であり、この暴力の構造をカントは捉えていた。

「……自然的理性は、人間的技術（Kunst）が自然に暴力を加え、自然を自然の目的に従って扱うのでなく、われわれ〔人間〕の目的に合うように強制するときには、自然のいくつかの所産と人間の生み出すものとの類比から（それらの家や船や時計との類似から）、自然の根底にはまさにそのような因果性、つまり分別（悟性）や意志があるだろうと推理する。このとき自然理性は、（すべての技術、しかも恐らくは理性さえをもはじめて可能にするような）自由に働く自然の内的可能性を、さらに別の、超人間的であるとしても、技術〔übermenschliche Kunst〕から導き出すが、このような推理の仕方は、恐らく最も鋭い超越論的批判に耐えることはできないであろう（A626, B654）」

「自然」を崇める人間の心情の内には、人間が自然に加えた「暴力」を隠蔽するメカニズムが働いている。「超人間的技術」としての「自然」賛美は、人間に固有のものであるはずの「技術」概念を、超越的な技術にまで拡大して「自然」に投入することによって生じる。このとき「自然」は、「人間」さえも生み出す、絶対的に「自由」な「主体」、「自由」がそのまま「必然」であるような「知的直観作用」（シェリング）として表象されることになるのだ。

「同語反復的思考」（「循環論法」）、これは「理性推理」がしばしば落ち込む陥穽である。だからカントは繰り返し、この陥穽に注意を払うよう警告する。

他方でしかし、「自然的理性」は、「経験」を超えた視点から経験を反省させる点では、「理性」の「本性」の現れでもある。カントの指摘するように、これによって「自然研究」は「活気」づけられてきた。「芸術」も同様である。人間は、自然の「統一」という「理念」を想定し、それに絶えず接近してゆくという仕方で、その都度の経験の原因を探究し、経験を方向づけ、また訂正してきた。このように、究極の「理念」を「最高の実在」として想像し、それを意識しつつ人間が自分の経験を反省し更新してゆくことは、否定すべきことではなく、むしろ普通のことである。「理念」を想定することは、人間の有限な経験を絶対視する傲慢を抑制するという点では、自然研究に関しても、また道徳的行為に関しても積極的側面を有している。カントは、恐らく古代ギリシアの神話を念頭に置きつつ、「比較的緻密な擬人観」（ein subtilere Anthropomorphismus）に触れ、「これがなければ、最高の実在についてまったく思惟しようがないであろう」と語っている（A700, B728）。

また、「自然」を「超人間的技術」として「表象」する（思い浮かべる）ことも、それ自体は否定すべきものではない。カントが『判断力批判』において、「直感的判断」と「目的論的判断」との結びつきに言及する箇所に、この概念が再び用いられる。「自然」に対する「直感的判断」の底で、「目的論的判断」が働くとき、「自然」は「美」

であることを超えて、「超人間的技術」になる（*KdU* 189）。カントによれば、人間の自然美への関心は、道徳への関心が前もって基礎にあることによって生じる（*KdU* 169）。

問題なのは、「理念」を人間経験の指針として想定することを超えて、特定の「存在」として「構成」し、それによって経験を窒息させることにある、ということになる。

㈣　「必然」と「自由」

ここでも再び指摘しておかねばならない。私たちが「感性的」であると同時に「理性的」でもある人間存在の両義性にとどまる思惟を維持するとき、自然研究における「目的論（Teleologie）」と「機械論（Mechanismus）」も、何ら矛盾することなく両立すること、否、両立させねばならないことが理解できるようになる。これを矛盾するものと見なす者の方が矛盾している。答えは実に簡単だ。

先にも指摘したように、私たちは、「目的論的」展望をもつことによって、はじめて自然研究を方向づけうるし、精緻な「機械論」的研究によってはじめて、一々の現象のメカニズムを解明しうる（Vgl. A687, B715）。だから、「目的論的」研究と「機械論的」研究とは、本来的に相互に補完的な関係にあるものとして理解されねばならない。これを切り離すなら、一方が「独断論」、他方が「経験論」となり、「二律背反」が生じてくる。

しかし、もし厳密な「機械論」的研究を軽視したり排除したりすれば、誤った「目的論」への歯止めが効かなくなり、人間経験に対する恐るべき暴力がまかり通ることになる。また「機械論」的研究が「目的論」を無視し、すべてを「自然」の「因果性」に還元するなら、それもまた人間から「自由」を奪い、人間を、世界ともども自動的に回転する「機械」の部品にしてしまう。今、この自明のことが、自明のこととして私たちの理解の前提にならなければならない。これがカントが言いたいことなのだ。

自然研究における「機械論的」説明と「目的論的」説明との切り離せない関係については、「目的論的判断力」が主題になる、『判断力批判』後半部において、繰り返し語られている。一箇所取り出しておこう。

「第七十八節　物質の普遍的メカニズム（機械論、機構）の原理と、自然の技巧における目的論的原理との合一について（Von der Vereinigung des Prinzips des allgemeinen Mechanismus der Materie mit dem teleologischen in der Technik der Natur）

生産作用をしている自然のメカニズム（機械論）を放棄せず、この生産作用の説明においてそれを見過ごさないこと、このことは理性にとり、限りなく大切なことである。なぜなら、この機械論を欠けば、理解は事物の本性に到達できないであろうから。最高の建築家が自然の形式を、それらがはじめからあるように直接創造しておいた、あるいは、自然の過程において、同じ型に従って、持続的に形成される形式を前もって決めておいたということ、このことは容認されるとしても、しかしそれによっては、われわれの自然についての認識は少しも促進されはしない。……〔こういった証明抜きの目的論的な〕説明の仕方により、われわれは、自然の認識がついていけないような熱狂状態に迷い込み、理性は詩的陶酔に誘い込まれことになる。これを防ぐことこそ、理性の最も主要な使命なのであるが。／他方で、自然の生産活動における目的の原理を見過ごさないことも、同じように必須の、理性の格率である。なぜなら、この原理が、自然の発生の仕方を、われわれに一層分かりやすくしてくれるというわけではないとしても、この原理は、自然の特殊な法則を研究するための、発見原理（ein heuristisches Prinzip）だからである（*KdU* 354f.）」

このような視点に立つので、カントは「独断論」と「経験論」の「二律背反」をかいくぐる思惟を遂行できる。

「自由」と「必然」も、この二つの立場の対立を特色づける概念である。一方は現象の根底に無制約な原因（「自由な存在」）を想定し、他方は、因果関係の無限の連鎖（「必然的関係」）としてすべてを理解しようとするからだ。だが、「二律背反」から解放された立場に立つなら、「自由」と「必然」とは両立するし、また科学においても両立しなければならない。先にすでに指摘したように、「究極的原因（自由）」という「理念」に矛盾なく向かう理論の設定（「仮説」の設定）によって科学は方向づけられ、因果関係（「必然性」）の精緻な機械論的探究によって、科学はその客観性を保証され、また立てられた「目的」（「仮説」）の正当性が確かめられる。

したがって、科学に課される精緻な原因の系列の探究（「背進」）も、単なる「機械的な」原因探究ではなく、「目的」を反省し方向を定めつつ進められる「背進」でなければならない。そのためカントは、因果関係の「系列」は、「ダイナミックな背進（dynamischer Regressus）」の内で成り立つと指摘したのだ（A506, B534）。先にも触れたように、「科学」とは「目的」を設定し、それに即して現象の因果性を緻密に探究し、その都度整合的な現象理解を進めて行く営み、つまり、自由と必然との相互関係の中で進んで行く、ダイナミックな試行錯誤の営みそのものである。その中で誤った目的設定は訂正され、また新たに提示された目的に従って機械論的探究が進められるのだ。「目的論」と「機械論」、「自由」と「必然」とが両立すること、これを自覚しておくことは、人間の実践的行為の場面でも重要である。人間の行為が生み出した結果は、自然の因果性によって説明することはできないし、またしてはならない。もしそのようなことをすれば、人間の「自由」が否定されるとともに、人間が犯した「罪」も問われないことになる。「犯罪」は、やむをえず生じてしまったこと、つまり因果的に「必然的」で、「避けられなかった」ものになり、それを行った人間の「意志」が間違っていたことは、問われることがなくなるからだ。カントは『実践理性批判』でこの点に触れている。

「……超越論的自由は、すべての経験的なもの、それゆえ自然一般に依存しないものと考えられねばならない。この自由がただ時間における内感の対象と見なされようと〔まだ心の中で生じているにすぎないものとしても〕、同時に時間空間内の外感の対象と見なされようと〔実際に目に見える行為のかたちで現れたものであろうと〕同じことである。唯一、ア・プリオリに実践的な、（後者のような本来の意味での）このような〔行為の〕自由がなければ、いかなる道徳法則も、またこの法則に従った責任も不可能になる。まさにそれゆえ、われわれは、時間の中での出来事のすべての必然性をも、因果性の自然法則の点で、自然のメカニズムと呼びうる。たといこれによって、このメカニズムに従う物事が、実際の物質的機械でなければならないと見なされるわけではないとしても。ここで注目されているのは、ただ、自然法則に従って展開するような、時間系列の内にある出来事の、結合の必然性だけである。この出来事の経過が生じている主体、それは、この機械が物質によって動かされるとき、物質的自動機械（Automaton materiale）と呼ばれるにせよ、あるいは、それが表象〔観念〕によって動かされるとき、ライプニッツとともに精神的（spirituale）自動機械と呼ばれるにせよ、同じことである。もしわれわれの意志の自由が後者（例えば心理的で相対的であり、超越論的、すなわち絶対的でない自由）に他ならないとすれば、それは基本的に、一度ばねを巻かれればひとりでに運動する回転肉炙り機の自由以上のものではないことになる（*KdpV* 173f.）」

実際人間は、一定の過去に縛られたときには、「精神的自動機械」になる。これが「習慣」である。「習慣」によって、私たちは意識できない次元で「精神的自動機械」になっている。だがカントは、ここにおいて、人間経験は「習慣」という「機械」には還元しえないし、またそのような理由で行為の結果を正当化しえないことを示唆している。この箇所は、『実践理性批判』と『純粋理性批判』との密接な関係が指摘される箇所でもある。

「ところで、同じ行為における自然のメカニズムと自由との外見上の矛盾を取り除くには、『純粋理性批判』で語られたこと、あるいはそこから帰結することを思い起こさねばならない。すなわち、主体の自由と両立しえない自然の必然性は、時間に条件づけられた事物の規定に依存するだけであり、それゆえ、現象として行動する主体の規定に依存するだけである。だからその限りで、このような主体のあらゆる行動の規定根拠は、過去の時間に属し、もはやこの主体の支配下にはないものの内にある、ということになる。（彼がすでに犯した行為と、それによって規定される、彼の目には現象と見える性格がこれに数えられる）。しかしこの同じ主体が、他方では自己を物自体〔すべての物事の原因〕として意識するのであり、この主体は、時間の条件に従わない限りでの自己の存在を考察し、しかも自己自身を専ら、自己が理性によって与えた法則を通して限定されうるものと見なす。このような主体の存在においては、自分の意志規定の前には何も前もって存在しない。……このように見るなら、理性的存在は、自分の犯す法則に反するあらゆる行為において、それが過去の現象に十分規定され、その限りで避けがたいかたちで必然的だとしても、正当に、自分はそれを思いとどまることができたのに、と言うことができる（*ibid.* 175）」

人間は、「理念」を思い浮かべることで、「習慣」という自動的に働く過去の枠組みを超えてゆく。人間は、自分の行ったことすべてを、「習慣」といった自然や、その他の自然の必然性に帰すことはできない。自分の行為が、自由な意志（「理性」）が立てた「目的」に従ってなされた以上、それの原因は自分自身にあるからであり、このときは「私」は私の行為（現象）全体の原因、その意味で「物自体」なのであり、行為の原因を、私以外の「自然の必然性」に帰すことはできないからだ。

ここには明らかに法の適用の問題が関わっている。法律の適用ができるのは（例えば犯罪に対する刑罰の適用の場合）、主体が「理性」をもっていること、行為の原因が理性の意志に帰されることが前提されるからであり、それができないのは、何らかの理由で主体における「理性」の働きが阻害されていたと見なされる場合だ。このときには、主体の行為は、「理性」による自由な行為ではなく、「理性」にはコントロールできない「自然」の「必然的結果」、それゆえ、罰することのできない行為となるわけである。

ところでまた、「目的」として設定される「超越論的理念」は、「認識」の場合も、「行為」の場合も、あくまで「調整理念」にとどまらねばならない。私たちにとり「理念」は、経験がそこへと収斂し、またそこから反省される、経験の「想像上の焦点」、すなわち「虚焦点」なのである。

「それゆえ私は主張する。超越論的な諸理念は、決して構成的に使用されず、それゆえ、それによっては一定の対象の概念は与えられることはないであろう。そしてもし理念がそのように〔構成的に〕理解されたなら、それらは単に詭弁を弄する（弁証論的）概念となる。しかしこれに対して、超越論的な諸理念には、優れた、不可欠必然的な調整的使用がある。つまり、分別（悟性）を一定の目標に向けるための使用である。このような目標を展望に入れることで、分別（悟性）のすべての規則の方向線は一点に集まる。なるほどこの点は、単に理念（虚焦点（focus imaginarius））にすぎない。すなわち、それは、起こりうる経験の限界の完全に外部にあるので、それから実際に分別（悟性）概念が発するような点ではない。それにもかかわらず、この点は、分別（悟性）概念に、最大の拡張とともに最大の統一を提供するのに役立つ。ところが、ここから錯覚もまた出てくる。（客体が鏡面の背後に見られるように）あたかもこの方向線が、経験的に起こりうる認識の領野の外部にある対象自体から発せられた（ausgeschossen）〔*〕かのような錯覚である。しかしこの錯覚は（それは欺かないよう阻止できるが）、それにもかかわらず、われわれの眼前にある対象以外に、それから遠く離れたわれわれの背後にある対象をも見ようと欲するときには、すなわち、われわれが、今の場合、分別（悟性）を、あらゆる与えられた経験を超えて（すべての起こりうる経験の部分を超えて）、それゆえできるだけ最大で最も遠方への拡張ために訓練しようとするときには、無くてはならない必須のものとなる（*KdrV*, A644f., B672）」

〔＊〕PhB版の注で幾つかの読みが示されている。Mellin：“geflossen”；Schopenhauer：“ausgeschossen”；Rosenkranz：“aus geschlossen”.〈PhB S. 606〉Schopenhauerの“ausgeschossen”を採る。

「錯覚」も「分別（悟性）」の「拡張」のためには必要である。だが「理念」の間違った実在への幻想は防がなければならない。例えば、「神」という「理念」の「実在」への信念（錯覚、幻想）は、他人の殺戮さえ正当化する。これが今なお実際に至るところで生じている。だからこそ、「超越論的な諸理念」が「虚焦点」としての「調整的理念」であることを理解し、この理解を維持し続けること、このことは、「神」や「宇宙」や「自我」をどのように理解するかということ、すなわち、人間はどのように行動するべきなのかという、行為の問題に直接関わっている。ここでも『純粋理性批判』は、『実践理性批判』と一体なのであり、「純粋理性批判」によってはじめて、人間的な「実践理性」を巡る、正当な議論の「場」は確保される。

㈤「道徳神学」

カントは「神学」を全面的に否定するのではなく、それのあるべき姿を呈示しようとしている。あるべき「神学」、それは、「神」を実体化せず、あくまで「理念」として維持する宗教、その意味で、積極的（実定的 positiv）に「神」を設定し、そこから人間の経験を説明したり、強制したりする神学ではない。そうではなく、求められるのは、人間の経験を批判的に反省するための「理念」として、「消極的（negativ）」に「神」を設定（想定）する神学だ。だからこれはもうすでに、「宗教」という特定の団体に制限されえない。

様々な「神学」のあり方を整理し批判する箇所に、カントの宗教に対する基本的立場が示されている。第三章第七節「理性の思弁的原理から出てくるすべての神学の批判」と題された箇所である。以下、そこでのカントの神学の分類を要約しておく。

「根源的実在の認識」という意味での「神学」には、「単なる理性から生じる神学（合理神学）」と「啓示からくる神学（啓示神学）」があり、また「合理神学」に関しては、根源的実在を「純粋理性」によってのみ考える「超越論的神学（die transzendentale Theologie）」と、それを「（われわれの心の）自然」から借りてきて説明する「自然神学（die natürliche Theologie）」がある。

またこの内、「超越論的神学」のみを受け入れるのは「理神論者（Deist）」であり、「自然神学」をも受け入れるのは「有神論者（Theist）」である。

さらに、「超越論的神学」の内、「根源的実在」を経験から導き出すのは「宇宙論的神学（Kosmotheologie）」であり、それを専ら概念からのみ認識しようとするのは「存在論的神学（Ontotheologie）」である。

これに対して「自然神学」においては、自然の秩序の最高の原因を「神」と見なす「自然神学（Physikotheologie）」と、すべての道徳的秩序の最高原理を「神」と見なす「道徳神学（Moraltheologie）」とが区別される（A631f, B659f.）。

「自然」を崇拝するいわゆる「自然神学」は、古今東西を問わず広い範囲で、様々なかたちで「神」を思い描いてきた。地、水、火、風、自然の諸現象のそれぞれに、それを生み出しそれらの働きを司る神があてがわれている。特に人間の力を超えた自然の厄災から身を守られたいという願いは、「自然神学」への信仰を根強いものとするだろう。人間の病や生死も自然現象であり、それぞれの病を司る神や宗教が思い描かれ、治癒を願って、あるいは予防のために、崇拝されてきたし、今も広く信仰されている。科学的な証明がなされていない、諸々の薬剤や、治療法への信仰やそれらの流通もまた、このような「自然神学」の日常的な形式だと言っていいだろう。血液型や星座や干支による「占い」も、今なお好まれている「自然神学」の一種だ。ここで働いているのも、最初に決められた規則（原因）を現象（結果）に投げ込んで現象の本質（原因）を説明する「同語反復」である。どうしてこのような怪しげな薬剤や治療法への信仰、占いが今なお生き続けているのだろうか。それは科学の良心に寄生するからだ。科学はいかに怪しげな信仰が流通したとしても、それが誤ったものであることを証明できない限りは、断罪できない。怪しげな信仰はそれを知っているのだ。

いずれにせよ、「神」を私たちの経験に反省を加える尺度として「想定」することを超えて、それが「存在する」と断言されたときに、「神学」は「誤謬推理」を犯している。だから結論は次のようになる。

「今私が主張するのは次のこと、つまり、神学に関しての、理性の単なる思弁的使用のすべての試みはまったく実りなく、その内的性質の点でも無効であること、しかも、理性の自然的使用の諸原理は、決して神学には届かないので、このため、人が道徳的法則を根底に置くか、それを導きの糸として用いるのでなければ、理性の神学などどこにもありえないということ、このことである（A636, B664）」

「思弁的理性」は認識論的には問題を孕む。だがそれは人間の実践的行為の現場では必要である。だから「道徳神学」だけは「神学」として矛盾なく成り立つと見なされる。

「理性は、その単なる思弁的使用によって、この大きな意図、つまり、最上位の実在の存在に達するという意図を実現するにはきわめて不十分である。それにもかかわらず、この理性は、最上位の実在の存在に関する認識を、それがどこか他のところから得られるような場合に是正し、それを自己自身、およびあらゆる叡智的意図と一致させ、根源的実在の概念に反するであろうようなものすべてから、そして、経験的な制限の混入したもの一切から、この認識を純化するという点、この点において大いに有益なのだ（A639f, B667f.）」

「超越論的神学」にとどまる、「消極的な」「道徳的神学」、これがカントの求める「宗教」のあり方だ。「宗教」とは人間にとり、「外在的」な「神」を崇めることではなく、「内在的」な行為の法則を、犯すことのできない「神」として尊重し、その視点から自己の行動を絶えず反省し、矛盾のないものへと調整することなのだ。だから「最上位の実在」を常に「理念」として維持することは、経験的で限定されたものを絶対化し、「神」として奉ることで、私たちの経験をそこに閉じ込めるという過ちを防ぐためにも必要なのである。

「実践理性がわれわれを導く権利をもつ限り、われわれは行為を、それが神の命令だから拘束的だと思うのではない。そうではなく、われわれがそれに対して内面的に義務づけられているからこそ、それらの行為を神の命令と見なすだろう。……道徳神学は、だから内在的に使用されるだけである。つまり、この世界におけるわれわれの使命を満たすために使用されるにすぎない（A819, B847）」

『純粋理性批判』を締めくくるのは、このような神学への要請である。この視点に立つとき、「神」は、それぞれの人間に内在する、経験を超えた「理念」として、いついかなるときも、私たちを見つめ、私たちの有限な行為に反省を促すものとなる。この意味で「神」は「全能」であり、またあらゆるところに存在する、つまり私たちがどこに行こうとも、常に私たちに付き添ってくるという意味で、「永遠」であり、また「遍在」する、ということになる。「神」はそれゆえ、「理性的存在」（言語・記号的存在）としての人間にとり、自分の行為の方向（目的）を定めさせ、また反省を促すものとして、行為にいつも常に先行するもの、その意味で「超越論的」なものなのだ。

「それゆえ最高の実在は、理性の思弁的使用にとっては、単なる理想にすぎないが、しかしそれは欠陥のない理想である。つまりそれは、人間の認識全体を完結させ、王位につける概念である。この概念の客観的実在は、この仕方ではなるほど証明されえないが、しかしまたそれは反対されうるものでもない。そして、もしこの欠如を補うことのできる道徳神学（Moraltheologie）があるとすれば、このときには、それまでは単に未解決の（問題的な）超越論的神学でしかなかったものが、次のことを通して、それが欠かすことのできないものであることを証明することになる。すなわち、自分の概念を規定することによって、感性によってあまりにしばしば欺かれ、自分自身の理念に必ずしも一致しない理性、このような理性を絶えず見張ることによって、である。必然性、無限性、統一、（世界霊としてではない）世界の外の存在、時間の条件をもたない永遠性、空間の条件をもたない遍在（Allgegenwart）、全能等々、これらは、純粋に超越論的述語であり、それゆえ、あらゆる神学が必ず必要とするこれらのものの純化された概念は、ただ超越論的神学からのみ引き出されうるものなのである（A641f., B669f.）」

「必然性」、「無限性」、「統一」、「世界の外の存在」、「時間の条件をもたない永遠性」、「空間の条件をもたない遍在」、「全能等々」、これらが「純粋に超越論的述語」であること、この理解を維持することは、困難だが最も重要なことである。つまり、これらは、「理性」（言語・記号）のシステムにおいては成り立つし、このシステムにおいては「対象」として思考し、表象する（思い浮かべる）ことができる。だがそれは、実際に感覚的に認知できるものとして「実在」することはできない。だから私たちの経験に即して言えば、これらは、「言語・記号のシステムとしての心」という非空間的（非感覚的）なものにおいては存在するし、そのようなものとして、「心」の指針になる。「神」はそのような、「心」の指針として「遍在」しうるわけだ。

今、「純粋理性」は「実践理性」と切り離せない関係にあること、つまり、私たちの認識の正当性を巡る議論は、行為の正当性を巡る議論と切り離せないこと、このこれまで何度か指摘してきたことが、カント自身の口を通して明言されている。ここで立てられたあるべき神学、宗教に関する議論は、次に公にされる『実践理性批判』において具体的に展開されることになるだろう（「実践理性」と「理論理性」との切り離しえぬ関係については、「自然研究」に触れた箇所も参照（A815f., B843f.））。

第三節　結びにかえて
――批判的感性論としてのカント哲学――

(一)　消極的弁証論

私たちは、カント『純粋理性批判』を、私たち自身の経験の問題に届くような言葉に解きほぐしつつ理解する試みを行ってきた。この試みを通して確認されたこと、それは、カントの『純粋理性批判』は、「理性」の「弁証論」を批判的に吟味し、「理性」の越権を絶えず告発するという意味で、「積極的」に真理を呈示する「弁証論」ではなく、「批判的弁証論」、あるいは消極的弁証論（eine negative Dialektik）と呼ぶことができる、ということだ。実際、カント自身、自らの思考をそのような批判的営みとして理解している。

「純粋理性の全哲学の最大の、そして恐らく唯一の効用は、それゆえただ消極的（negativ）なものにすぎない。つまりこの哲学は、道具として〔理性（言語・記号能力）の〕拡張に役立つのではなく、訓練として〔理性（言語・記号能力）の〕限界を規定することに役立つものであり、真理を発見する代わりに、誤謬を防ぐという慎ましい功績をもつにすぎない（A795, B823）」

しかし、この「慎ましい功績」によってはじめて、「積極的」な「理性（言語・記号能力）の実践的使用」への道が開かれる（A796, B824）。カントによる理性批判は、一貫して有限な人間の立場を守るために展開されており、しかもカントは、理性の陥る「誤謬推理」を、決して一つの尺度によってではなく、それぞれの特殊な構造に即して批判している。私たちはこのことを、テクストに即して確認してきた。『純粋理性批判』第二版においても、カントの有限な人間性の哲学は「退却」してはいない。したがって私たちは、ハイデガーのカント批判に全面的に同意することはできないし、する必要もない。このことは、テクストの前半部だけでなく、後半部をも含めて理解することで具体的に明らかになるのだ。

「批判哲学」、それは、カント自身が認めるように、「消極的」なもの、つまり「積極的」に真理を「構成」するものではなく、構成された真理基準の問題点を吟味する哲学にとどまる。しかしまた、このような、「批判」という「消極的」立場にとどまることには、これまで見てきたような、「二律背反」に陥り、決着がつかない泥仕合に巻き込まれずに、「独断論」と「経験論（懐疑主義）」との双方の矛盾の構造を冷静に観察できるという、戦略的なメリットがある。

「剣でそこに打ち込む代わりに、むしろ諸君は、批判という安全な場所から、この戦いを静かに傍観する

〔zusehen〕がよい。この戦いは、戦っている者にとっては苦労が多いが、諸君にとっては面白いものであり、きっと流血の結末にならないので、諸君の理解にとって有益な結果になるに違いない。なぜなら、理性による啓蒙を期待するのに、それにもかかわらず、必然的にどちらの側になるのかを前もって指定するというのは、非常に馬鹿げたことだからである（A747, B775）」

互いに相容れない、しかもともに矛盾に囚われた二つの「真理」主張の「戦い」に対しては、どちらかに荷担してこの泥仕合に文字通り没頭し手を汚すのではなく、それを「傍観する（zusehen 見守る）」立場に立つという、シニカルなスタンスをカントは勧めている。このスタンスのゆえに、カント哲学からは、様々な場面で、自由でシニカルな笑いが聞こえてくるのだ。

ヘーゲルは、このようなシニカルなスタンスを、後期の思索に全面的に取り入れたように思える。一見カントに対する厳しい批判者に見えるヘーゲルは、実は最も基本的な点でカントの継承者だったのではないのか。例えば『精神現象学』は、どのような意識の真理主張にも荷担しない、シニカル哲学の実践として理解する必要がある。それを「絶対者」へ向けての、意識の形而上学的、神学的基礎づけとして理解したり、批判したりする従来のヘーゲル理解は訂正される必要がある。

きわめて深遠、そして深刻なハイデガーの『精神現象学』解釈も、なお伝統的なヘーゲル理解（批判）の枠組みからなされている。『精神現象学』は、ちょうど『純粋理性批判』が「自我論」として読まれてきたのと同じような意味で、深刻な基礎づけ論として読まれ批判されてきたのであり、そこにおけるシニカルな側面は見逃されてきた。ハイデガーの読みにも、カントに関してもヘーゲルに関しても、笑いへのセンスが欠落しており、これによって、『精神現象学』の最も精彩ある側面が殺ぎ落とされているのだ（ハイデガー『ヘーゲル精神現象学』、『ヘーゲルの経験概念』、特に後者において、『精神現象学』の「序」に対する徹底した分析が加えられている。しかし解釈の方向は同じである）。

だが、『精神現象学』においても、「傍観すること（見守ること Zusehen）」が、思考の際の基本的で最も重要なスタンスとしてが打ち出されている。この「傍観」において、その都度の意識の「真理（Wahrheit）」は、またこのような意識にとって、「自体的」に「存在するもの」として主張されるものは、「真相では（in Wahrheit）」意識の相関物にすぎず、意識の尺度の変化とともに変化するもの、つまり「存在」は実は「生成」だということが自ずと明らかになる。このアイロニカルな事態が、『精神現象学』において暴露されるのだ。

『精神現象学』の序に見出される該当箇所を少し取り出しておこう。この箇所は、ヘーゲルの基本的スタンスを示す興味深い箇所であるとともに、これによってカントのシニカルな哲学の先駆性も一層はっきりするだろう。だがハイデガーは、それを、前もって設定された「絶対者」の哲学への必然的道筋として読み込んでしまっているのだ（『ヘーゲル精神現象学』「序」第五節、『ヘーゲルの経験概念』も同様）。『精神現象学』は最初から批判すべきものとして読まれている。これは「論点先取」、つまり「同語反復」ではないのか。私たちは、カントに対するのと同様、ここでもヘーゲルの以下の言葉を、ヘーゲルかハイデガーかという「二律背反」に手を貸さずに、私たちの経験の問題として受けとめることにしよう。

「われわれが探究する対象の本性は、〔意識と対象との〕分離と、〔そういった分離という〕前提の幻影（Schein）とを取り除いてくれる。意識が自分自身において尺度を与えるのだから、探究はそれゆえ、意識を自己自身と比較させるものとなる。……意識にとって、この他のもの〔意識とは別のものとして存在すると思われるもの〕は、単に意識に対して存在するだけでなく、この関係の外でも、つまり自体的に（an sich）も存在している〔と思われている」。これが真理（die Wahrheit）という契機である。それゆえ、意識が自分の内部で自体的なもの、または真実なものと宣言するものに即して、われわれは尺度を手に入れることになる。この尺度は、意識自身が、自分の知を測定するために設定するものである。われわれがこの知を概念と呼び、これに対して実在（Wesen）、あるいは真実なものを、存在するもの、あるいは対象と呼ぶとすれば、吟味は、概念が対象に対応しているかどうかを傍観すること（zusehen 見守ること）の内に成り立つ。……概念と対象、尺度と吟味されるべきもの、これらが意識自身の内にあるというこの側面のゆえに、われわれによるつけ加えは余分なだけでなく、われわれは両方を比較し最初から吟味するという苦労をしないでも済み、意識は自分自身を吟味するので、この点でもわれわれに残るのは、ただ純粋に傍観すること（ただただ見守ること das reine Zusehen）だけだということになる。……この比較において、両者〔概念と対象〕が対応しないなら、意識は自らの知を変更して、意識を〔自体的に存在すると思われる〕対象に合わせなければならないように見える。しかし実際には、知の変化の内で、意識にとって対象も変化する。存在する知は、本質的に対象についての知だからである。……以前に意識にとって自体的であったものが、自体的ではないこと、あるいはそれはただこの意識にとってのみ自体的であったということ、このことが意識に対して生じてくる。だから、意識は自分の対象に即して、自分の知がこの対象に合わないことを知ることで、対象自体も維持できないものになる。言い換えれば、吟味の尺度は、その尺度であるべき当のものが吟味の内で成り立たなくなったときには変化する。それゆえ、吟味は単に知の吟味であるだけでなく、吟味の尺度の吟味でもある。／意識が自己自身に即して、つまり自己の知、および自己の対象に即して行うこの弁証論的運動（dialektische Bewebung）、そこから意識に対して新しい対象が発現してくる限り、この弁証論的運動こそが、本来的に、経験と呼ばれるものなのである。……新たな対象は、意識自身の転換（Umkehrung des Bewusstseins selbst）によって生じる（Hegel, W3, 71ff.)」

「弁証論的運動」（ヘーゲルに関しては「弁証法的運動」と一般に訳されてきた）こそが「経験」だと言われている。これを言い換えれば、その都度の意識は、特定の「理性（言語・記号）」の枠組み（「尺度」）によって成り立っており、この枠組みに即して、「意識」に対して、この意識自身にとっては「自体的存在」に見える「対象」が、かたちを取って来るということだ。人間の「経験」は、だから、このような、言語・記号的枠組みの変換に応じて変化するという意味で「弁証論的運動」なのだ。だからヘーゲルにおいても、「弁証法」は、一般に理解されてきたような、「定立」―「反定立」―「総合」といった思惟の規則を現象に当てはめて現象を説明する、哲学の単なる方便ではない。先に指摘したように「弁証論」とは、言語が経験の奥底まで浸透することでかたちづくる、経験内在的な枠組み（「尺度」）の形成作用それ自体である。言語は感情の奥深くにまで浸透し、信念の枠組みを形成している。だから、『精神現象学』はその枠組み自体の相対性という「真理（真相）」を、その都度の意識に荷担することなく、冷静に見極める営みになる。このために、ヘーゲルは、「傍観」（見守る）というカントの立場を取り入れたわけである。(7)

「傍観」のスタンスによって可能になるのは、私たちの「意識」が拘束されている「真理」基準の相対性を知ることなのであり、そのような特定の意識の枠組みからの解放なのだ。それをヘーゲルは、「新たな対象は、意識自身の転換によって生じる」と表現した。「何だ、そうだったのか……」という感慨とともに、私たちはそれまで私たちを拘束していた物事の「真相」を知り、そこに縛られていた自己の愚かさを笑うことができるようになる。

ところでカントに戻るなら、このような「消極的な立場」にとどまり続けることは、無益な「戦い」に荷担しないという戦略的観点から有利だというだけではなく、本来的に大切なことだとも考えられている。

カントに従えば、「独断的方法」（ヴォルフ）と「懐疑的方法（経験論）」（ヒューム）という、二律背反の関係にある二つの立場が批判され退けられた後では、残されるのは「批判的方法」だけである。このため、『純粋理性批判』

は次のような、批判哲学への自負を示す言葉で締めくくられている。

「読者が、私とともに遍歴する好意と忍耐とをこれまでもってこられたなら、今読者は、判断されるのではないだろうか。つまり、読者がこの小道を大道にするために自ら貢献する気になられたら、何世紀にもわたっても果たせなかったことを今世紀が終わる前に達成できるかもしれないということを。つまりそれは、人間理性の知識欲がいつも、しかもこれまでは無益に携わってきたことに関して、人間理性を完全に満足させるということである(A856, B884)」

「何世紀にもわたって果たせなかったこと」が、今可能になっている、このようにカントは自負している。そして実際、私たちが確かめてきたのも、このことだったと言えるだろう。

(二) 一つの革命宣言――「理性」の読み替え

「理性」は一方的に正当な能力や権威なのではない。だから理性の側に立てば、それだけで真理や正義の代理人になれる、ということにはならない。「理性使用」は「誤謬」を犯す危険を本性的(超越論的)に孕んでおり、それゆえ絶えず批判に曝されねばならない。このことが今、正面から主張されている。これが「何世紀にもわたって果たせなかったこと」、しかし今カント哲学によって、「今世紀〔十八世紀〕が終わる前に達成できるかもしれない」ことなのだ。

理性の可謬性を認めること、そして「批判」の前では、いかなる権威も、その既得権を主張することはできないということ、このきわめてラディカルな、当時からすれば危険なことを、カントはすでに十八世紀末に強調していたわけである。このような主張が出てきたのは、「理性」概念の読み替え、つまりそれの伝統的な特権の剝奪が行われたからである。これは一つの「革命宣言」なのだ。

「理性は自分の企てすべてにおいて、批判に服さねばならないし、いかなる禁止によっても、批判の自由を取り除くことはできない。そのようなことをすれば、自分自身を傷つけ、自分に不利な疑いをかけさせることとなる。利益になるからといって、吟味検閲するこの検査を免れることが許されるような、重要なものや神聖なものなど何もない。この検査は、個人の威信など気にすることはない。理性の現実存在さえこの自由に基づく。理性とは、専制君主の威信をもつものではない。そうではなく、理性とは、自分の発言がいつも、自分の疑念を、それどころか拒否（veto）さえも、遠慮なしにいつでも発言できなければならない自由な市民、このような市民の一致（を求める）以外にない（A739, B767）」

不合理な「権威」を後ろ楯にしない、「自由な市民の一致」を目指す、理性の相互批判、これが二百年以上前に求められていたこと、このことが今もう一度思い出されねばならないのではないか。私たちは今、知と行為の世界すべてにおける、個々人の関係から、諸々のグループ関係、党派関係、そして国家間の関係に至るまでの、私たちの時代の諸関係を見たとき、カントが二百年以上前に要請していたことに応えられているのだろうか。

確かにカントの思考も、時代の制約下で姿を取ってきたものであり、その前提はキリスト教、それもプロテスタントという限定された宗教である。実際カントは、そのことを語ってもいる。

「それゆえわれわれが、人間理性の歴史においても見出すのは次のことである。つまり、道徳的な諸概念が十分純化されて明確にされ、諸目的の体系的統一が、これらの概念に従って、しかも必然的な原理から理解されるようになる前には、自然の知識も、多くの他の学問における、すぐれた理性の陶冶の程度さえも、一方では、神性についての粗野で彷徨い歩くような概念しか生み出しえなかったし、他方では、おしなべて、この問題について、驚くべき無関心しか示さなかったということ、このことである。われわれの宗教の、きわめて純粋な道徳法則を通して必然的なものとされた、道徳諸理念の一層優れた仕上げが、対象に関わる理性を鋭くした。それは、理性が対象に対してもたざるをえない関心によるものである。それに寄与したのは、自然認識の拡張でもなければ、確実な超越論的洞察でもないが（これはあらゆる時代に欠けていた）、理性は神的実在の概念を成立させた。われわれは今この概念を正当だと見なしている。それは、思弁的理性がその正当性をわれわれに説くからではなく、この概念が道徳的理性の諸原理に完全に一致するからである（A817f., B845f.）」

私たちは、「キリスト教」も、特定の歴史と文化の中で生じた一つの宗教にすぎないと言うことはできる。だが、これによってカントの思想がそのまま、単に特定の歴史や文化に規定されたものにすぎないと見なすことはできない。なぜなら、私たちがなすべきは、特定の思想を特定の歴史条件や文化に一方的に還元することではなく、むしろそれの時代性を考慮に入れながら、私たちとの対話の可能性を見出すことだからだ。そうでなければ、私たち自身、すでにカントが乗り越えた、「同語反復」を繰り返す「決定論者」になってしまうだろう。これまで見てきたように、カントの思想は特定の「神」を「実体化」する神学を破壊している。その意味では、プロテスタンティストの中で、「神」をなお実体化している者がいるとすれば、カントはこのような者をも批判するだろう。実際カントは、上の文章のすぐ後に、このことにも触れている。

「ところで実践理性がこの高い地点に到達したとしても、つまり、それが最高善としての唯一の根源的実在の概念を手に入れたとしても、この理性は、あたかもこの概念を使用するすべての経験的条件を自分が超え、新しい対象の直接的な知識にまで飛翔したかのように、この〔最高善としての唯一の根源的実在という〕概念から出発して、これから道徳法則自体を敢えて引き出してくること、このようなことを、決してしてはならない（A818, B846）」

有限な人間に内在的な道徳法則への反省が、「最高善」という「根源的実在」を想起させ、「神」を生むのであって、逆ではない。このことをカントは明言している。

つまり道徳法則は「神」の意志に左右されるものではない。だからプロテスタンティストであっても、「神」の立場から人間の経験や行動の法則を導き出す場合には、すでに「誤謬推理」を犯している。これをカントは指摘しているのだ。

「カントの思想は、キリスト教的世界を前提することで成り立つものだ」と言うことはできる。だが、キリスト教、特にプロテスタントの立場に立つ者がすべて、カントと同じような考え方をしていたとは言えない。同じ宗教的環境に生きたとしても、そこから生み出される理論はまったく異なる。だから私たちは、カント哲学を特定の宗教的立場や歴史的文化的環境に封じ込めたり、そこに還元するだけで満足することはできない。私たちがカントから受け取るべきもの、それは、いかなる宗教も、実体化された神を掲げる限りは、「誤謬推理」に陥っているということを、明確に抉り出す思考なのだ。この視点から反省を加えられねばならないのは、今なお「誤謬推理」を犯し、「同語反復」を繰り返しているかもしれない、私たち現代に生きる人間自身の思考の構造なのだ。

用いられる用語に関しても同様である。カントも伝統的な哲学の枠内で用いられていた語彙によって思考を展開している[8]。しかしここでも、用語は、すでに見たように、カント特有の思考の連関へと組み替えられ、解釈し直されているのであり、これを通して、伝統的哲学や神学において自明と思われている枠組みは解体されている。このことについては、もはや改めて論じる必要はないだろう。詳しく見たように、カントの思考に組み入れられることで、「感性」、「分別（悟性）」、「構想力」、そして「理性」といった伝統的な哲学の基本概念は、過去の思考が犯した「誤謬推理」の構造を抉り出し、批判する「超越論的」概念へと変換されている。

だから私たちが見なければならないのは、伝統との連続以上に、伝統との断絶と、それによる伝統への批判的連関なのだ。つまり、伝統的な用語の枠組みからカントの思想を理解し、カント哲学を伝統的思考の枠組みに回収するのでなく、逆にカントにおいて読み替えられている用語の枠組みを理解した上で、そこからカント哲学を読むことが必要なのだ。これを通して、カント哲学と伝統哲学との差異、伝統哲学からのカント哲学の逸脱が、明瞭に理解できるようになる。

この点に関しては、「言語論的転回」以後の現代思想に触れ、その用語に慣れ、しかも、西洋の伝統から離れたところで、日本語に翻訳しつつ思考している、私たちは有利な立場にあるとも言える。このような立場からカント哲学を読むことで、例えば「理性（Vernunft）」から自動的に“nous”や“ratio”を連想せずに、より自由なかたちで、「理性」を「言語・記号能力」として捉え直すことが容易になるからだ。

「理性」を「言語・記号能力」と見なすこと、このことを私はこれまで提唱してきた。これによって、私たちは、自分自身の経験の構造と「理性」との関係を、具体的に理解することができるようになると思えるからだ。このような読み替えにより、同時に、伝統的に“nous”や“ratio”と呼ばれてきた能力も、真相では言語・記号能力だったことも明らかになる。なぜなら、言語・記号能力に拠らなければ、“nous”や“ratio”といった能力を名指すこともできないし、それゆえ名指された能力の働きと、この働きに対して現れる「対象」とを思い描くこと（「表象」すること）さえできないからだ。

もう一度繰り返しておく。「理性」を「言語・記号能力」として理解すること、このことによって、この能力は特定の選ばれた人間のみが使用できる特殊能力ではなく、あらゆる人間に先行的に備わった能力、その意味で「超越論的概念」であること、このことが誰にも納得できる理論的仮説となるだろう。誰もがこの能力に従って自分の経験を調整できるし、実際に調整していること、また同時にこの能力の使用に関して、誤謬を犯す可能性に誰もが曝されていること、このことが無理なく理解できるようになるのだ。私たち人間は、言語・記号の「ネットワーク」の中で、言語・記号の「システム」に動かされつつ、思考し、物事を経験しているということ、このきわめて日常的な経験の構造が、「理性」を「言語・記号能力」と見なすことによって、また、私たちの語彙を用いることで、具体的に理解できるようになるのである。

同時にこのことによって、私たちは、「理性」に必要以上の反感を抱き、それに変えて「感性」や「想像力」を真理把握能力として立てるような無理をする必要もなくなるだろう(9)。また「理性」を「言語・記号能力」として理解すること、このことによって、「現象経験」を離れたところで成り立ちうる「理性」と、「現象経験」に常に関わることで成り立つ、現象分節能力としての「分別（悟性）」との差異とそれらの相互関係もまた、具体的に理解可能になる。それがここで試みられてきたわけである。

カント『純粋理性批判』を、私たちの「経験」に照らし合わすことのできる用語で理解すること、このことによって、カント『純粋理性批判』は、『実践理性批判』、『判断力批判』とともに、広義の美学（aesthetics）、すなわち、有限な人間の経験の諸問題に考察を加える学問としての《感性論》にとり、欠かすことのできない基礎理論になる、これが私の提案である。

このような読みが、カント『純粋理性批判』の理解に関して、どのような不整合な点を残しているか、このことに関しては、後の議論に委ねられねばならない。

（1）カント哲学における“Dialektik”が、俗流ヘーゲル主義やマルクス主義とともに一般化する、いわゆる「正‐反‐合」といった論法の意味で用いられる「Dialektik（弁証法と訳される）」に対し、「弁証論」と訳されるのは、日本の訳者がこのような違いを意識しているからだと思われる。だが注意すべきは、ヘーゲルも、“Dialektik”を本質的には経験に介入し経験を方向づける理性（言語・記号作用）として捉え、その構造を批判的に明らかにしようと努めている、ということだ。この点については、岩城二〇〇一a、二〇〇一b参照。ここでは、通俗的「弁証法」と区別するために、従来の「弁証論」という訳語を当てておく。

（2）「歴史の終焉」、「哲学の終焉」、「芸術の終焉」等々のたびに、ヘーゲルは飽きるほど常に引き合いに出される。この点に関するヘーゲル哲学への誤解についてのは岩城一九九五b、一九九九参照。

（3）この点でシェリングは、カントの批判する「合理的心理学」に近づいている。

（4）この書の概要、およびカントの『純粋理性批判』における「合理心理学」批判との関係については、PhB版所収の、Nathan Rotenstreichによる「前書き（Einleitung）」参照。

（5）ヘーゲルが『精神現象学』「知覚」論で展開するのは、まさに「物」は「フィクション」だということである。この点で、ヘーゲルは間違いなくカントのここでの理論を真摯に受け止めていた、と言わなければならないだろう。「思考物」という用語も重要な箇所で用いられている（岩城二〇〇一b）。

（6）芸術もまた、「自然」を基準に判定されるとき、その解釈に同語反復が生じてしまう。芸術へのこのようなアプローチを厳しく批判したのは、カント哲学を芸術論に適用したフィードラーである（岩城二〇〇一d、第三章の二）。

（7）ハイデガーもヘーゲルにおける「弁証法」を、「正」―「反」―「合」の図式で経験を語る方法と見なすことを批判し、より正当な理解を求めている。ハイデガーは「弁証法」を語源に基づいて「対話」として捉えている。だがそこでも「弁証法」と「言語」との関係は十分なかたちで示されてはいない（『ヘーゲルの経験概念』182ff.）。ヘーゲルの『精神現象学』における「弁証法」については、岩城二〇〇一a、二〇〇一b。

（8） 実際カントは、私たちが最初に触れた伝統的な知のヒエラルキーに置かれた諸概念についても、『純粋理性批判』の終わりに近い箇所（「純粋理性の規範」）において、詳しい説明を加えている。副題は、「臆見（Meinen）、信（Glauben）、そして知（Wissen）について」となっている（vgl. A820ff., B848ff.）。

（9） 「反‐理性」はやむをえず、「感性」や「想像力」をそれに代わる「真理」基準に据えようとする。これでは伝統的ヒエラルキーが変えられるだけで、「ヒエラルキー」の枠組み自体は温存されてしまう。だから、「理性」に対する「想像力」や「自然」、「男性」に対する「女性」の擁護、このような提案自体、なお伝統的枠組みに拘束されたものだ（例えば、ベーム兄弟『理性の他者』）。

文献表

テクスト〈引用略号〉

Kant, I.: *Kritik der reinen Vernunft* (A1781, B1787). (PhB) Hamburg 1956.〈*KdrV*〉

——: *Kritik der praktischen Vernunft* (1788).〈*KdpV*〉

——: *Kritik der Urteilskraft* (1790). (PhB) Hamburg 1974.〈*KdU*〉

Fichte, J. G.: *Grundlage der gesammten Wissenschaftslehre* (1794) [*Johann Gottlieb Fichite's sämmtliche Werke.* hrsg. von J. H. Fichite. Leipzig 1924. Bd. 1].〈『知識学』全集第1巻の頁〉

Schelling, F. W. J.: *System des transzendentalen Idealismus* (1800). (PhB) Hamburg 1992.〈『体系』オリジナル版の頁〉

Hegel, G. W. F.: *Werke* in zwanzig Bänden. Hamburg 1970.〈W〉

——: *Vorlesungen über Ästhetik.* Berlin 1820 / 21. Eine Nachschrift, 1. Textband. hrsg. von H. Schneider. Frankfurt am Main 1995. (『筆記録』1820 / 21)

参照文献〈引用略号〉

Apel, K.-O.: *Transformation der Philosophie.* 2Bde. Frankfurt am Main 1976.

Camassa, G., E. Evrard, L. Benakis u. M. R. Pagnori-Sturlese, "Phantasia" [*Historisches Wörterbuch der Philosophie.* Bd. 7, 1989].

Ferry, Luc: *Homo Estheticus, L'invention du goût à l'âge démocratique.* Éditions Grasset & Fasquelle, Paris 1990.〔リュック・フェリー著、小野康夫・上村博・三小田祥久訳『ホモ・エステティクス——民主主義の時代における趣味の発明——』法政大学出版局　二〇〇一年〕

Fiedler, K.: Über den Ursprung der künstlerischen Tätigkeit (1887) [K. Fiedler, *Schriften zur Kunst.* hrsg. von G. Boehm.

München 1970, Bd. 1.].
Habermas, J: *Der philosophische Diskurs der Moderne. Zwölf Vorlesungen.* Frankfurt am Main 1989.〔J・ハーバマス著、三島憲一・轡田収・木前利秋・大貫敦子訳『近代の哲学的ディスクルス』岩波書店、一九九〇年〕
Haym, R.: *Hegel und seine Zeit*（1857）, Hildesheim 1974.
Heidegger, M.: *Kant und das Problem der Metaphysik*（1929）[*Heidegger, Gesamtausgabe.* Bd. 3, Frankfurt am Main 1991].〈『カント書』〉
——, : Hegels Begriff der Erfahrung（1942 / 43）. [*Heidegger, Gesamtausgabe.* Bd. 5（*Holswege*）, Frankfurt am Main 1977].〔ハイデッガー著、茅野良男／ハンス・ブロッカルト訳「ヘーゲルの経験概念」『杣道』〈ハイデッガー全集〉第五巻、創文社、一九八八年〕
——: *Hegels Phänomenologie des Geistes*（1932）. [*Heidegger, Gesamtausgabe.* Bd, 32. 1980].〔藤田正勝、アルフレド・グッツオーニ訳『ヘーゲル精神現象学』創文社、一九八七年〕
——: *Der Ursprung des Kunstwerkes*（1935）（Reclam）. Stuttgart 1977.
Henrich, D.: *Hegel in Kontext.* Frankfurt am Main 1971.〔D・ヘンリッヒ著、中埜肇訳『ヘーゲル哲学のコンテクスト』哲書房、一九八七年〕
岩城見一「美学と二つの形而上学」『感性的認識の学としての美学の可能性とその系譜』平成二・三年度文部省科学研究費補助金総合研究（A）（代表者　京都大学文学部助教授　岩城見一）研究成果報告書、二一 - 四二頁、一九九四年三月。〈一九九四a〉
——「後期ヘーゲルの〈像（Bild）〉理論と『美学』——ハイデッガーの〈表象〉批判を顧慮して——」上妻精・長谷川宏・高山守・竹村喜一郎編『ヘーゲル／時代を先駆ける弁証法』情況出版、一九九四年。〈一九九四b〉
——「シェリングとヘーゲルの芸術哲学」高山守・藤田正勝編『シェリングとヘーゲル』晃洋書房、一九九五年。〈一九九五a〉
——「〈芸術終焉論〉（ヘーゲル）と〈アーティスト・形而上学〉（ニーチェ）——美学における超越論的尺度の変換について——」岩城見一・神林恒道・原田平作編『芸術学の射程』（谷村晃・神林恒道・原田平作責任編集〈芸術学フォーラム〉2）勁草書房、一九九五年。〈一九九五b〉

――「想像力――人間的経験の感性学（美学）に向けて――」『想像力――その評価を巡る比較美学的考察――』平成六・七年度文部省科学研究費補助金総合研究（A）研究成果報告書（代表者　京都大学文学研究科教授　岩城見一）一九九六年。〈一九九六〉

――「ヘーゲルの〈感性論（Ästhetik）〉――心の病をめぐって――」『哲学研究』第五六四号、一九九七年。〈一九九七〉

――「自然への憧憬――その暴力性のメカニズム――」『シェリング年報』第六号（シェリング協会）、一九九八年。〈一九九八a〉

――「西田幾多郎と芸術」（解説論文）上田閑照監修、大橋良介・野家啓一編集『西田哲学選集』第六巻（岩城見一編・解説『芸術哲学論文集』）、燈影舎、一九九八年（Cf. 'Nishida Kitaro and Art' [in: *A History of modern Japanese Aesthetics.* translated and edited by Michael Marra. University of Hawaii Press. 2001. pp. 259-284]）。〈一九九八b〉

――編・解説：『木村素衞：美のプラクシス』〈京都哲学選書7〉解説論文（二五五－二八六頁）、燈影舎、一九九八年。〈一九九八c〉

――「新芸術の楽しみ方――ヘーゲル美学研究の現状と問題点――」神林恒道・太田喬夫編『芸術における近代――美的コンセンサスは得られるか――』〈叢書＝転換期のフィロソフィー〉第二巻、ミネルヴァ書房、一九九九年。〈一九九九〉

――「〈直観主義〉という病――〈感性論（Ästhetik）〉としてのヘーゲル哲学――」『美学と病理学』平成九―一一年文部省科学研究費研究成果報告書（代表者　京都大学文学研究科教授　岩城見一）。〈二〇〇一a〉

――「ヘーゲル、もう一つの感性論（Ästhetik）――〈物〉というフィクション――」『哲学研究』第五七一号、二〇〇一年（この拙論における、「質量」はすべて「質料」に訂正）。〈二〇〇一b〉

――「〈仮説概念〉としての〈構想力〉――その理論的意義と変容」日本哲学史フォーラム編『日本の哲学』第二号、昭和堂、二〇〇一年。〈二〇〇一c〉

――『感性論　エステティックス――開かれた経験の理論のために――』昭和堂、二〇〇一年。〈二〇〇一d〉

――編・解説『植田寿藏：芸術論撰集――東西の対話――』〈京都哲学選書14〉燈影舎、二〇〇一年。〈二〇〇一f〉

――「フィクションとしてのドイツ観念論――ロマン主義美学の一問題」大阪大学美学研究会編『美と芸術のシュンポシオン』勁草書房、二〇〇二年。〈二〇〇二a〉

――「三木清の文芸論――京都学派の哲学、その特色と問題点――」岩城見一編『芸術／葛藤の現場――近代日本芸術思想のコンテクスト――』晃洋書房、二〇〇二年。〈二〇〇二b〉

Jamme, Ch.: "Ein ungelehrtes Buch." *Die philosophische Gemeinschaft zwischen Hölderlin und Hegel in Frankfurt 1797-1800.*（Hegel-Studien/Beiheft 23）Bonn 1983.

Jaschke, W. und Holzhey, H.（Hg.）*Früher Idealismus und Frühromantik. Der Streit um die Grundlagen der Ästhetik*（*1975-1805*）. Hamburg 1990.〔W・イェシュケ／H・ホルツァイ編、相良憲一・岩城見一・藤田正勝監訳『初期観念論と初期ロマン主義』昭和堂、一九九四年〕

Lyotard, Jean-François: *L'inhumain, Causeries sur le temps.* Éditions Galilée, Paris 1988.〔ジャン＝フランソワ・リオタール著、篠原資明・上村博・平芳幸浩訳『非人間的なもの　時間についての講話』法政大学出版局、二〇〇二年〕

Mendelssohn, Moses: *Phädon oder über die Unsterblichkeit der Seele.*（1767）PhB 317, Hamburg 1979.

中畑正志「ファンタシアーの変貌――現われ、表象、想像――」『思想』第九六二号、二〇〇四年。

Nietzsche, F.: *Werke.* Kritische Gesamtausgabe. hrsg. von G. Colli und M. Montinari. Berlin, New York 1972.

西欣也「無限性と無限界性のあいだ――最初期アドルノによるカント・フロイト評価――」『哲学研究』第五六五号、京都哲学会、一九九八年。

西田幾多郎『自覚における直観と反省』（大正六年（一九一七））〈西田幾多郎全集〉巻二、岩波書店、一九六五年。〈『自覚』全集の巻と頁〉

――『芸術と道徳』（大正十二年）〈全集〉巻三〈『芸術と道徳』全集の巻と頁〉

Paezold, H.: *Ästhetik der neueren Moderne. Sinnlichkeit und Reflexion in der konzeptionellen Kunst der Gegenwart.* Stuttgart 1990.

Ritter, J.: Landschaft, Zur Funktion des Ästhetischen in der modernen Gesellschaft. [Ritter, *Subjektivität. Sechs Aufsätze.* Frankfurt am Main 1974.].

Rockmore, Tom: *In Kant's Wake. Philosophy in the Twentieth Century.* UK 2006.

Rorty, R.: *Philosophy and Mirror of Nature*（1979）.〔R・ローティ著、野家啓一監訳『哲学と自然の鏡』産業図書、一九九三

年〕〈Rorty 1979 邦訳の頁〉
——: *Consequences of Pragmatism*（1982).〔室井尚・吉岡洋・加藤哲弘・浜日出夫訳『哲学の脱構築・プラグマティズムの帰結』御茶の水書房、一九八五年〕〈Rorty 1982〉.
Trede, J. H. u. K. Homann, "Einbildungskraft" [*Historisches Wörterbuch der Philosophie.* Bd. 2, 1972].
Welsch, Wolfgang: *Ästhetisches Denken.* Stuttgart 1990.〔ヴォルフガング・ヴェルシュ著、小林信之訳『感性の思考』勁草書房、一九九八年〕〈Welsch 1990〉
——: Aesthetics beyond aesthetics [M. Honkanen（ed.), *Practical Aesthetics in Prantice and Theory.*（Aesthetics in Practice. XIIIth International Congress of Aesthetics. Lahti Finland 1-5 1995). Proceedings III. University of Helsinki, Lahti Research and Training Centre 1995].

あとがき

本書は、一九九二年度から二〇〇五年度にかけて、京都大学文学研究科で行われた「美学美術史学特殊講義」のためのノート（『思弁的美学から実証的美学へ』）における、カント講義の箇所を基に書かれた。従来のような、カントの『判断力批判』前半部の、「趣味」論のみでなく、『純粋理性批判』をも人間の感性的認識に関わる基礎理論として、広義の「美学」（私はそれを「感性論」と呼ぶことにしている）に導入すること、このことを私は講義で試みたいと思った。

カント『純粋理性批判』はまず、私の主たる研究対象の一つである、「ヘーゲルの思弁的美学」、および実証主義的美学への過渡点と言える「ヘーゲル派の美学」の前史を探るという目的で、一九九六年度に一年をかけてノートが作成され、講じられた。

この、シリーズというかたちで計画された講義の出発点として取り上げられたのは、ハイデガーの『ニーチェ講義』とニーチェの諸思想、次いでその都度参照されたのは、ハイデガーの『ヘーゲル精神現象学』、『カント書』だ。それは、ハイデガーが、いわゆる「ドイツ観念論」、特にカント、ヘーゲルの思想に対し、最も徹底した読みをほどこした現代の思想家であり、また同時に最もラディカルな批判者だからだ。ハイデガーのこれらの書は、それ以後の現代の、ドイツのみか西洋現代哲学を語る多くの研究者にとって、カント、ヘーゲル、さらにはニーチェ理解（批判）の強い枠組みとなっている。しかし実際にそのような理解でいいのか、カント、ヘーゲル、さらにはニーチェ自身は、このような批判に対し、どのように応答しうるのか、これが講義全体を貫く問いとなった。要するに、すでに過去に属す思想への、ハイデガーと、彼に何らかのかたちで依拠する多くの現代哲学の批判に対して、カント、ヘーゲル、ニーチェといった過去の思想家に反論の機会を与えるという実験をしてみること、これが講義の視点となった。これらの実験の一部は本書の文献表に載せたいくつかの小論で公にされている。本書の第一章も、そのようなハイデガーに関する最初の講義ノート、および、それ以後に行った、フィヒテ、シェリングへのカント理解へのカントからの応答の実験に基づく。本書の視点設定のために、である。さらに本書全体もまた、現代への、さらにはカント直後のカント理解者（批判者）への、カントからの応答というかたちになっている。

だが、このような、十八世紀末から十九世紀中頃までのドイツ思想という、特殊な時代、特殊な世界の思想史的研究とともに、私は、カント『純粋理性批判』は、それ自体として分かりやすい言葉で解きほぐし、現在の私たちの経験のあり方を考える上で議論する必要があるのではないかという気持ちを次第に強くもつようになった。それ以上に、私が感じるようになり、また強く希望するようになったのは、カントの三つの批判書は、専門家の占有物ではなく、大学で学ぶ学生にとっての、最も基本的な思想として、一、二年生の間に、理解しておいてもらいたいということだった。このような希望の下に、私は二〇〇一年に公にした『感性論』（昭和堂）第一章を、『純粋理性批判』の基礎概念の解きほぐしに当てた。この書の基になったのは、京都造形芸術大学の通信教育のためのテクストとして書いた『美学概論』だったので、カントの思想を若い諸君に知ってほしいという私の希望を実現するいい機会になると思えたからだ。ただしそこでは、紙幅の制限もあって、前半部の基礎概念（「感性」、「分別（悟性）」、「理性」、「構想力」）を私たちに分かりやすい言葉で理解し直すことに制限された。最も重要だと私が考え、本書で考察した後半部分は、その重要性を示唆するにとどまったわけだ。

このような私に芽生えた希望は、思想史研究とともに、あるいはそれ以上に切実なものに思えてきたので、私は、一九九六年の『純粋理性批判』に関するノートをより詳しいかたちで、しかもより分かりやすくするよう心掛けながら書き直し、再度二〇〇三年度から翌年度の前半にかけて、まず京都大学大学院文学研究科の大学院向け特殊講義「美学美術史学」(学部三回生以上共通)で、次に、二〇〇四年度、東京大学大学院人文社会系研究科での集中講義(学部、大学院共通の「美学特殊講義」)で講じた。まったく偶然なのだが、講義は、ちょうどカント没後二〇〇年にあたる年に行われたことになる。同時に私は、先の希望をより具体的に実現すべく、京都大学で二回生以上が聴講できる「美学美術史学概論」において、このような大学院向けに作ったノートをさらに分かりやすくしたものを、二〇〇三年から二〇〇五年度にかけて、すこしずつ講義に取り入れ説明を加えた。

このような講義は、最初聴講した学生諸君には違和感を与えたように思う。「美学」ということで、ほとんどの諸君は「美」や「芸術」を主題にする講義を期待していたはずだからだ。これは「美学」ではなく「哲学」ではないか、なぜこのようなものを「美学」の講義で取り上げる必要があるのか、と疑問をもった諸君も少なからずいたようだ。また哲学を専攻するある大学院生からは、講義終了後の教室で、「カントをこのようなかたちで語ったら、カントの諸概念の、そしてそれに基づくカントの思想の重厚さや歴史的な重みが失われてしまうのではないか」という疑問(批判)が出された。これはいい疑問(批判)だった。というのも、私は講義を通して、「重厚さ」を「平易さ」に変え、「神話化」されたカント像からカントの思想を解き放って、日常的経験にフィードバックすることを目指しているからだ。だから講義はこのような哲学専攻の学生諸君には、不遜な挑発にすぎないものに思えたのだ。

この書は、カントの思想全体を細かく検討し、その発展史をその他の哲学的コンテクストをも精査しつつ文献学的に跡づけるという意味での、専門的なカント研究書ではない。ここで試みられているのは、あくまでも『純粋理性批判』という一つのテクスト(作品)の解きほぐしの試みだ。だからもしこの書からカントが蘇るとしたら、それはこのテクストの中でのことであり、それ以上のことはここでは目指されてはいない。カントではなく、カントの書いたこのテクストが面白いのだ。そして実際、面白いから、次には「カントとはどういう人物か」、「このような面白い思想は、どのようなかたちで生まれてきたのか」といった問いが出てくるのだ。いずれにしてもテクスト（作品）が先なのである。この書をきっかけに、少なくとも大学に入学した学生諸君には、カントのテクストを知的探究の出発点として読んでおいてほしい。決して損はない。これがここでの私の最大の言いたいことであり、また願いなのである。

この書の出版に関しては、私は編集を萌書房の経営者であり編集者でもある、白石徳浩氏に委ねることにした。氏は、私がはじめて共編著のかたちで世に出した本（『美・芸術・真理——ドイツの美学者たち——』昭和堂）の当時の編集者であり、このはじめての企画に誘ってくれた私の最初に出会った出版人である。また氏は、晃洋書房に移られてからも、私の編著『感性論——認識機械論としての美学の可能性とその系譜——』の編集者を務められ、それ以後ことあるごとに連絡を取り合っている、旧友である。その後氏は独立して「萌書房」を設立し、学術図書出版にとってきわめて厳しい状況の中、懸命に知的刺激に満ちた学術書出版のために努力を続けている。氏は言わば出版界のドン・キホーテである。同じ夢を抱く同志として、私は全面的にこの編集者に編集、出版を委ねることにした。ただ一つだけ無理を聞いてもらった。この書は若い学生諸君に読んでほしいので、値段をできるだけ抑えてほしいという、かなり無理な願いである。これが聞いてもらえ、これ以上の喜びはない。氏の情熱に心から敬意を表し、また編集のご苦労に謝意を表したい。

また、私事になるが、この書は私にとって記念すべき年に公にされることになった。二〇〇五年七月一日付で私は京都大学から京都国立近代美術館に移った。年度途中での辞職となったため、二〇〇五年度七月以後も、二〇〇六年三月末までは「客員教授」としてなお大学での残された義務を果たすことになった。だからこの書は、私が大学を去るのとまったく時を同じくして公刊されることになったわけだ。この書は、京都大学大学院文学研究科での、そして東京大学大学院人文社会系研究科での学部・大学院生向けの講義を担当しなかったら、そしてまた同時に、この「美学」としてはクレイジーとも言える講義を、忍耐強く毎回聞いてくれる学生諸君がいなかったら、恐らく書かれることはなかったであろう。またいつも知的刺激、批判をくださった人々が周りにおられなかったら。

二〇〇五年十二月二十三日　雪に閉ざされた滋賀の自宅にて

岩城見一

索　引

ア　行

カ　行

サ　行

タ　行

ナ　行

ハ　行

マ・ヤ　行

ラ・ワ　行

著者略歴

岩 城 見 一（いわき　けんいち）

1944年　兵庫県に生まれる
1968年　京都大学文学部（美学美術史学）卒業
1973年　京都大学大学院文学研究科博士課程（美学美術史学）単位取得退学
1976年　京都市立芸術大学芸術学部専任講師（81年助教授）
1990年　京都大学文学部助教授（95年教授）
2005年　京都大学大学院文学研究科退職
現　在　京都国立近代美術館館長

主要著作

『美・芸術・真理―ドイツの美学者たち―』（共編著：昭和堂，1987年），『芸術の射程』（共編著：勁草書房，1996年），『感性論―認識機械論としての〈美学〉の今日的課題―』（編著：晃洋書房，1997年），『芸術哲学論文集』〈西田哲学選集〉第6巻（編・解説：燈影舎，1998年），『感性論　エステティックス―開かれた経験の理論のために―』（昭和堂，2001年），『芸術／葛藤の現場―近代日本芸術思想のコンテクスト―』（編著：晃洋書房，2002年），他多数。

〈誤謬〉論――カント『純粋理性批判』への感性論的アプローチ――

2006年4月30日　初版第1刷発行

著　者　岩 城 見 一
発行者　白 石 徳 浩
発行所　萌《きざす》 書 房
〒630-1242　奈良市大柳生町3619-1
TEL（0742）93-2234 / FAX 93-2235
[URL] http://www3.kcn.ne.jp/~kizasu-s
振替　00940-7-53629

印刷･製本　共同印刷工業・藤沢製本

ISBN4-86065-020-4